罗家伦是"五四运动"的三位著名领导者之一,他只用了十五分钟就写就了"五四宣言",文中严正指出:"中国的土地可以征服,而不可以断送!中国的人民可以杀戮,而不可以低头!"

冯沪祥/著

罗家伦
论人生

北京大学出版社
PEKING UNIVERSITY PRESS

图书在版编目(CIP)数据

罗家伦论人生/冯沪祥著. —北京:北京大学出版社,2010.1
ISBN 978-7-301-16126-5

Ⅰ.罗… Ⅱ.冯… Ⅲ.罗家伦(1897~1969)-人生哲学 Ⅳ.K825.46

中国版本图书馆 CIP 数据核字(2009)第 206920 号

书　　　名:	罗家伦论人生
著作责任者:	冯沪祥　著
责 任 编 辑:	尚　明　舒　岚
标 准 书 号:	ISBN 978-7-301-16126-5/G·2720
出 版 发 行:	北京大学出版社
地　　　址:	北京市海淀区成府路 205 号　100871
网　　　址:	http://www.pup.cn
电　　　话:	邮购部 62752015　发行部 62750672　编辑部 62750673
	出版部 62754962
电 子 邮 箱:	minyanyun@163.com
印　刷　者:	三河市北燕印装有限公司
经　销　者:	新华书店
	650 毫米×980 毫米　16 开本　18.75 印张　插图 21　279 千字
	2010 年 1 月第 1 版　2013 年 6 月第 2 次印刷
定　　　价:	40.00 元

未经许可,不得以任何方式复制或抄袭本书之部分或全部内容。
版权所有,侵权必究
举报电话: 010-62752024　电子邮箱: fd@pup.pku.edu.cn

附　图

　　罗家伦先生,公元1897年生于江西南昌,祖籍浙江绍兴,1969年卒于台北市;是中国近代伟大的爱国主义者,终生以教育文化复兴民族为己任,曾任清华大学、中央大学与政治大学三校校长;抗战时以《新人生观》激励全国青年奋勇报国,影响极为广大深远。图为1925年他在法国巴黎留学时所摄,时年28岁。

罗家伦在北大时,于1919年5月4日发起闻名世界的"五四运动"。图为北京大学等学生游行,高声抗议北洋军阀出卖山东权益,开启了中国近代史爱国运动的辉煌先声。

"五四运动"之后,北洋军阀大肆搜捕罗家伦等学生领袖;图为罗家伦曾躲藏的北京六国饭店附近风景;罗家伦在1920年亲笔留此墨宝,做为"患难中的纪念"。

附 图 003

罗家伦1923年,由美赴欧时摄于船上,从其抬头挺胸、气宇轩昂,可见很注重"强而不暴"的审美观。

罗家伦赴美国普林斯顿大学深造,攻读历史、哲学,与北大四位毕业同学合影。(1920年秋,北京)

前排右起为汪敬熙、康白情;后排左起为罗家伦、段锡朋、周炳琳。

1920年秋，罗家伦转入纽约哥伦比亚大学，攻读教育哲学及思想史留影。后排右立者为著名哲学家冯友兰，后获哥伦比亚大学哲学博士，曾在罗家伦任清华大学首任校长时，随罗家伦到清华任秘书长与文学院长十八年，后任北大哲学教授。其左立者为罗家伦。

1921年，旅美北大同学在美国哥伦比亚大学，欢迎蔡元培校长时留影。
前排右起第二人为汪敬熙；第五人为蔡元培；第六人为周炳琳；前排左第二人为罗家伦；第三排右起第五人为段锡朋；前列展示的为北大校旗。

1926年夏,罗家伦学成返国,先任东南大学(中央大学前身)历史教授;1927年11月13日,罗家伦与夫人张维桢在上海结婚留影,由蔡元培证婚。其夫人毕业于上海沪江大学,是五四运动时在上海的学生领袖,也是巾帼英豪;罗家伦到上海串连学生会时,张维桢正任职于上海学生会,二人因志同道合而结婚;张维桢珍藏很多罗家伦文情并茂的情书;她在抗战时曾任国民参政会议员,后来在台湾曾任"立法委员"。

罗家伦于1928年任清华大学首任校长,时年31岁,强调以"复兴中华民族"为清华的宗旨,奠定了"教育兴国"的良好基础。图为在清华校园中留影。

罗家伦于1932年起,担任中央大学校长十年,同样以"复兴中华民族的重大使命"勉励师生,作为中央大学宗旨。他在抗战时期,于日军隆隆炮火之中,以凛然的民族正气连续发表十六次演讲,对于激励民族精神、推动抗日胜利,做过重大贡献。图为当时留影。

罗家伦于1934年秋,任中央大学校长时,与家人摄于南京,右起:四妹罗家廉、罗夫人、罗家伦、长女公子罗久芳、尊翁傅珍公、三妹罗友石、大妹罗家清、二妹罗家鹤。

罗家伦任中央大学校长时,主持东南九大学运动会(1937年5月1日,南京),左为著名体育家郝更生。

國立中央大學校長室用箋

雪恥祖國恥,
完成立敵功。
敵機銷區五洲東。
回戍渡雪溪,
陣勢壓長虹。
完瑩！完瑩！
努力做室中豪傑,
天上英雄！

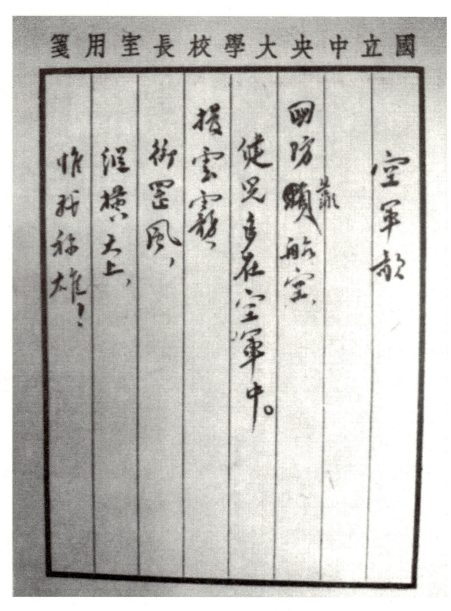

罗家伦在抗战时,曾经作过很多爱国歌曲,对于振作民族精神、激励民心士气,产生极大影响。图为他在中央大学校长任内,所作"空军歌"的原稿墨稿。

定远班超。

汉唐先烈涕莹早！

当年是匈奴右臂，

将来更是欧亚孔道。

经营趁早！

经营趁早！

莫让碧眼儿射西域盘雕！

此歌作于民国二十三年。向九一八后，国难愈迫，愤难言者，谱加声，而励士气。同时俄戚西域危机，不谋东北爰籍出塞之歌，以抒天山之鬱，盖时也。余不特未尝至新疆即陕甘亦托吾侪疱之所及。塞外风光，不过意

玉门出塞集

玉门出塞歌

左公柳拂玉门晓，
塞上春光好。
天山溶雪灌田畴，
大漠飞沙旋落照。
沙中水草堆，
好似仙人岛。
过瓜田碧玉丛丛，
望马群白浪滔滔。
想乘槎张骞……

罗家伦

罗家伦很早就呼吁青年，要重视经营西部，所以在1934年曾作《玉门出塞歌》，脍炙人口，流传极广，其中强调"经营趁早，莫让碧眼儿射西域盘雕"！很能激励青年豪情壮志，共同开发西部。图为原稿的墨宝。

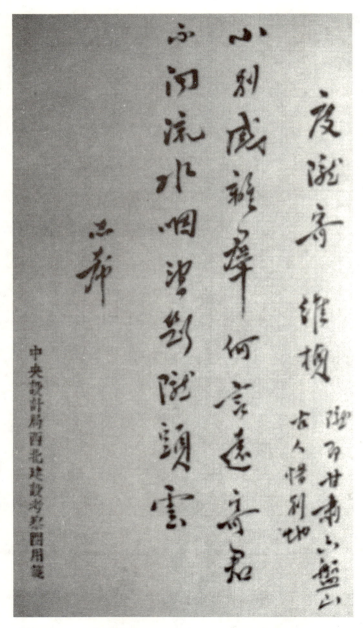

罗家伦在公出考察期间，经常寄诗给夫人，图为到甘肃时所作"度陇寄　维桢"，足见伉俪情深。

罗家伦(中)在1941年辞中央大学校长之后,受命担任滇黔区考察团团长,1943年又曾担任首任西北建设考察团团长,全团共有专家四十六人,考察事项包括十二大项,考察报告至今仍深具珍贵价值;后来并任首任新疆监察使,对于策划开发大西北,以及捍卫新疆领土主权,均有极大贡献,功在中华民族。图为视察途中,与部分团员留影。

1945年10月罗家伦到英国伦敦,出席联合国筹设"教科文组织"大会,在伦敦与代表团同仁合影。

前排左起:赵元任(清华学校四大导师之一)、罗家伦、胡适(曾任北大校长)、顾维钧(名外交家,亦即五四运动时在巴黎和会力争山东主权的代表)、程天放、李书华等。

罗家伦（前排右二）曾任国民政府首任驻印大使，图为 1947 年 5 月 16 日赴印递呈到任国书，在印度新德里，与英国驻印总督蒙巴顿将军合影，左为蔡维屏。当时印度还是英国的殖民地，罗家伦在任内，识破印度仍想承继英国殖民主义，企图染指西藏领土，所以很早就搜集各种史料反驳，对于捍卫西藏领土以及中印边境，有重大贡献。

中国国民党于 1949 年从大陆到了台湾之后痛切反省，重新改造；罗家伦受命为首任党史会主任委员。图为罗家伦（前排左三）与"中央改造委员会"全体委员合影（1952 年 10 月 9 日，在台北宾馆）。

前排右起：郑彦棻、俞鸿钧、谷正纲、陈诚、罗家伦、狄膺、张道藩。
二排右起：萧自诚、周宏涛、蒋经国、陈雪屏、张其昀、谷凤翔、万耀煌、沈昌焕。
三排右起：郭澄、袁守谦、曾虚白、连震东、崔书琴、胡建中、唐纵。

罗家伦(左一)为新文化运动的健将,但对国学的造诣也非常深厚,同时很有中国艺术欣赏的素养。图为他与胡适(右一)、张道藩(右二)、黄国书(右三),共同欣赏故宫博物院珍藏古物(1958年4月10日,台湾台中雾峰)。他曾于该年参与送印故宫名画三百种,而且撰写英文长序,向全世界介绍中华名画,发扬中华文化精神。

1961年11月28日,罗家伦(左一)在台北祝梅乔林先生九十大寿。图为王云五(右一)、叶公超(后右三)、马超俊、傅秉常等。

罗家伦对于孙中山先生的行谊与思想,均有很深研究,并且著述很多,贡献很大。图为1962年1月,他与美国哥伦比亚大学研究孙中山先生的著名教授、东亚研究所主任韦慕庭(C. Martin Wilbur)留影。

1967年12月10日,罗家伦(前排左二)在台北与北大校友同庆陶希圣的七十大庆。前排右起:田培林、杨亮功、陶希圣、罗家伦、毛子水。后排右起:姚从吾、邹湘乔、林继庸、陈泮藻、吴康、陆奉初、张候。

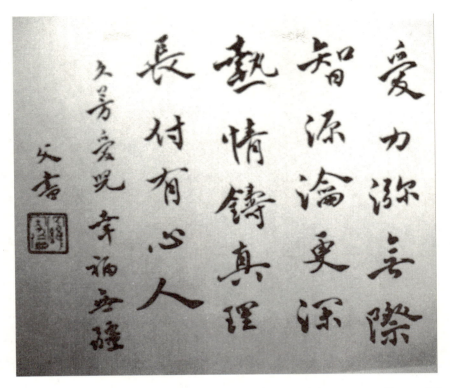

罗家伦用诗作,祝贺长女公子罗久芳女士结婚,字里行间,足见父女情深。罗家伦在其夫人公忙时,经常父兼母职,照顾女儿;女儿小时候,他还会帮忙扎辫子、教功课,包括教作文、演讲,是位标准父亲。

方东美先生(1899—1977),为中国当代大哲学家,是罗家伦先生生前挚友;罗先生在北大发动"五四运动"时,方先生在南京金陵大学为学生会长,全力支持响应,后来成为终生好友。

1926年,方先生从美国威斯康辛大学完成博士学位后返国,在北伐时期曾应罗先生邀请,先到中央政校任教,后来返回中央大学,担任哲学系主任与哲研所长。罗先生担任清华大学校长前,曾与方先生讨论如何治校与人事问题。方先生1947年到台湾后,曾担任首任台大哲学系主任。

根据罗先生女公子罗久芳女士亲自向作者称,方先生最能了解罗先生的内心。

方先生是作者冯沪祥教授在台大的老师,所以冯教授从方先生处,也亲闻很多罗先生行谊轶事。

方先生在神圣抗战前夕,曾应邀在中央广播电台,向全国青少年宣讲《中国人生哲学》,激励民心士气,共同抗战、捍卫民族文化。罗先生在《新人生观》第一章,即曾引述方先生的讲演内容,足证二人共同具有浓烈的民族精神与爱国精神,均深深值得现代青年学习与力行!

本书作者冯沪祥教授,在台大哲学研究所毕业时留影,当时指导教授即方东美先生;冯教授在台大期间,1972年曾应台大学生保钓委员会邀请,撰写宣言《告美国青年书》,迄今仍记载于台大校友馆中。

当时台大学生为了保卫钓鱼台领土与主权,曾经在校园内,高悬罗家伦在"五四运动"宣言所写名言:"中国的土地可以征服,而不可以断送;中国的人民可以杀戮,而不可以低头!"足证台大保钓运动的爱国精神,即传承自罗家伦先生在北大发起的"五四运动"。

本书作者冯沪祥教授于1978年5月,从美国波士顿大学获得哲学博士,其左侧即为该校纪念校友马丁·路德·金博士(Dr. Martin Luther King)的和平鸽纪念碑。

马丁·路德·金博士为美国争取黑人人权的领袖,他在争取过程中,特别强调和平非暴力,并反对用仇恨与违法手段。这正是罗家伦先生在《新人生观》所称"运动家风度"的榜样。

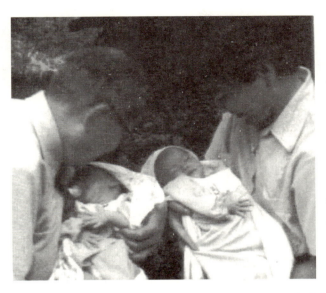

本书作者冯沪祥教授,抱着甫出生的双胞胎女儿,拜候业师方东美先生(左)寓所。女儿分别命名"复华"、"国华",合为"复国",即"复兴中国"之意,亦受罗家伦先生《新人生观》的民族精神影响。

本书作者冯沪祥教授(右二),在1980年应邀到美国华盛顿的乔治城大学(Georgetown University)开会,与名教授韦慕庭(Martin Wilber)(左二)等合影。韦慕庭教授是罗家伦先生生前的好朋友。

目 录

丹心照古今的罗家伦先生——代序（一） 梅可望 / 1
"诚朴雄伟"的罗家伦校长——代序（二） 蒋伟宁 / 3
政大早期校务发展的重要推手：罗家伦先生——代序（三） 吴思华 / 7
罗家伦先生的民族精神与民族文化观——代序（四） 陈 来 / 11
用"新人生观"振兴中华！——自序 冯沪祥 / 15

第一章 罗家伦的办学风范 / 1
  一、清华大学以雪洗国耻为己任 / 3
  二、中央大学以复兴民族为己任 / 8
  三、中央政校学风影响政风 / 13

第二章 罗家伦与北大精神 / 19
  一、北大的热血青年 / 19
  二、对五四运动的反省 / 26
  三、对五四运动的回忆 / 34

第三章 从新人生观振奋民族精神 / 42
  一、呼吁建立"新人生观" / 42
  二、激励抗战民心 / 46
  三、振兴中华与文化的整体性 / 50
  四、从新人生观到新民族观 / 51

第四章 弱是罪恶，强而不暴是美 / 57
  一、"弱是罪恶，强而不暴是美" / 57
  二、"恢复唐以前形体美的标准" / 62
  三、"侠出于伟大的同情" / 67

第五章　培养运动家的风度 / 79
　　一、运动家的风度 / 79
　　二、从完成责任到实现权利 / 83
　　三、培养道德的勇气 / 89

第六章　负起知识的责任 / 97
　　一、负起知识的责任 / 97
　　二、荣誉的追求 / 102
　　三、掌握命运的魄力 / 107

第七章　培养智慧 / 116
　　一、培养智慧 / 116
　　二、文化的修养 / 120
　　三、为信仰献热忱 / 128

第八章　终生的爱国者 / 134
　　一、终生充满爱国精神 / 134
　　二、大忠大孝的风范 / 140
　　三、生平痛恨汉奸 / 147

第九章　《新民族观》以振兴中华为己任 / 153
　　一、《新民族观》的苦心 / 153
　　二、两岸共同振兴中华 / 160
　　三、方东美先生的共同心志 / 163

第十章　从诗词看新人生观 / 169
　　一、新诗：《宛平的居民》等 / 169
　　二、歌词：《玉门出塞歌》等 / 197
　　三、旧诗：《成吉思汗大纛》等 / 202

附篇 / 210

丹心照古今的罗家伦先生
——代序(一)

梅可望*

罗家伦先生是我中学时代的偶像！他的传奇最令那时代青年们津津乐道的包括：

(1)"五四运动"的健将，带头反对"北洋政府"卖国；

(2)担任过三个中学生最向往的三所大学校长，即清华大学、中央大学和中央政治学校。因为在抗战以前，这三所大学是最难考取的，能够担任这三个著名大学的校长，当然是"非常人"了！

抗战时期，他出版了震撼全国知识分子的《新人生观》，提出一系列的新观念：道德勇气、运动家风度、责任与权利，以及荣誉感等，立刻成为广大青年群的口头禅。

那时候，我是中央警官学校的助教，即在重庆，都不容易买到这本畅销书，还是从一位朋友那里借来一本，已经读得很破烂的旧书，一再细读，大受激励！因为还有很多的朋友想读这本书，只好先做一些重点笔记。

可惜这本笔记簿，在从大陆撤退来台时，混乱中散失了！《新人生观》研读之广，影响之大，在抗战后期，没有哪本书可以比得上的！真是一桩奇迹！

我没有机缘亲炙罗先生，但他爱国的热情，对真理的执著，文字有力而优美，尤其是他思想的先进和世界观，都使我心折！

不仅是青年时代如此，即是60年后，我依旧爱读他的《新人生观》，爱唱他所写的那首我最感动的《玉门出塞歌》。歌词如下：

---

* 本序作者梅可望博士，曾任"中央警官学校"校长、东海大学校长，现任台湾发展研究院院长、中国现代化基金会董事长等职，为教育界共同敬重的老前辈。——编按

> 左公柳拂玉门晓，
> 塞上春光好。
> 天山溶雪灌田畴，
> 大漠飞沙旋露照。
> 沙中水草堆，
> 好似仙人岛。
> 过瓜田碧玉丛丛，
> 望马群白浪滔滔，
> 想乘槎张骞，
> 定远班超。
> 汉唐先烈经营早，
> 当年是匈奴右臂，
> 将来更是欧亚孔道！
> 经营趁早！
> 经营趁早！
> 莫让碧眼儿射西域盘雕！

这首充满感情的歌曲，何等壮美！何等气势！何等爱国！唱遍了抗战胜利后的大江南北。罗先生那时应已是"知命之年"，仍然满腔热血，壮志凌云，真是令我敬仰万分！

好友冯沪祥博士也是罗家伦先生崇拜者之一，他对罗先生的生平做了很深的研究，曾在《传记文学》发表《罗家伦的办学风范》长文，很受社会重视。现应北大出版社以及台湾商务印书馆之邀，撰《罗家伦论人生》，嘱我作序。冯教授是哲学家，创办过东海大学哲学系与研究所，著作等身，我相信这本书一定对人生哲学有很大的启发。

我是罗先生的"粉丝"，又是冯博士的好友，盛情难却，谨传一联，以表对一代哲人的景仰！

> 带领五四，亲长三大学，有教无类，作育英才为国用；
> 纂修国史，著《新人生观》，爱国情操，一片丹心照古今。

梅可望
于台湾发展研究院
时年九十有二

"诚朴雄伟"的罗家伦校长
——代序(二)

蒋伟宁*

中央大学前校长罗家伦先生,号志希,公元1897年生于江西南昌,原籍浙江绍兴,1969年在台湾辞世,今年正好是他辞世四十周年。

今年,同样是他发起"五四运动"的九十周年纪念。

罗校长在五四运动中,亲自起草"五四宣言",当时他临危受命,在十五分钟内完成,未改一字即交付印,全文大气磅礴,正气凛然,至今仍然脍炙人口;尤其他在结论中强调:"中国的土地,可以征服,而不可以断送!""中国的人民,可以杀戮,而不可以低头",更已成为历史上的不朽名言,不但证明他的才气纵横,尤其证明他的爱国热忱,至今读来仍然令人热血澎湃,为之动容!

罗校长在五四运动中,成功的唤醒了民众,共同捍卫山东领土主权;后来他在新疆监察使任中,又成功的折冲各方,共同捍卫新疆领土主权;在担任首任的驻印度大使中,也成功的据理力争,捍卫了西藏的领土主权!

凡此种种,均可看出,他是始终如一的爱国主义者,一贯的立志振兴民族,而且身体力行,一路走来,始终如一,堪称中华儿女报效民族的极佳典范!

尤其,罗校长生平最大的贡献,公认是在教育,特别是在大学教育。

他在北大毕业之后,曾到欧美名校,如普林斯顿大学、哥伦比亚大学、

---

* 本序作者蒋伟宁博士,曾任"中央大学"土木系主任、研发处长、副校长,现任校长。——编按

柏林大学、巴黎大学等校留学进修六年,在1926年学成返国;8月应聘担任东南大学(中央大学前身)历史系教授,是他生平的第一项教职,足证与中央大学渊源很深。

次年,他以满腔热血,参加北伐军,受命为编辑委员会少将委员长,并且奉命筹组中央党务学校(后称中央政治学校,来台后改称政治大学),先任教务处副主任,后来受命代理校务会议主席,在讨伐军阀中主持校务,充分表现了沉着坚毅的精神。

1928年,原先清华学校改名为清华大学,罗校长受命为第一任校长,时年才31岁,正名为"国立清华大学",展现坚定的爱国精神,并以其朝气锐气大力整顿革新,勉励师生以普林斯顿大学的水平为目标,并以雪洗国耻为宗旨与使命,为清华大学奠定了深厚而良好的基础。

1932年,罗校长35岁,9月6日受命为国立中央大学校长,勉励全校师生,以创造"有机体的民族文化"为使命;他强调,个人去留期间虽有长短,但是"这种使命,应当是中央大学永久负担",至今仍然非常发人深省!

当年10月,罗校长曾经撰文指出,"中国若要有科学,科学应当说中国话",主张以中文作为科学论著的语言,这样才能使科学在中国生根,至今都很有启发性。

他当时强调,讲到有机体的民族文化,特别要注意其中两种含义,那就是大家必须具有"复兴中华民族的共同意识",而且必须各部分,在这个共同意识下,成为互相协调的团结力量。所以,他勉励师生,要能立志建设中大,成为"负担复兴民族的参谋本部责任",至今听来,仍然铿锵有力,感人至深!

尤其,罗校长当时所提中大校训"诚、朴、雄、伟",至今仍然深具时代意义!

他曾分别深入说明:

第一,"诚"。就是"对学问有诚意";不以学问为升官发财的途径,也不以此为文凭资格的工具,"对于我们的使命更要有诚意"。

第二,"朴"。就是"质朴和朴实";要能务实笃实,"崇实而用笨功,才能树立朴厚的学术气象。"

第三,"雄"。就是"大雄无畏";代表雄厚的气魄,能够善养浩然之气,弘扬雄健进取的精神,"男子要有丈夫气,女子要无病态",因为"不做雄健的民族,便是衰亡的民族!"

第四,"伟"。便是"伟大崇高";不应当有所谓"门户之见","切不可褊狭纤巧,凡事总需从伟大的方向做去,民族方有成功"。

1941年,罗校长任满十年,他离职前,在日军空袭的警报声中,向全体师生演讲,再度强调,大学任务有三:

> 一是"要为国家民族培养继起人才";
> 二是"要为人类增加知识总量";
> 三是"要能根据新时代的精神和需要"。

当时罗校长在结论中,特别提到他为中大写的校歌,做为"对于中大教育的一种理想",至今仍然深深值得中大师生们领悟与力行:

> 国学堂堂,
> 多士跄跄,
> 励学敦行,
> 其副举世所展望!
> 诚朴雄伟见学风,
> 雍容肃穆在修养,
> 器识为先,
> 真理是尚!
> 完成民族复兴大业,
> 增加人类知识总量,
> 进取、发扬,
> 担负这责任在肩膀上!

凡此种种,充分可见,罗校长办教育,终生均以中华民族为己任,形成他生平最大特色。

"中央大学"1962年在台复校,首任地球物理研究所长与理学院长戴运轨负主要责任。他就曾经感慨,当他读到罗校长遗著《炸弹下长大的中央大学》,才知道中大在抗战时期迁校,是多么的艰苦,"需要多大的勇气与魄力",进而领悟,他在台湾复校时所面临的种种困难,相形之下,"简直颇有自愧弗如之感"。

"中央大学"1968年迁至现在校址，经过全校教职员生的努力，尤其是在刘兆汉校长任期中蓬勃发展，成为一所教研并重的研究型大学，尔后的刘全生校长推动重视大一，以及接任之李罗权校长重视学术拔尖，以及推动核心通识，使中大已成为台湾最重视大学教学且研究成效卓越之重要研究型大学。

"中央大学"为了感念罗校长的贡献与风范，在1986年创立管理学院时，在这栋全校最高的教学大楼上，以罗校长的号——志希为名，取名"志希馆"，以资纪念；由此很可看出全体师生对他的景仰与怀念。

罗家伦在抗战最艰苦的时期，前后担任中大校长十年，功在中华民族，培养了无数人才，贡献既多且大。其中最为大家公认的功业，就是在日军轰炸的残破校园中，仍然雄赳赳、气昂昂的发表了十六次讲演，激励民心士气奋发图强，后来集成《新人生观》，成为全民共同抗日的最佳精神动力，不但一直高居畅销书第一名，至今仍然公认为民族精神教育的最佳典范！相信今后也必会在历史上永远发光发热，永恒不朽！

冯沪祥教授因为深深钦佩罗校长的奋斗精神与爱国风范，所以特别根据《新人生观》及其背后的民族精神，撰写《罗家伦论人生》一书，做为中大核心课程"人生与哲学"的重要教材，盼能据此提振目前青年学生的奋斗意志与人生智慧，其精神与心志，都很值得肯定。

冯教授原来修习化学，后来转攻哲学，从1986年担任"中央大学"文学院长，就很注重人文教育，在任内创设了"哲学研究所"、"历史研究所"以及"艺术研究所"，并且增设中文所博士班，均以复兴中华文化为己任，堪称用行动传承罗校长所强调的中大使命——"创造有机体的民族文化"；我因为很认同这项使命，并且心向往之，也很盼望中大师生同学，能够共同振兴民族文化，再创中大光荣传统，所以很乐意为此书作序，敬请各界高明多给中大指导，以便今后中大师生，能够共同"创造有机体的民族文化"，共同完成振兴民族的使命！

是为代序。

蒋伟宁

2009年6月18日于"中央大学"

政大早期校务发展的重要推手：罗家伦先生
——代序（三）

吴思华[*]

罗家伦先生与政大的渊源极为深远，影响也非常重大，堪称是本校早期校务发展的重要推手。

1927年北伐军兴，先生受任为"总司令部编辑委员会委员长"，与蔡元培先生等先贤同住上海丁家花园，主持文宣工作。

同年5月20日，中国国民党中央决议设立"中央党务学校"，先生受命为筹备委员之一，商借当时停顿中的东南大学一隅为校址。1929年7月，"中央党务学校"改组为"中央政治学校"，即为"政治大学"前身。

当时其他八位筹备委员分别是蒋中正（校长）、胡汉民、戴传贤（教务主任）、丁惟汾（训育主任）、陈果夫（总务主任）、吴倚沧、曾养甫、刘芦隐等。罗家伦先生在筹备初期名义虽为教务副主任，但因教务主任戴传贤常在广东、校长蒋中正忙于北伐军务，实际校务多由其擘划，贡献良多。尤以开学不久蒋中正校长即通电下野，其他主任也都相继离开南京，先生受命代理校务会议主席（相当于代校长），年仅三十岁即已独当一面，堪称"英雄出少年"。

其时军阀孙传芳率众五万多人渡过长江，战事绵延到南京附近龙潭，形势紧张万分。先生兼程从上海赶回亲赴危难并慰问全校师生，强调"世界上只有杀得死的革命党人，绝没有吓得走的革命党人"，成为当时名言。政大资深教授知名史家蒋永敬即曾指出，这种气魄与其在五四宣言所说

---

[*] 本序作者吴思华博士，曾任政治大学科技管理研究所所长、商学院院长、创新创造力中心主任，现任"国立"政治大学校长。——编按

名言"中国的人民,可以杀戮,而不可以低头!"完全是一贯风骨之表现。

先生于1928年受命出任国立清华大学首任校长,整顿校务,奠定基础,但因中原大战后政局动荡,两年后便提出辞呈。1931年继余井塘先生出任"中央政治学校"教务主任并兼代教育长,共三年半时间。"教育长"正是经国先生其后在抗战时承继之相同工作,且终生最喜此一头衔,足证罗家伦之德高望重辈份。

先生当时即已期许中央政校以英国"伦敦政治经济学院"(London School of Economics and Political Science)与法国"巴黎政治学校"(École Libre des Sciences Politiques)为发展目标,乃因这两所学校是振兴英法两国人才的摇篮。先生从北大毕业后曾在欧美留学七年,深知大学教育的重要性,因而坚持国家发展必须先有现代化的领导人才及现代化的大学。

尤其中国疆土广阔,边疆约占一半,先生便是少数注意培养边政人才的教育家。他扩充蒙藏班并于1933年设立蒙藏学校,分在包头、酒泉、西宁、康定、大理五地设立分校,以便边疆青年能够就地入学。如今证明,其思虑深具远见且器宇恢宏。

1932年9月5日,先生正式就任中央大学校长并兼中央政治学校教育长,两年后辞去中央政校工作专任中央大学校长,但仍持续关心政校校务。该年12月31日即曾特别演讲《中央政治学校之使命》,多次提出应以"国家兴亡为己任,振兴中华民族"为使命。

1959年6月,罗家伦先生在政大校庆感言中,再次力主成立大学部以期建立长期正轨教育,目标就是要把本校办成具有如法国巴黎政治学校、英国伦敦经济政治学院的学术权威性,并以"研究学术、革新政治"为雪耻图强的基础。

1961年5月,先生于《政大校友通讯》再度发表宏文《政大的诞生与成长》,申论政大成立宗旨与精神,明确地提醒大家:"真正的人才,绝不是粗制滥造的出品⋯⋯,任重道远,应该是我们训练的目标"。这种慧见不但结合人心与国家需要,更形成了政大日后的重要精神传统。

罗家伦先生在中央政校时为了加强本科训练,还分别指令大一中文必读《曾国藩家书》,英文必读《富兰克林自传》;二年级中文必读胡林翼的《读史兵略》,英文必读《林肯传》;到三四年级,中文是《通鉴记史本末》,英文在政治系是《近代民主政治》,均以名人传记之奋斗经验,作为学生效法的榜样,并以结合时代需要、促进民主素养作为政大特色,也作为推动国家现代化的基础,至今仍深具启发意义。

他在《政大的诞生与成长》结论中特别强调:"凡是关心国家民族前途的人们,对于教育事业,仍然应该保持坚强的信心。"这种"教育兴国"的信心与决心,至今仍然值得效法与力行。

政大自建校以来便致力于传承人文社会科学的优良传统,除以打造国际一流人文社会学术殿堂为愿景外,更以培养具有"人文关怀、专业创新、国际视野"的新世纪领导人为重要使命。今年是罗家伦先生辞世四十周年,冯沪祥教授应北大出版社之邀撰写《罗家伦论人生》一书,以发扬光大罗先生生前提倡《新人生观》的精神。冯教授曾在本校东亚研究所博士班兼任教授多年,学识渊博,学养深厚。思华很荣幸应邀撰写推荐序文,一方面表达对罗家伦先生的追念之意;另一方面期盼以先生所提倡《新人生观》之精神为典范,持续为国家社会培育博雅创新、知行合一之未来社会领导人。

吴思华
2009 年 7 月 7 日

罗家伦先生的民族精神与民族文化观
——代序(四)

陈 来*

罗家伦是五四学生运动的名人,在五四运动中,他被推选为学生运动的总代表之一,又起草了五四当天学生运动的唯一宣言《北京学界全体宣言》。在五四运动三周之后,罗家伦写了《五四运动的精神》一文,这是最早提出"五四运动"观念的文章。五四以后,在蔡元培的帮助下他出国留学,先后在美国和欧洲学习。与其他留学生不同,罗家伦的特点不是以专攻学位为能事,而是留心欧美的大学教育与教育文化,所以,他归国后历任好几所大学的校长,而且成绩斐然,那是理有必然的。

罗家伦是清华大学的第一任校长。在时任教育部长蔡元培的推荐下,他于1928年秋到任清华,此时的清华早已经有了新制的大学部,但是处在"改办大学"过程之中,还没有正名。罗家伦到任后正式宣布清华学校改制为"国立清华大学",他在清华主事两年,至1930年辞去。他在清华的政绩本来相当突出,时任清华国学院导师之一的陈寅恪曾说:"志希在清华,把清华正式的成为一座国立大学,功德是很高的。即不论这点,像志希这样的校长,在清华可说是前无古人……"但由于他在任内最后一段时间与当时的学生关系紧张,又由于其后任梅贻琦治校之功广被称道,他的成就便多少被淹没了,更由于他和国民政府的关系,在1949年以后,

---

* 本序作者陈来博士,曾任北京大学哲学系教授、博士生导师;美国哈佛大学鲁斯学人、客座教授,台湾"中研院"访问学人,中央大学客座教授,香港中文大学客座教授;并曾兼任北京大学儒学研究中心主任,全国中国哲学史学会会长,清华、复旦、浙江大学兼职教授等;现任北京清华大学国学院院长;为国际知名哲学家,著作与论文均很丰富。

更少被人提起了。

最先试图公正地评价罗家伦的,是冯友兰先生。冯友兰和杨振声是罗家伦带去清华的主要帮手,所以冯友兰对罗家伦在清华的工作是最为了解的。冯友兰在20世纪80年代初出版的《三松堂自序》里明确提到他是1928年随罗家伦到清华接收并担任秘书长(杨振声为教务长),其中还有颇长的文字论及罗家伦在清华的工作,如谈到开放女禁的问题,提高教员地位的问题、与清华董事会、基金会的斗争、辞退外籍教授、实施扩建计划等。冯友兰对罗家伦在处理这些问题上的主张和表现都是肯定的,尤其是罗家伦当时要求撤销清华董事会和基金会,要求外交部不得干预清华事务,冯友兰把它概括为"清华反对半殖民地教育的一场严重的斗争",这就突出了罗家伦办学的民族精神。

罗家伦是民族意识极强的人。他在五四当天所写的宣言结尾大声疾呼:"中国的土地,可以征服,而不可以断送!中国的人民,可以杀戮,而不可以低头!国亡了,同胞们,起来呀!"他的一腔爱国热血在此表露无遗。罗家伦到清华发表就职演说,提出把"学术独立,为复兴中华民族的基础","完成建设新中国"作为清华大学的使命,同样突出体现了他的民族意识。后来他在主掌中央大学等校时反复强调"复兴中华民族的共同意识","复兴中华民族的重大使命","完成民族复兴的大业",都充分表现出他的一贯的民族精神。这个民族意识不是别的,就是中华民族的伟大复兴。他一生始终以国家兴亡为己任,呼吁振兴中华民族,始终以民族意识、爱国精神和民族文化鼓励并教育学生,这种精神对今天海峡两岸的青年来说,确实是非常宝贵的。

罗家伦不仅一贯不遗余力地呼吁爱国救国,他的民族意识也体现在对于民族文化的表扬。他曾写有《中国民族精神的特质》一文,把中国文化的民族精神的特点概括为六条:

一、尚人伦。中国思想最重人与人的关系,是人本主义的思想。这个思想是儒家发达得最厉害,孔子讲仁、讲忠恕之道。所谓仁,便是将人的性格发出去,忠的意思是推己及人,恕的含义是"己所不欲,勿施于人",处处都着重人与人的关系,要在好的人伦关系之上,建立一最发达最平衡的社会。孔子以古来的思想,加上自己的理想,发挥人性想建设一个最和谐最美善的人伦关系。

二、去玄学。中国思想少玄学的部分。孔子是敬鬼神而远之,他的儒家思想里不谈宗教,只谈哲学的真理,伦理的哲学。他不否认宗教,不反对祭祀,祭祀是慎终追远,民德归厚。他所指的天命,也不是天父或神,而是真理。

三、集大成。这一传统也来自孔子,所谓集大成主义、是融和一切。因为这样,中国便容易接受外来的思想。中国很乐意吸收他人好的思想。

四、与自然融合。中国的思想家,觉得人是自然系统中的一部分,与自然合而为一,只有在整个自然的中间,方可找到安身立命的地方。西洋讲征服自然,印度讲崇拜自然,中国则从了解自然之中,与自然合一。

五、主容忍。此一思想的特质,可以从对宗教的容忍上看出来。中国从来没有宗教的残杀,历史上确曾有过魏武帝、周武宗、唐武帝,三武灭佛的事情,但都是因为牵涉到政治的问题,并非在思想上反对佛老的哲学。

六、爱大同。中国的民族国家主义思想,要到明末才发达。过去中国所讲的,是治国平天下,想象中的是一个"天下国",而不是狭隘的"民族国"。国家的观念,十分淡漠,因此没有偏激的国家主义,也没有国际主义,而是讲大同主义。

罗家伦上述对于中国文化的看法,并不是得自他人,而是出于自己的感受和总结,其中集大成、主容忍、爱大同几条,可以看出他对中国文化的独到体认。他在此文的最后表示:"中国的思想趋向中和,崇尚仁义礼智,在一个和谐的人伦关系上,建立大同的人类社会。这一种思想,既不鼓吹仇恨斗争,也非厌世离世,在当前的世界上,实在是一条思想的出路。"他后来在另一篇文章里还指出:一个民族要能自立图存,必须具备自己的民族文化。这种文化,乃是民族精神的结晶,民族团结图存的基础。如果缺乏这种文化,其国家必定缺少生命的质素,其民族必然要被淘汰,所以今日中国的急务,是要有一种整个的民族文化,足以振起整个的民族精神。罗家伦的这种民族文化观是很有见地的,放在今天,更可以看出他的远见卓识。

冯沪祥教授是台湾哲学界的知名学者,也是台湾政坛的知名人士,他秉承民族主义的人生观，一贯鲜明地坚持以振兴中华为志业，以复兴中华民族为使命，反对各种"去中国化"的举措，这在今天的台湾，是极为难得的。冯教授始终如一的民族意识，以及由此而有的顽强的生命动力，在政治上愈挫愈勇的斗争精神，我的确非常钦佩。据他说，他的人生观曾受到罗家伦《新人生观》的很大影响，现在他作成《罗家伦论人生》一书，意在以积极刚健的人生观，以奋发进取的中华意识，以坚不可摧的民族精神，促进两岸青年携手完成中华民族复兴的大业，共同创造灿烂的中华盛世，我觉得是有很重要的意义的。承他的热情，在我今年刚刚转任清华不久，邀我为这本介绍罗家伦人生观的书写几句话，这在我个人也觉得是责无旁贷的。因为冯友兰先生是我的老师，而冯先生正是随罗家伦而进入清华领导层，后又担任清华文学院长十八年，如今我既已在清华工作，理当为追随和表彰清华前贤效微薄之力，故略述感想如上，以为之序。

陈　来
2009年8月1日于清华大学立斋

用"新人生观"振兴中华!

——自序

冯沪祥

(一)

德国大音乐家贝多芬曾经有句名言:

> 音乐,应从男人心中烧出火来,从女人眼中带出泪来!

真正感人的名著,都有这种效果!

因为这些作品,都是作者呕心沥血,从心中最深处所产生,是最真诚的血泪结晶!

所以德国大哲尼采也曾强调:

> 在一切作品中,我独爱用血完成者。

罗家伦先生的《新人生观》,就是这样一部充满热血的作品!

《新人生观》这本名著,完成于神圣抗战的烈火之中。当时,罗家伦先生担任中央大学校长,在日机轰炸的熊熊烈火中,凭借凛然不可屈的民族正气,用心中壮怀激烈的热血,连续发表十六次的感人演讲,激发了全民慷慨激昂的热力,共同铸成坚忍奋发的血肉长城,对于全民的浴血抗战胜利,发挥了无比重要的影响力!

他这本名著的影响,正如德国大哲费希特在普法战争中,于柏林大学演讲《告德意志民族书》的贡献,真正唤醒了民族灵魂,并且激励民心,突破困境,终能赢得了民族胜战!

今天,我们可以很公正地说,众所公认,《新人生观》这本书,在神圣的民族抗日史中，产生了光辉感人的不朽贡献，更在悲壮的民族奋斗史中，留下了脍炙人口的千古典范！

因此，凡是有志气、有抱负的中华青年，都值得重新深读罗家伦先生的《新人生观》，并且弘扬其中的现代启发，立定志向，奋发图强，然后众志成城、同心同德，才能再次创造辉煌灿烂的中华盛世！

今天的时代，距离《新人生观》发表的时代，虽然已经超过了六十多年，但仍有很多相同之处：

第一，中华民族在抗日时代，面临空前严峻的外族入侵，但因全民团结，国共合作能够一致对外，终能赢得最后胜利！今天的时代，虽然已经没有外族入侵，但两岸因内战分立，也已经六十年，今后面临民族腾飞的关键时期，同样需要两岸求同存异，搁置争议，团结努力，一致对外，才能共同开创中华民族的光明前程！

第二，罗家伦在抗战时期，所指出的国人通病，很多在今天仍然存在，所以，今后大家如何知耻知病，自强自重，发挥罗家伦所说的同情心、荣誉感、侠义精神以及道德勇气，将是未来民族能否振衰起蔽、再次复兴的重大关键！

第三，无论抗战时代，或者今天时代，仍然面临同样的使命——青年朋友如何振兴中华、复兴民族，才能让中华民族全面富强？相信，这仍然是两岸每一位有良心、有血性的中华儿女，共同需要省思的问题与使命！

2009年7月27日，胡锦涛总书记在马英九当选国民党主席后，曾经特电致贺，马英九也回电致谢，开启了六十年第一次两岸领导人良性的直接互动。

这象征了两岸"新时代"的来临，也是两岸共同振兴中华的新契机！

胡锦涛在贺电的结语，盼望国共两党"不断地为两岸同胞谋福祉，开创中华民族的伟大复兴"；马英九的回电，也期盼今后两岸，能"正视现实，建立互信，搁置争议，共创双赢"！

这项互动，引起全球新闻媒体的共同重视；英国BBC新闻称此为两岸领导人"六十年来首次直接交流"，堪称共同开启了一个新时代。

因此，展望今后，两岸仁人志士，以及青年菁英，如何建立新时代的人生观，可以共创双赢，开创中华民族的伟大复兴，将是极重要的时代使命！

笔者虽然不才,但是懔于这项时代使命的神圣庄严,所以不揣学浅,特别重新阐扬《新人生观》,深盼今后中华儿女,能够用作参考,在新时代建立雄伟恢宏的人生观,对民族复兴的伟大志业,能够共同善尽责任,进而早日完成神圣庄严的时代使命!

(二)

我在高中时期,心中最关切的,有两大问题:一是人生问题,亦即"人生的意义与价值";二是中国问题,亦即"中国往何处去"?

所以,当我考进大学后,虽然念的是化学系,但在繁重的课业之余,必定到图书馆,针对这两项问题,竭尽所能,遍阅相关的书籍,寻求答案。

笔者在所有这些书籍中,最让我眼睛一亮、心中充实的一本书,就是罗家伦先生的《新人生观》。

尤其,当我看到罗家伦所说"弱是罪恶,强而不暴是美",更让我精神一振!

因为,中华民族近百年来积弱太久,很多青年为此非常郁闷,但又不知应该如何努力。这句话提醒了青年,要能自立自强、不要自艾自怨,要能奋发图强、不要自甘衰弱;所以,马上就能有一种自我励志的效果。

罗家伦在书中还提到具体方法,一是要有"最野蛮的身体";二是要有"最文明的头脑";三是要有"不可征服的精神",这对年轻人来说,更充满了挑战与激励的作用!

所以,我从大一开始,虽然身体很瘦,但仍每天逼着自己,早晚都要做伏地挺身各五十下,每次做到最后气喘吁吁时,就会提醒自己,一定要有"不可征服的精神"! 久而久之,就培养出精神毅力,并且居然还练出了胸肌。

同时,我还开始练习跑步,每天早晨六时,逼着自己醒来,做完伏地挺身之后,就到校园晨跑一圈。东海校园有一百四十多甲之大(约合一百四十万平方米),是全台湾校总区最大的一个,所以绕校园跑起来非常吃力;尤其东海是山坡地,跑到最后,往上坡跑的时候,脚力与呼吸最为辛苦,但也是最好机会,借此培养"不可征服的精神"。

另外,针对"最文明的头脑",我也提醒自己,立志要终身做个"君子",做人要彬彬有礼,做事要实实在在,对女性更要能多尊重,要有西方"绅士"的风度与"骑士"的侠义精神;同时还遍读新思潮的书籍,要使自己成为现代世界"最文明的头脑"。

后来,我在大学毕业之后,展望生涯规划,觉得只有研读哲学才能满足心灵,所以毅然决然,转考台湾大学的哲学研究所。

我在台大念完哲学研究所后,很幸运有机会再回东海,先担任人文讲师两年,当时还曾组成"早觉会",每天早晨六时,率领各班同学共一百多人,迎着灿烂的朝阳,在大度山晨跑。每次跑到农场之后,因为居高临下,面对开阔的台中盆地,提神太虚,放眼远方,很有"登大度山而小天下"的气概。

后来很多同学告诉我,当时晨跑之中,吸吮新鲜空气,迎着四周朝气,深感人生充满豪气与锐气,心中更充满热情与热血,影响非常深远;归根结底,那时我与同学们的自我训练,也因罗家伦《新人生观》的激励而起。这种激励性,到今天都仍具重大启发!

回忆1972年,我在台大哲学研究所通过论文后,很荣幸的考上"中山奖学金"公费留学;在讲习期间,有一位台大法律系毕业的同学,气宇轩昂,气质英挺;他告诉我,他最喜欢的一本书,正是罗家伦的《新人生观》!

他当时并且说,他最喜欢的一句话,也是书中所说"弱是罪恶,强而不暴是美",让他印象很深。

这位英挺青年,名字叫马英九。

马英九后来到美国深造,我则先回东海大学当讲师,那时我还常向马英九的父亲马鹤凌老先生请益。

马伯伯虽然是长辈,但他充满热情、急公好义的精神,令我很钦佩,尤其仗义行侠、爱打不平的风范,更让我非常感动。

后来,他跟我聊起来,说他生平最喜欢的一本书,也是《新人生观》,更让我大吃一惊!

他当时还向我亲自印证,这本书在抗战时期,发挥了非常大的影响力;无数的热血青年,就是因为看了这本书,立志从军,投入神圣的抗日战争;他本人也是抗战时参加"青年军",投入民族圣战。另外,更有无数的爱国民众，因为看了这本书，在迷惘中立定决心，站立脚跟，在各个工作岗位上，为民族圣战而奉献牺牲！

1975年4月，我在小孩将诞生前，准备取名"复国"，以示"复兴中国"的心志；后来小孩出生当天，才知道是双胞胎！所以分别命名"复华"、"国华"，仍然代表同样的心愿。

马伯伯知道后，曾专程到我东海大学的宿舍致庆，并对此命名表示嘉勉之意，此情此景，恍如昨日，令我记忆犹新。他的热情与爱国精神，更让我印象一直很深！

马英九在台大时，曾经参加保卫钓鱼台的运动，走上街头，为捍卫民族领土而奋斗，堪称与《新人生观》以及马伯伯的爱国精神，都是一脉相承。

我那时是台大研究生，也曾经参加保钓运动，应邀撰写保钓宣言《告美国青年书》，并记载于台大校史馆中。当时大家满腔热血，确实与罗家伦发起的"五四运动"、捍卫神圣领土，来自同样心志。所以对于罗家伦的《新人生观》，更有非常浓郁的情感认同！

这种情感认同，来自对民族精神的共鸣，对今后的两岸青年，仍然具有极大的启迪性！

（三）

《新人生观》中有一段话，引用英国大将纳尔逊奋战殉国的遗言，我从念大学时，就一直谨记至今，那就是："英国盼望每一个人都尽其责任！"

因为在动荡的大时代中，很多热血青年立志报国之后，都会再问："该怎么做？"如果眼高手低，或者志大才疏，只会讲空话，都不是办法。但纳尔逊这句话，却提供了人人可行的报国之道！

因此后来，我就经常提醒自己，"中华民族盼望每一个人都尽其责任！"只要中华儿女，人人都能尽心尽力，尽其在我，在自己工作岗位上，实事求是、脚踏实地的努力，那就必定可以聚少成多，众志成城，成为振兴中华、救国救民的重要动力！

1973年，我曾经把自己思考中国前途的心得，写成一本书，名为《青年与国难》，在自序中问到："青年应如何立志？如何上进？如何自强？"然后，个人认为，答案就是："各守岗位，各尽责任。"

《青年与国难》是我生平的第一本书，如今重读，内容虽然青涩，但仍然可看出，当时充满热血的心志与抱负。

从此之后，我立志以学术文化报国，终生以复兴中华文化为己任，并以振兴中华民族为使命；归根结底，很多都是来自《新人生观》的启发。

回顾我从台大念哲学以来，因为旗帜鲜明地反对台独分裂国土，所以经常遭到攻讦诽谤，更常遭到各种抹黑迫害，真可说是全身是血，遍体鳞伤！在这漫漫长夜的黑暗时期中，我的人生哲学，支撑我有"不可征服的精神"，能有"确乎其不可拔"的意志，主要动力，仍然来自早期看《新人生观》的激励。

所以，我从青年时期，就提醒自己，在逆境衰世中，"生气不如争气"、"悲愤不如发愤"，因而每逢诽谤迫害，便更咬牙励志，埋头著述，近年来平均每年出版三本书，就是出之于"不可征服的精神"！

另外，至今我还记得，《新人生观》中呼吁青年，要重振中华民族的侠义精神，便要能够"见义勇为"，先有"打抱不平"的精神，先要有"伟大的同情"，因为"侠出于伟大的同情"！

这句话也给我很大的震撼；所以，我不论是在学术界，或做民意代表，都一直以这句话提醒自己，要能永保热忱、为民前锋，要能永远打抱不平，为民喉舌！基本动力，也是来自《新人生观》。

除此之外，我也记得，东海大学曾经实施"荣誉制度"（Honor System），老师出题之后就离开教室，信任同学的荣誉心，并不在场监考。结果，很多同学懔于荣誉的精神，反而没有任何人作弊。

我当时心中，就想到《新人生观》中，提过这种制度，没想到在东海能真正实现！所以，我从心中更加相信，荣誉心才是立身处世，最重要的品德保证。

我在东海大学担任人文讲师期间，适逢前辈梅贻宝先生仍在东海任教，他有次告诉我，美国所说的"运动员精神"（Sportsmanship），很能代表民主素养，令我印象深刻；因为两者都需光明正大，公平竞争，并且遵守规则,服从裁判。他的谈话也令我联想到,这正是《新人生观》所说培养"运动员风度"的同样苦心!

如今,时隔六十多年,放眼时下政治风气与社会风气,仍有很多的作弊行为,很多人心存倖进,知法犯法,不肯公平竞争,缺乏运动员风度;足证《新人生观》的很多金玉良言,至今仍有重大的启发意义!

另外,年轻人都爱美,但应追求怎么样的审美观?却是很重要的关键;看了《新人生观》之后,我才凛然警觉,每人都应"恢复唐以前形体美的标准",才能重振雄伟刚健的民族精神,做为奋发进取的生命动力!

凡此种种,均可证明罗家伦这本书的影响,真是非常深远,其中的智慧远见,至今仍然深具启发性!

(四)

1978年,我从波士顿大学念完哲学博士,回到东海创立哲学系,四年后再创立哲学研究所,担任系主任兼所长,均以弘扬中华文化为宗旨。

到1986年,因为先室突然病逝,我心中至为伤恸,经常在校园触景生情,连续失眠两年之久,所以只能忍痛离开美丽的东海校园,应聘到中央大学,担任文学院长,同样创立了哲学研究所,并且规划艺术研究所、历史研究所、中文研究所博士班等,仍以弘扬中华文化为己任。

当时"中央大学"正在兴建"志希馆",再次唤起我对罗家伦先生《新人生观》的崇敬;所以,为了促使现在的青年们,能有正确的人生观,我在"中央大学"所教的通识课程中,经常以这本书做为同学们的参考教材。

今年是"五四运动"九十周年纪念,又是罗家伦先生逝世四十周年,很有重大的纪念意义。

因此,当北大出版社邀请我写一本书,为《新人生观》申论时,我很快就答应下来,并且扩大研究罗先生的生平与全集,然后联络罗先生在美国的女公子罗久芳教授,请教很多问题之后,开始埋首撰写;终于,在七七圣战纪念日前,完成拙作初稿,重新阐扬"罗家伦论人生",并盼能帮助青年们,建立"新时代的人生观",促使中华儿女,均能善尽时代使命,完成民族的伟大复兴。

一部好书，不会因为时间久远，而磨损其价值，更不会因为地域差异，而降低其启发。

《新人生观》就是这样一本好书；在抗战时，影响了千千万万的年轻人，共同立志，振兴民族；今后对于两岸青年，仍有重大的启发作用！

所以，如今重新申论《新人生观》，不只有历史上的纪念意义，在现实上，更有重振民族精神的神圣意义，对于两岸青年，都有很大的重要性！

1942年，当民族神圣抗战正在浴血进行中，罗家伦先生出版《新人生观》，在自序中强调：

> 这一件不是泛泛的礼物，敬以献给有肩膀、有脊骨、有心胸、有眼光、而有热忱的中华儿女，尤其是青年！

这段话也让我心中震撼很久；因为，如今虽然已是承平时代，但是有很多青年，只看到个人利益，只想到个人享受，真正能以中华民族为己任，能够以此立定志向，进而"有肩膀、有脊骨、有心胸、有眼光，而有热忱"的青年，已经不多见了！

英国大哲学家罗素，早在1922年访问中国后，就曾写成《中国问题》一书，明确提醒国人：

> 中国首先应当注重的，就是爱国主义！

这句话一针见血，指出了今后两岸应共同努力的目标。

这也令我想起，拿破仑很早就指出："人类最高的道德是什么？那就是爱国心。"

然而，他又因为害怕中国强大，所以自私的强调："中国？那是一个沉睡的巨狮，让他继续睡吧！否则当他一旦醒来，世界都会震动！"

幸亏，罗家伦的《新人生观》在抗战时，唤醒了中国这头沉睡巨狮，激发了全民的民族精神，完成了神圣的抗日大业！也成为中华民族抗战史上永恒的佳话。今后我们两岸，同样面临如何"振兴中华"的大业，所以同样需要再次发扬此中精神，才能共同团结，胜利成功！

这也正是本书的宗旨与心志；盼能为两岸的青年指点迷津，共同迈向"振兴中华"的大业。唯因作者天资愚钝，才疏学浅，敬请各界高明指正，不胜感激之至！

（五）

　　罗家伦的生平大事,与中华民族近代的重要大事,很多都息息相关,充分证明,他本身就是"新人生观"最好的实行者!

　　因为——

　　他,是鼎鼎大名的"五四运动"学生领袖!

　　他,是远近驰名的清华大学首任校长!

　　他,是抗战时顶尖大学中央大学的十年校长!

　　他,还是人才辈出的"中央政治学校"代理校长!

　　他,是捍卫新疆领土的前锋!

　　他,是维护西藏领土的先知!

　　他,更是完整考察大西北的第一人!

　　他,还是完整论述台湾抗日史的第一人!

　　他,更是中国笔会会长,广受国际推崇的第一人!

　　所以,笔者今天重新申论《新人生观》对新时代的启发,仍然是本于青少年时的初衷,期盼今后两岸青年,能在新时代,建立正确的人生观,以振兴中华为使命,然后立定脚跟、永怀热忱,共同开创中华民族的光明前景!

　　近十余年来,我除了教课著述,全部心力还贯注在两岸服务,除了人道服务,就是为两岸青年们服务,并以促进两岸青年交流为己任,一路走来,始终如一;所以,我愿以这本拙作,奉献给两岸的有志青年,盼能共同建立新时代的光明人生观,为中华民族,也为自己前途,创造远大的光明前程!

　　我谨在此,特别感谢北京大学出版社的盛情,以及台湾商务印书馆的热心,能在两岸同时出版本书;同时也要特别感谢两岸多位教育前辈的赐序。

　　东海大学前校长梅可望先生是我终生敬佩的长辈,他从抗战时期就是罗家伦先生的忠实"粉丝",也是亲自体认《新人生观》重大影响的见证人。他今年已经高龄九十二,但仍充满干劲,在两岸间奔走公益与和平,并且永远与正义在一起,堪称正是身体力行《新人生观》的最标准榜样!

另外,拙作承蒙"中央大学"现任校长蒋伟宁博士、政治大学现任校长吴思华博士及清华大学国学院院长陈来博士分别赐序,并承罗家伦先生长女罗久芳教授的精心指正与推荐,谨此也要对他们的热心与义助,敬表由衷的谢忱!

谨以这本拙著,敬献给有朝气、有活力、有热情、有热血的中华儿女们,尤其是两岸的青年!

两岸青年若能因为本书,共同在新时代建立正确的人生观,进而团结努力,相知相惜,共同振兴中华民族,相信何止是青年之幸,更是全中华民族之福!

是为自序。

冯沪祥　敬志
初稿成于 2009 年 7 月 7 日
民族神圣抗战纪念日

第一章 ｜ 罗家伦的办学风范*

  在中外大文豪之中,能够兼具文采、史识与哲理的名人,并不多见,若要兼具教育家的办学干才,尤其少见;在少见的这些人中,若还要能兼通中西学养、广具世界眼光,并且能够终生拥有爱国热血的,更如凤毛麟角,少之又少!

  罗家伦先生,就是这样少之又少的文学家、史学家、哲学家与教育家;他兼具英雄心与豪杰志,更是伟大的民族主义爱国者;正如同晶莹剔透的大钻石,光芒万丈,多面放光,形成中华民族近代史上一颗璀璨亮丽的巨星,深深值得钦佩与学习!

  从文学看,他能苦民所苦,而且深具爱国情操,很有杜甫与辛弃疾之风;从史学看,他治史严谨,深具春秋史笔,很得孔子与司马迁精髓;从哲学看,他呼吁用哲学引导人生,救国救民,更有孟子与德国费希特(Fichte)的气魄!

  尤其,他因为绝顶的聪明、纵横的才情、峥嵘的风骨、恢弘的胸襟,以及中西名校的熏陶,加上浓烈的爱国热血,透过悲壮时代的淬炼,终能陶铸成雄奇刚健的生命精神。

  他的人生哲学的代表作——《新人生观》,是在日军轰炸的熊熊烈火中,于中央大学的演讲集,不但当时脍炙人口,即使在历史上也足以不朽,

---

 * 本文曾刊登在台北《传记文学》2009 年 5 月份"五四专号",经征得该刊同意纳入本作,特此申谢。

在今天,对两岸很多热血青年,仍然深具重大的启发性!

笔者从青少年时期,就曾读过《新人生观》,深受其感动,很多名言迄今仍然对我影响很大!

回忆1986年起,我从东海大学转任"中央大学"文学院长,匆匆又已二十三年,每次经过中央大学校园为纪念他所盖的"志希馆",心中就涌起无限追思与感佩之情。

可惜的是,如今两岸青年,对于这位大文豪与大英豪,却都十分的陌生。

因为,在台湾,有长达二十年的"去中国化"政策,让很多青年对他非常隔阂;在大陆,则因他与中国国民党的渊源,从前对他也是淡化处理;结果两岸青年都忽略了近代史上这位重要英豪,不但对他本人很不公平,也是中华民族的整体损失。

今年,适逢他辞世的四十周年纪念,所以笔者不揣学浅,特别申论他的生命精神,以及他在《新人生观》中的慧见,以表心中敬意,并做两岸仁人志士的共同参考。

罗家伦先生,字志希,祖籍浙江绍兴,1897年12月21日,生于江西南昌,1969年12月25日卒于台北,享年七十三岁。

罗家伦高中时,在上海就读复旦公学,后来进入北京大学,成为轰动中外的"五四运动"学生领袖。

后来,他到欧美留学,先在美国普林斯顿大学、哥伦比亚大学,后于英国伦敦大学、德国柏林大学、巴黎大学研究院深造,前后共计七年。

他在这七年间留学,重点不是攻读学位,而在观察各国的富强之道,研究如何能从教育兴国,并从大学校园为国育才。这对他返国后,主持中国三所著名大学工作,具有很重大的影响。

他主持的这三所名大学,就是国立清华大学、国立中央大学以及中央政治学校(即政大的前身)。他在清华担任首任校长,并在中央大学当过十年校长,且在中央政校实际负责校务多年。所以整体而论,罗家伦的一生,对于教育英才最有贡献。

我在台大哲学研究所就读时,先师方东美先生为罗家伦先生好友,他曾向我多次谈到罗家伦的风范,至今令我记忆犹新。

另外，罗家伦在大陆期间，曾经担任过滇黔考察团团长、西北考察团团长，并曾任新疆监察使，抗战胜利后并曾任驻印大使，同样功在边政以及外交。

罗家伦来台之后，并曾担任首届国大代表、国策顾问、考试院副院长，另曾担任中国国民党的党史会主委十八年之久，后来兼任国史馆馆长十一年，集两大修史重镇于一身，也是中国近代史上第一人。在这些岗位上，他都充分展现了灿溢的文采、精辟的史识以及隽永的哲理。

此外，他在民间团体中，也曾担任中国笔会会长，并且遍访欧美各地，多次参与国际盛会，名满世界，堪称实至名归。

综观罗家伦的一生，无论"立言、立德、立功"，都有重大功绩；尤其他在主持三所著名大学期间，为中华民族培养了无数的青年国士与斗士，其《新人生观》更激励了无数的热血青年，投入神圣的民族抗日，对中华民族的振作具有直接的贡献；他能以一本书，而复兴了民族的精神，同样堪称中国近代史上第一人！

所以，本文特别论述罗家伦的办学风范，用作两岸今后从教育兴国的参考，并作为振作新人生观，进而共同振兴中华的借镜。

一、清华大学以雪洗国耻为己任

罗家伦曾经在《我和清华大学》一文中，回忆他创办清华的精神与建校过程，很能看出他的一贯爱国风范与教育理想。

他到清华大学，是由当时教育部长蔡元培的推荐。

因为，清华大学源于美国退还庚子赔款，背景是发生在庚子年八国联军攻北京的国耻。所以，任何爱国者都会主张，清华一定要能如火凤凰一般，浴火重生，透过教育，促使青年奋发图强，才能雪洗国耻，振兴中华！

然而，当时北洋军阀忙于私利，根本不做此想，而北洋政府中的旧官僚，同样只见私利，胸襟与志节都不及于此。

所以，当北洋政府的外交部长王正廷，同样担任国民政府的外交部长时，他一直都想染指清华大学——尤其清华基金。罗家伦曾分析，因为他"深知道清华是外交部长的一个财源，也是外交部的禁脔，哪里肯放松"？

所以王正廷仍旧要求清华归外交部主管。

罗家伦就是在这环境下,临危受命。

当时,王正廷一定要外交部共管清华,其理由为外交部若不参加,美国就不答应的样子。罗家伦于是严正的指出:"这种拿洋人吓中国人的手段,是当年办洋务的人,挟外力以自重的伎俩。"

所以,当王正廷"突如其来"的向大学院校长(即教育部长)蔡元培,提出口袋中的清华校长人选,他误以为蔡先生平日温文儒雅是好好先生,不会有任何反对,"哪知道蔡先生对于大学校长问题,看得特别郑重,立刻拒绝,并且说人选问题,他已经决定了"①。

蔡元培口中所说,已经决定的清华校长人选,就是罗家伦。

据罗家伦回忆,事前他毫不知情,因为蔡元培声望很高,王正廷不敢违抗,但仍要求成立董事会,由两部共管。后来再经由罗家伦锲而不舍的奋斗,透过国民政府会议,才取消董事会。

罗家伦后来曾指出:"按国家的教育制度,哪里有国立大学还要设董事会的理由?"足证他力抗美国势力介入,费尽苦心的过程。

另外,罗家伦当时接到国民政府的命令,只是任命他当"清华大学校长",而不是"国立清华大学校长",所以他也争取,在草拟清华大学的规程时,加上"国立"二字。大学院(教育部)认为是天经地义,但外交部王正廷却又用种种借口反对,"一开口就说怕伤害美国感情"。

结果,罗家伦严正的驳斥:"美国的赔款是退还中国来办学校的,这个钱本来是国库的钱,现在美国退还国库,我们为什么不能用'国立'二字?"这样才确定了"国立清华大学"的名称。

此中精神,正如同孔子所说:"名不正则言不顺,言不顺则事不成。"

因为,罗家伦坚持清华大学是中国的国立大学,所以从此美国势力无法经由外交部介入。罗家伦在此为民族尊严与国家立场,打赢了一场圣战,同样可证明他一贯的爱国精神,从大学生到大学校长,从来没有减退!

当时他强调,清华既是国立大学,自然要研究我国优美的文化,同时接受西洋的科学文化。不过,清华接受的办法,不是站在美国立场教中国

---

① 《罗家伦先生文存》(台北:国史馆与中国国民党党史会,民七十八年)第八册,第398页。

学生"来学",乃是站在中国立场,请西方著名的、第一流,不是第四五流的学者"来教"。

由此再次证明,罗家伦站稳国家民族立场,为复兴民族而办学的心志,也从来没有改变!

他到清华那天,因为军事初定,政府还没有统一的誓词,他就自拟誓词,强调"学术独立,为复兴中华民族的基础"。由此一举废除旧制,打破"留美预备学校"的性质,因此他先发展大学本科,同时进一步发展研究院。

他当时誓言,"我要澄清清华任何的积弊,减除任何的浪费,搜括任何的金钱,来做清华学术的建设",务期学术"在中国的泥土上,尤其是在清华的校园生根"[①]!

他在清华的首任校长演讲,充满凛然大义,也充满民族意识,他形容:"在当时北方的空气中,仿佛像一个炸弹的爆发,可是我毫不在乎,以后我对清华的一切措施,都是按照这个方针进行的。"[②]

罗家伦当时才31岁,真是全身是胆,充满了干劲与冲劲!

我们在此,仿佛看到了一位"现代孟子",自反而缩,经过深思反省,深知清华必须去除外力干预,才能坚强独立,才能振兴中华,洗刷国耻!所以他用浩然之气,化为精神动力,奋发图强,向前冲刺,"虽千万人吾往矣"!

这种精神,同样也促成他后来在中央大学,面对日机轰炸,在残破的校舍里,仍然威风凛凛、浩浩荡荡的宣讲青年应有的"新人生观"!

他这种浩然之气,足以顶天立地,唤醒国魂,影响所及,训培了无数的热血青年,在民族大义的号召下,英勇奋斗,努力救国,有的直接赶赴沙场杀敌,有的在各自工作岗位尽责报国,形成了厚实而壮大的救国力量,终能促成神圣抗日的伟大成功!

罗家伦对于建设清华,有很多重要贡献,公认最关键的,在于他能有很软的身段,聘请好师资,并且有大气魄,提高学术水平。

这也正是后来梅贻琦接任清华的同样风范,认定一所好大学,可以没

---

① 《罗家伦先生文存》(台北:国史馆与中国国民党党史会,1989年)第八册,第399页。
② 同上。

有"大厦",不能没有"大师"!

所以,罗家伦曾经指出:"我认为一个大学要办好,最重要的就是要教授得人。"①他强调,他不愿意把任何一个教授地位做人情,也绝不以自己好恶来决定。

新闻界大老马星野,是罗家伦在中央政校的学生。他也回忆到,罗先生到清华第一天即宣告:"要大学好,必先要师资好,为青年择师,必须破除一切情面,一切顾虑。"②

例如,他为延揽蒋延黻先生到清华任教,便整整一天待在蒋先生家中,非得到同意不可。③

另外,他在担任中央大学校长时,经常参加各种学术研讨会,从会中的演讲学者,探求好师资——正如同"星探"一般,他可以说是"师探",心中永远为师资着想,为学生着想。这种尊重老师、苦求师资的精神,今天仍然深值重视与效法!

他当时在清华的重要贡献,除了重用好师资,就是淘汰坏师资;对若干不学无术,并借外力干涉校务的洋教员,他不但彻底区分,并且大力整顿。

所以,他对于其中称职的老师,不但续聘,还会加薪;但对不称职的,则一口气去了六个,大约占了外籍教师的一半。

后来这些未续聘的外籍人士,跑到美国领事馆,向美国公使抱怨;罗家伦义正词严的提醒美国公使马慕瑞注意:"若这些人留在清华,决不是美国的光荣,因为他们绝对不能代表美国的学术水平。"

罗家伦就是以这种"讲道理、讲正气"的凛然立场,让美国人知难而退。因为马慕瑞公使,也曾任美国约翰霍普金斯大学国际问题研究所所长,知道国际标准,所以,罗家伦这些话打动了他,让他知道不能有双重标准。

罗家伦的严正态度,更让美国官员知道,中国早已不是慈禧太后时代,更不是八国联军的时代,任何外国人对中国人,再也不能看成二等公民!

---

① 《罗家伦先生文存》(台北:国史馆与中国国民党党史会,1989年)第八册,第401页。
② 马星野:《悼罗志希先生》,《罗家伦先生文存》第十二册,第594页。
③ 同上。

另外，对于杰出的中国教授，像陈寅恪、赵元任、金岳霖等人，罗家伦不但亲自慰留他们，还改进以往的不公待遇。

其中外文系的吴宓教授，因为在五四新旧文学之争时，曾批评新文学运动，并同他打过笔战官司，他怕罗家伦来了会对自己不利，曾托赵元任打听消息；罗家伦大笑，答称"我决不是这样偏狭的小人"①，结果不但继续聘他，还增加待遇，后来成了好朋友。

由此也可看出，他很能有蔡元培"泱泱大度"、"休休有容"之风，这才是为教育留住人才的重要精神，至今仍然深具启发性！

罗家伦当清华校长时，本身还是31岁的青年，很能代表那个时代的朝气与锐气，形成中国教育史上的清流风范。

他当时在清华所聘请的名师，在文哲方面有朱自清、冯友兰等人，在史学与政治学上，有蒋廷黻、叶公超、浦薛凤等人，在自然科学方面则有周培元、萨本栋、萨本铁、杨武枝、李进桐等人，真是人才济济，所以成为促进中国现代化的人才根源地。

除此之外，罗家伦在清华，还有值得大书特书的一件创举，就是清华从来没有收过女生，但自从他到校以后，"就把清华的大门为女生开放"②。

他在招女生时，并没有事先呈请大学院（教育部）批准，因为他认为，男女本应平等，享受同等教育权利，政府也应肯定，赋予女生此项权利。

所以，他直接地明确宣布，"男女教育是要平等的"，"更不愿看见清华大门，劈面对女生关了"③！

由此也可看出，他从北大所传承的自由学风、平等精神与博爱思想，在清华同样散播，并且具体力行。

从今天来看，两性平等已属普世价值，但在抗战之前的中国，民风仍然封闭，罗家伦从北大当学生写文章，就主张大学应对女性开放，到清华时期担任校长，更用行动招收女生，很能证明他剑及履及的实践精神。

---

① 《罗家伦先生文存》（台北：国史馆与中国国民党党史会，1989年）第八册，第402页。
② 同上。
③ 蒋永敬：《罗家伦先生的生平及其对中国近代史研究的贡献》，《罗家伦先生文存》第十二册，第228页。

这也足以证明,他何以在各个时期,都有着一股永不磨灭的热情与正义感!

另外,罗家伦曾指出,他到清华之前,清华大约有十年不曾有过像样建筑,可以说停顿了近十年;所以他重新设计,另画蓝图,并且将英法联军烧毁的圆明园,也规划纳入了清华,这对于在国耻背景中成立的清华,更有特殊的警示作用。

因为他在清华任内只有两年,未及实现这个目标;然而他在离校三年之后,仍然于中央政治会议,帮助清华达到这目的,让校园除了清华园外,还增加了圆明园一万余亩的校地,完成了他对于清华的承诺。

虽然,后来因为国共内战,政局动荡,清华终究未能实现此项理想;但他当时的远见、苦心,与永远的爱国精神,仍然值得怀念与肯定!

二、中央大学以复兴民族为己任

罗家伦从 1932 年到 1942 年,担任中央大学校长,长达十年之久,时逢民族抗日圣战,他从教育青年的工作岗位,发挥了极大的影响,为复兴民族做出了重大的贡献。

尤其,罗家伦在中央大学很有远见,并且很有办事魄力。他精心策划大规模的迁校计划,将几千人、几千箱东西,浩浩荡荡运上船,其中还包括农学院的名种动物,甚至包括医学院解剖用的 24 具尸体,都完整无缺的迁往重庆。

这项空前壮举,不但保存了中央大学,也茁壮了中央大学,使中央大学在日本人的炸弹下更坚强,真正展现了惊人的民族奋战精神,也成为全民长期抗战,政府奠定陪都的前驱。

当时的中央大学,分设四处,在沙坪坝、柏溪、成都与贵阳,并成立文、理、法、工、农、医、师范七大学院,外加一个研究所,一个牙医学校和一个实验学校,成为抗战时最大的学府。那时的中央大学不但师资全国第一,培养人才之多,也是全国第一,更为民族神圣抗战,写下血泪交加、悲壮而感人的光辉史页!

他在中央大学,同样诚恳广揽名师,如方东美先生(哲学)、宗白华先生(美学)、张大千先生(艺术)、徐悲鸿先生(艺术)、李叔同先生(艺术)、胡小石先生(中文)、汪辟疆先生(中文),均为中央大学名师;另有杰出的毕业校友如唐君毅(哲学)、程石泉(哲学)、吴健雄(物理)、李国鼎(物理)、余纪忠(新闻)等,对国家民族均有重要贡献。

中央大学当时教育系主任王书林,就曾经回忆:"新校长最大的好处,是对教授们非常客气。"①

由此可以证明,罗家伦非常尊重教授,对于好的师资,一定率先礼遇,表示敬意,成为他办学的一贯风范。

另外,他于1934年的学生毕业纪念刊的序文中,提到中央大学的使命,语重心长,立志高远,至今仍然深具启发意义。

他开宗明义指出:"当此国难严重的时刻,我们国立中央大学,应当首先负起复兴中华民族的重大使命,这不仅是我们的使命,也就是我们推卸不了的义务!"②

然后他强调,教育必须要有宗旨与目的:"教育没有目的,是不必办的,大学没有理想,是不值得存在的。我们必须认清努力的方向,我们的事业方有意义。"

紧接着,他明确点出:"近代式的大学,应当适应民族的需要,从发挥民族的最高智慧,来求民族的生存。"

换句话说,他认为,大学的宗旨就在"担负民族复兴的使命",而其方法有二:"第一,必须选择有智慧的青年,给予有纪律的知识锻炼,使其有良好的学术基础,以从事高深学理的探究与实际问题的研讨。"

"第二,就是培养青年道德的人格,使成民族领袖人才。此处所谓领袖人才,是各方面的,不只是政治方面的,凡是领袖人才,必须有道德的人格,否则知识不过是自私的工具。"③

他指出:"19世纪初年,德国哲学家主张大学的目的在'学者与道德的人格'(scholarly and ethical personality)的养成,到现在想想,还是对的。"④

---

① 马星野:《悼罗志希先生》,《罗家伦先生文存》第十二册,第594页。
② 《罗家伦先生文存》第十册,第215页。
③ 同上书,第216页。
④ 同上。

试看今天有些高级知识分子，虽有能力学问，但却缺乏道德人格，因而走向贪污腐化，便知这项大学目的，至今仍然非常正确，而且非常必要！

罗家伦当时在中央大学，一面增加设备，以改善学术的环境，一面唤起大众觉醒，努力实现新大学的理想。他称赞毕业同学均能"砥砺学行，一致奋发"，并称"这也是由于民族意识在各位内心上推动所致"。足证他当时，已同时强调"敦品"与"励学"的重要性，并且以"爱国精神"为动力，成为他办学的一贯特色。

然后他强调："只有健全道德的人，才可以成为民族健全的领袖"，所以他勉励毕业生们："我想诸同学绝不会负中央大学的期望，且必能一致努力，以共同完成中央大学对于复兴中华民族的使命！"

此外，在1940年，罗家伦为《中大之门》写序，再次强调同样的精神。

他首先指出，"青年进大学是新生命的开始，大学教育是一生事业的重要基础"，然后期勉同学："进大学的时候，首先要立志，立志就是定一个新人生观。"①

因此，他开始为中央大学同学讲述著名的"新人生观"，就是为所有的热血青年，奠定人生方向，立定人生脚跟。

他当时就指出："第一，要立志做一个健全的人，一个健全的国民。不为个人图私利，在大学时培养出高尚的志趣，良好的习惯，将来才能做一个民族复兴的干部。第二，要立志求高深的学问，以上所举的两大志愿，是连结在一道而不可分的。"

他进一步强调："有第一重志愿，而无第二重志愿，则徒称救国，空言无补，有第二重志愿，而无第一重志愿，则满腔学问，适足以济其奸私！"②

如今我们看到很多硬拗奸巧的人们，虽有"满腔学问"，但都为了"济其奸私"，或沦为黑金、或沦为贪腐、或沦为民族罪人，都非常值得警惕！

所以综合来看，罗家伦心中的教育理想，就是为救国而教育，绝不空谈理论，绝不忘掉救国，更绝不只做象牙塔里的教育家！

他的这种精神特色，最典型的例证，就是针对日军轰炸惨痛教训，在

---

① 蒋永敬:《罗家伦先生的生平及其对中国近代史研究的贡献》,《罗家伦先生文存》第十二册,第228页。
② 同上。

中央大学迁到重庆之后,他立刻开办"航空工程系"。

他为什么办"航空工程系"?

在《航工季刊》1940年的创刊号序文中,他说得很明白:"你看,在现在的时代,没有飞机如何立国?你看,没有飞机,一切文化建设事业,有何保障?你不记得,中央大学被敌机炸过七次吗?

你不看我办公室,现在我写这篇序文的地方,就是敌机炸成的瓦砾堆吗?"

他在这序最后,还说明"罗家伦书于重庆沙坪坝瓦砾堆中",可见他心中救国的热切与热血!

他在这序文中,开宗明义就感慨:"若是二十几年前,国立大学注重航空工业教育,中国也许现在有了自己发明的新式飞机了!"

他这种感慨,是为爱国而发,更为救国而发!试看中国大陆现在已经有了"神舟"太空工业,可以送人到外层空间,大大的提高了中华民族的地位,成为世界三强之一,足证罗家伦的眼光很远大。他从教育做起的方法,更是从根救起,所以很扎实。

他当时语重心长的指出:"因为以前的人不注意,所以现在的人埋怨以前的人;若是现在的人不注意,将来的人一定要埋怨现在的人!"[1]

所以,他一就任中央大学校长,早在七七抗战前两年,就已经办航空工程教育,而且提到"当时因为避免敌人注意,我叫这个高级班做'机械特别研究班',并称之为'悲痛的隐蔽'"[2],由此也可见其煞费苦心与救国的艰难处境。

七七抗战开始之后,他曾亲赴空军司令部,洽谈合作计划,在敌机疯狂轰炸南京时,更坚定决心,与空军共同办理"航空工程训练班";因为有此基础,所以他把中央大学完整迁到重庆后,一开学就开创"航空工程系",并从大二开始。

他在写上述序文时,中央大学航空工程毕业生,已经服务于空军及飞机建造业的,约有一百多人,堪称"学以致用",而且"即学即用"的最佳

---

[1] 蒋永敬:《罗家伦先生的生平及其对中国近代史研究的贡献》,《罗家伦先生文存》第十二册,第228页。

[2] 《罗家伦先生文存》第十二册,第741页。

例证。

　　从上述真实的故事,充分证明,罗家伦身体力行了北大校长蔡元培的名言,"读书不忘救国,救国不忘读书"!蔡元培当北大校长时,曾经提醒北大学生"官可以不做,国不可以不救";罗家伦自己担任校长,同样提醒中央大学学生:"教育不忘救国,救国不忘教育"!①

　　所以,他在1943年的《文化教育与青年》自序中,开宗明义就曾指出,"中国的出路在现代化",并且热情的强调"中国的前途系于青年";因为"青年的蓓蕾,要靠教育来培养,靠文化来涵煦,才能为民族开放出鲜艳的花朵"!

　　因此他在结论中特别强调,他相信自己"还保持着二十几年前《新潮》时候的青年精神"。

　　最后,他进一步指出本身心态:"多年来我接近最多的是知识青年,我敬重知识分子,我尤爱青年。"

　　这正是罗家伦终生的特色——他为青年服务,青年为救国服务!

　　所以,他办教育,绝不会与时代脱节,更不会与救国脱节;在他心中,永远有个至高无上的目标:为了复兴民族,必须重视教育!教育的目的,就是为了复兴民族!

　　尤其,罗家伦强调中国要现代化,但他很清楚,复兴文化乃是复兴民族的重要根源,所以对中华传统文化的教育,他非常的重视。

　　马星野先生就曾回忆强调:"一般人以为罗先生是五四运动领导人物,以为他对于中国固有文化,会有敌视的态度。对于中国固有伦理,会有轻视的态度。事实上,罗先生是中国文化根基最深,也是最热爱中国文化,最重视中国伦理道德的人。"

　　所以他认为:"罗家伦贡献很多,但是最大的即在于教育方面。"

　　另外他指出,罗家伦抗战时曾有名言:"我们抗战是武力对武力,教育对教育,大学对大学,中央大学所对着的是日本东京帝国大学。"

　　所以,他感慨的指出,罗家伦"这种在艰苦中奋斗,在炮火下求上进的精神,最可佩服"。

---

① 《罗家伦先生文存》第十册,第205页。

除此之外，罗家伦本身终生廉洁勤俭，两袖清风，更是所有学生最好的身教榜样。

"中央大学"1962年在台复校时，先从理学院与地球物理研究所开始，戴运轨先生为首任所长兼理学院长。他就曾回忆，"志希先生不治家人生产，永远自奉俭约"，晚年因公积劳成疾，竟然医药费都很紧，"颇感拮据"，真是"廉洁可风，一介不取"。

所以，戴运轨赞叹："志希先生岂仅两袖清风，身后萧条而已；即在逝世之前疗治期间，也都在苦于难以为继，维持不下去，高风亮节，岂是寻常人所可望其项背的。"①

戴运轨并进一步指出，罗家伦一生"真可以说是来去清白，除了他那些传诵遐迩的不朽著作，简直一身之外无长物，宜乎志希先生不论走到哪里，他都普遍而深切的获得青年人的拥戴"。

"中央大学"在台复校时，先后在苗栗、中坜选地，从头重建，自然万分艰辛；但是，当戴运轨读到罗家伦的遗著《炸弹下长大的中央大学》，这才猛然领悟，罗家伦抗战时，要将中央大学全校所有师生与设备，千里迢迢的安全搬到重庆，无一遗漏，重新建设，"那得需要多大的勇气和魄力"！

相形之下，他很感叹"颇有自愧弗如之感"！

所以最后，戴运轨曾引述罗家伦的豪语，提醒大家，大学对复兴文化的重要性："我希望将来的史家，写到这时代世界文化史的时候，说是这个阶段里的文化光芒，是由中国大学里，放射出来的！"②

罗家伦这种精神气魄与远大慧见，至今对两岸的大学教育，都有极深刻的启发意义！

三、中央政校学风影响政风

罗家伦生平贡献很多，最令人津津乐道的，便是领导大学教育，在思想上有"青年导师"之称。

---

① 戴运轨：《怀念罗家伦先生》，《罗家伦先生文存》第十二册，第692页。
② 同上。

其实,他最早主持的大学教育,还应从北伐时期的中央党校算起,也就是后来的中央政校,到台湾改称政治大学。

1926年8月,他从欧美深造回国后,先在东南大学任历史系教授;次年3月,应国民革命军总司令蒋中正先生之邀,先在南昌晋谒,随即参加北伐军,4月份担任总司令部编辑委员会委员长,阶级为少将,5月5日任总司令部参议。

国民政府5月5日决定,在南京成立中央党务学校,这就是后来中央政校与国立政治大学的前身。

罗家伦当时为九位筹备委员之一,校长为蒋中正先生,教务主任为戴季陶,他兼副主任;因为蒋中正先生与戴先生经常不在南京,罗家伦便成为实际推展校务的主力。尤其,蒋中正先生8月12日通电下野后,罗家伦独立支撑党校,功劳非常重大。

当时,孙传芳军队渡过长江,攻打南京附近龙潭,罗家伦特别从上海连夜赶回南京,向中央党校全校师生讲话。他特别强调,为什么要兼程赶回?因为"世界上只有杀得死的革命党人,绝没有吓得走的革命党人"[①]!

这种凛然大义,正如同他在北大宣言所说的"中国人民可以杀戮,而不可以低头",深深令人钦佩与感动!

1928年3月,蒋中正先生复任后,重新发动第二期北伐,罗家伦以教育处主任名义随军行动,5月3日发生震惊中外的"济南惨案",中国军民六千多人被日军惨杀,外交处主任蔡公时也被害牺牲。

当时,罗家伦奉命与熊式辉以"军使"身份与日军交涉,数度出入火线,但是全程大义凛然,在日兵刺刀前毫无畏惧;充分证明,他并非一介书生而已,更有孟子"威武不能屈"的凛然正气!

同年8月21日,罗家伦奉命为清华首任校长,以美国普林斯顿大学为目标,要为中国造就超过美国顶尖大学的人才;虽然只做不到两年,但贡献却很多,奠定基础非常深厚。到1930年5月,因中原大战爆发,北京被阎锡山控制,企图控制清华,他才辞职,转到武汉大学任教。

同年9月,战争结束,国民政府本来仍盼罗家伦回清华续任校长,但

[①] 《罗家伦先生文存》第十册《附编》,第598页。

罗家伦坚决不肯,希望专心学术本行,所以在武汉大学接任历史系教授。① 在这期间,他曾发表《研究中国近代史的意义和方法》,充分展现深厚扎实的学养与实力,迄今仍被公认"研究中国近代史的最重要论著之一"。②

不久之后,蒋中正主席亲到武汉巡视,亲自要求罗家伦回任清华校长,或担任中央政校教务主任兼代教育长,继续为中国的富强统一培养人才。

罗家伦恳辞未准之后,便于1931年1月21日,重新回到南京的中央政校任职。

当时"中央政治学校"从"中央党校"改制而来,于1929年7月更名。在7月时,罗家伦还以清华校长的身份,同时应聘为中央政校的校务委员,并曾在该年兼任北大的历史教授。

罗家伦到中央政校后,兼代教育长,明确向师生指出,"我们要担负普法战争后,法国政治学校的责任";因为法国第三共和的复兴,即是来自巴黎政校的毕业生。所以他以此特别激励政校师生,再次证明他很能以学理结合实际,强调学以致用的重要性。

中央政校早期杰出校友马星野,曾经回忆指出,在他看来,罗家伦"办学校最重要的措施,是聘请好教授,充实图书仪器,同心同力爱护青年"。③

这三大措施,犹如三足鼎立,正是办好任何学校的三大重要基石,深值两岸办学校的仁人志士,共同效法与力行!

罗家伦主持中央政校时,公认另一项贡献,便是重视边疆青年的人才。他在1933年2月,将原先中央党校的蒙藏班,扩充成为"蒙藏学校",并决定在包头、酒泉、西宁、康定、大理五地,分设分校五所。

他当时呼吁,"重视边疆上的后一代",并且强调"中国是整个的,边疆同胞和内地同胞的利益存亡是一致的"。这是"历史和时代的启示,这

---

① 蒋永敬:《罗家伦先生的生平及其对中国近代史研究的贡献》,《罗家伦先生文存》第十二册,第734页。
② 同上书,第4页。
③ 马星野:《悼罗志希先生》,《罗家伦先生文存》第十二册,第594页。

是不容忽视的真理"！①

因为他的苦心栽培，对于后来中国边疆的安定，产生很大贡献。后来他巡视分校，眼看三万多蒙古生穿政校制服，在沙漠边际欢迎他，感动得几乎落泪。

罗家伦此时，担任中央政校教育长，长达三年；到1934年9月，因为同时担任中央大学校长，公务太忙，无法兼顾才获准辞去。

中央政校在重庆期间，仍由蒋中正先生挂校长名义，后来教育长由经国先生继任，成为重要干部来源。经国先生一直到晚年，最喜欢别人称他"教育长"，足证他也非常重视教育，并可证明这位置的重要性，同时可见罗家伦当时受重用的程度。

1931年1月26日，罗家伦曾发表"从树立学风到树立政风"，至今仍然发人深省。他强调："政治的好坏，系于一种风气；学校的好坏，也系于一种风气。风气一经养成，则在这风气感召以下的人，自然感觉到一种环境的压力，这就是道德的压力——使善者日趋于善，恶者不敢为恶，潜移默化，一道成风。这种风气在政治上叫做政风，在学校里叫做校风。"②

然后，他进一步指出："本校是中央政治学校，顾名思义，各位是将来要从事于政治的人，但是各位将来政治上一定不能随俗浮沉，一定要转移风气，要肃清贪污风气，要树立廉洁风气；要打开无动为大的风气，而树立果敢有为的风气；要破除狭小倾轧的风气，而树立广博雄厚的风气。律己要严正，对人要宽厚。做得虽小事，顾得是大局。我们要从建立良好的学风，而建立良好的政风。"

所以，中央政校的门口，树立两大招牌："要做官的莫进来，想发财的请出去！"

这两句话，深深地打动了很多有理想、有志气的爱国青年；前行政院长李焕在回忆录中就说，他当年看到之后"精神一振"，并终身引为座右铭，便是典型例证。

后来证明，国民党的政治风气，凡是能力行上述良好政风，就能得到

---

① 蒋永敬：《罗家伦先生的生平及其对中国近代史研究的贡献》，《罗家伦先生文存》第十二册，第739页。
② 王焕琛：《罗家伦先生文存》第十二册，第695页。

民心,胜利成功。反之,如果背离上述良好政风,贪污腐化,就会失去民心,惨遭失败。

事实上,蒋介石先生早在1927年,便曾致罗家伦函,强调对于中央党校的重视,要求对学生报告,"请速整理统计,凡各系调查成绩在五名至十名以内者;请即交来一阅为荷。"①

由此可见,蒋介石先生在军务忙碌之余,非常注重人才,特别会优先从中央党校选才,其中重任即由罗家伦担任,可见其分量。

后来,蒋介石先生来台创办"革命实践研究院",同样担任选拔人才的角色;经国先生曾说,这是蒋介石先生来台两大重要措施(另一为稳定新台币)。可见罗家伦对国家选拔人才的重要角色。

另外,1927年5月12日,蒋介石先生致罗家伦函中,也明白提到:"现由欧美回国,本党青年专门人才,如萧铮、罗霞天、骆美奂、吴任沧诸同志,务收容在本校任教,以备本党应用也。"②

由此也可看出,蒋介石先生对人才与师资均很重视;正如同国民党政府来台后,中央党部设立"中山奖学金",选拔人才留学。罗家伦从1960年之后,也担任中山奖学金考试委员,再次证明他在培训人才的重要地位。

只不过,1969年罗家伦过世之后,中山奖学金涵盖面太广,理工人才很多,文法人才却很不足,直到经国先生注意到这问题,从1973年改制,才以人文与社会科学为主。如马英九(法律)、沈吕巡(外交)及笔者(哲学)等人共12位,即正好赶上第一期,当时还被戏称"黄埔一期"。由此也可看出,经国先生传承蒋介石先生注重人才培训的一贯精神。

另外,蒋介石先生在1928年5月21日,致罗家伦函中,也曾指出:"明(星期五)晚九时,请约同各系主任与果夫、井塘各同志驾舍,研究学生毕业后工作之分配。最好由兄预拟一方案,届时俾可根据方案讨论一切。"

由此充分可证,罗家伦当时担任中央政校校务工作后,同时兼负为国举才的重任,影响既深远,也重大。

---

① 王焕琛:《罗家伦先生文存》第十二册,第695页。
② 王焕琛:《罗家伦先生文存》,《附编》,第13—14页。

罗家伦生前常强调:"我们学校穷,国家也穷,我们只能以感情相维系,以大义相劝勉。"

正因罗家伦是情感道义相结合,所以在他主持的各校,一直能请到很多好的师资。

马星野就指出,罗家伦本来最早是东南大学(中央大学前身)教授,所以他在筹办中央党校的时候,就广请各大名校最好师资。他回忆,当时教授阵容是一时无匹的。例如,他请到东南大学的方东美先生、赵兰坪先生、韦润珊先生,北京大学的王世杰先生、段锡朋先生、周鲠生先生,金陵大学的唐启宇先生,复旦大学余井塘先生、赵隶华先生等等。这种"尊师重道"的风范,成为罗家伦终生的特色,至今仍然深深值得效法!

1959年,政大校庆时,请罗家伦题词。他回忆在"九一八"事变后,再度回到中央政治学校,力主成立大学部,建立长期正轨教育的规模,当时所定目标,就是"要把本校办成法国巴黎的政治学校,而兼备英国伦敦政治学校的学术权威性,并且以研究学术、革新政治,为雪耻国强的基础"。

然后他再指出:现在时间过去将近三十年,我仍愿以这个心愿,提出来和"国立政治大学"师生共期勉。

如今,我们距离上述题词,已经又过了五十年,罗家伦过世也已四十年,但是放眼台湾多年来的政风,却有很多贪腐,学风也是积弱不振,令人不胜欷歔。

因此抚昔感今,回顾罗家伦这种崇高庄严的办学理想,以及教育兴国的满腔热血,实在深深值得所有仁人志士,今后共同重视,切实整顿政风,革新学风,才能真正承担中华民族复兴的伟大志业!

第二章 罗家伦与北大精神

一、北大的热血青年

罗家伦因为家学渊源,对中国文史哲很小就有根底;从3岁起就由母亲教他背诵短诗,父亲传珍公更常亲自讲授诗词,到4岁就读家塾,奠定了很好的国学基础。

他在8岁时,父亲教他读当时禁书邹容的《革命军》,小小心灵,就有奋勇救国的豪气干云。后来他还曾经作诗回忆:"大袖藏归革命军,教儿读罢气如云!"

18岁时,他就读上海复旦公学,同学中有余井塘、黄季陆等名人。那时,他还担任《复旦杂志》编辑,并曾发表《二十世纪中国新学生》,开始崭露头角,展现过人的才气与志气。

1916年10月10日,罗家伦19岁,听到黄兴先生在上海徐家汇家中病逝,他第一个赶到,站在床边敬礼。他曾回忆,当时"心中酸痛,热泪如麻",因为"真是为国家民族而伤心哀恸"。从这文字,就可看出罗家伦从少年起就很重情义,深具爱国精神。

复旦公学创立于1905年8月,由于右任、马相伯等创立,于右任建议校名为"复旦",1913年曾推孙中山先生为校委会主席。该校深具爱国意识与言论自由的传统,所以对少年罗家伦很有影响。

罗家伦后来在回忆录中,赞扬黄克强生平,深具"赴义恐后的精神,百折不回的志节,豪迈恢弘的气度,斐然成章的文采,所以能鼓舞一世,完成他伟大的生命"。①

他并指出,黄克强"能文、能诗、能书","他文章气宇开张、雄浑流利,他的诗歌慷慨悲歌、感情流露,他的字于秀润之中,现刚劲之气"。②

其实这两段话,正好也能形容罗家伦本人的生命精神。

1917年,罗家伦考入北京大学文科,以外文系为主,但却经常修哲学课,并与中文系的傅斯年、哲学系的顾颉刚结为好友,还常在胡适的家中讨论学问。

1918年,北大文科学生为了吸收新知,适应新思潮,自我培训,创立了"新潮社",罗家伦即为发起人,名称也是由他提议,时年才20岁,很可看出他的聪慧、胆识与抱负。

那时,他与后来担任台大校长的傅斯年,共同担任"新潮社"的编辑。他曾明确表示,该刊特色为"批评的精神、科学的文义、革新的文词",很可看出北大青年当时的朝气、锐气与志气。

1919年,在巴黎和会中,北洋军阀政府因为私心,想要巩固政权,企图笼络日本作为外援,所以对于山东领土主权问题,表现得非常软弱,引起北京学生强烈抗争。

罗家伦提议五月四日,发起北大全体学生的请愿行动,当天他走在最前面,大规模的罢课示威,迅速扩散成为社会运动,并且遍及多省,期能唤醒人心,共同救国,成为震惊中外与历史的"五四运动",罗家伦就是当时热血青年的指标性人物,成为众所公推的学生领袖。

当时闻名的"五四宣言",也是由他起草。全文慷慨激昂,掷地有声,读完后令人热血澎湃,极具激励人心的作用。

他当时是临危受命,临时接受学生会的委托,靠在长桌旁边,凭着爱国精神,将其满腔热血,迅速写成救国宣言,只花了十五分钟。全文一鼓作气,一气呵成,没有更改一字,立刻送出印行,成为"五四运动"的唯一文宣品,也成为历史上不朽的爱国文献。

由此可看出他的才华横溢,而且才思敏捷,到了"倚马可待"的程度。

---

① 《罗家伦先生文存》第十册,序言,第327页。
② 同上书,第326页。

他当时文中的号召,"外争主权,内除国贼",简明有力,一针见血,迅速成为所有爱国人士的共识。宣言中还有两段名句,至今仍然正气凛然,撼动人心:

中国的土地可以征服,而不可以断送!
中国的人民可以杀戮,而不可以低头!

1972年,笔者在台大当研究生时,曾经参加保钓运动,亲眼看到这两句名言,再度高挂在校园大楼,作为保钓心声,心中仍然热血沸腾!

后来,我也曾接受台大学生代联会委托,撰写保钓宣言"告美国青年书",同样也是一鼓作气完成,所以很能体会罗家伦当时的心境,心中也仿佛听到民族精神的一贯呼唤!如今保钓宣言记载于台大校史馆,堪称台大传承北大"五四精神"的具体例证。

当时北大的学生活动中,罗家伦除了起草宣言,另外举凡对外发言、探望被捕同学、亲自与警方交涉等等,均由罗家伦领头,同时展现了优异的口才与干才,"五四运动"四字也是由他所取。他不但在爱国历史上,为北大创造了光辉的一页,为他本人历史也奠定了光荣的地位。

同年5月26日,罗家伦在上海的《星期评论》,还曾经用笔名"毅"发表一篇文章,名为"五四运动的精神",由此笔名,也可看出他以"弘毅"自勉的心志。他根据亲身经历,首次分析,北大学生当时发起"五四运动",重要动力有三:(1)学生牺牲的精神,(2)社会制裁的精神,(3)民族自觉的精神。

由此可见,他为唤醒民众,已经懂得以学生牺牲奋斗的精神,作为社会舆论制裁的动力,并且促成民族的自觉自立。

这种心志与热忱,也成为抗战时,他任中央大学校长一系列演讲《新人生观》的同样精神。

今年正好也是"五四运动"整整九十周年,回顾罗家伦当时作为学生领袖的表现,很有爱国的热血,并有过人的胆识、勇气、智慧与魄力,堪称"英雄出少年"的典型例证,至今仍然深深值得喝彩与效法!

同年夏天,他曾经专程到上海,以北京学生联合会的代表身份,前往拜谒国父孙中山先生,并以"出生之犊不怕虎"的精神,与国父热烈论辩政局,经国父慈祥的解说,他更为钦佩;因为那次中山先生的精神感召,更加奠定他后来从教育上救国的方向。

　　1920年,罗家伦为纪念五四周年,再于《晨报》刊登《五四纪念增刊》,邀请北大蔡元培校长、胡适与蒋梦麟等北大名教授,为学生写文章打气。

　　他本人并在《新潮》的五月号,发表长文;在这篇文中,他重申一年前所说"五四运动"的精神,然后从正反分析"五四运动"的成败。

　　他认为,正面的影响是:(1)思想改革的促进,(2)社会组织的增加,(3)民众势力的发展。

　　然后,他也用自我反省的精神,承认也有些副作用,值得警惕,因为"学生产生了万能的观念,导致了学术的停顿,行为落于形式的巢穴"。

　　换句话说,他也认为,大学生毕竟应该沉潜用功,致力求学,才能成为人才,蔚为国用。学生政治活动只能一时救急,不能长期沉迷于街头抗争。这种冷静的分析,直到今天,仍然很能发人深省。

　　因此,罗家伦曾以身作则、用心沉潜;在杜威访华之后,研读杜威的《学校与社会》,更加深他对教育的重视,甚至有意翻为中文(可惜后来未实现),后来他赴美国留学时,就因为杜威的新书 *Reconstitution in philosophy* 启发,发表长文,介绍这本《哲学的改造》。

　　他除了引介杜威"实践主义"的哲学,更认为一定要将理论结合实际,这对于"救中国思想界的危机,尤为紧要";可见他念兹在兹,均是立志以思想文化救国,并以拯救中国危机为己任。

　　他当时指出,这种务实的哲学观,可以"引导人从抽象的到具体的,从普遍的到特殊的观念性",所以非常重要。因为,唯有如此,才能将哲学结合人生需要,结合时代使命,那才不会沦为空中楼阁,不会成为时代逃兵,不会与人生脱节。他的《新人生观》就是典型例证。

　　这种经世致用、救国救民的人生观,直至今天,仍然深深值得重视与推广!

　　哲学的大用,本来早从罗马的西塞罗(Cicero)就曾明白指出:"哲学,你是人生的导师,美德之益友,罪恶之劲敌,如果没有你,人生还值得什么?"

　　但是,如果哲学本身用词太晦涩,表达太抽象,变成只是象牙塔中少数人的学问,那就根本无法成为"人生导师",当然也无法成为"美德益友"与"罪恶劲敌",甚至还会眼见美德毁弃、罪恶横行,哲学家却只能退居书房,空自悲愤!

所以,罗家伦在《新人生观》中强调,哲学要彰显"强而不暴是美"的人生观,要能挺身而出,拨乱反正,才能真正救人救国,并且扶倾济贫,这种慧见直到今天仍很重要!

另外,罗家伦在1919年5月11日的《晨报》,也曾经发表重要的创见,名为《大学应当为女子开放》,堪称中国教育为女性打抱不平的第一篇文章。罗家伦时年才21岁,已经表现出凛然的正义感与沛然的同情心。

同年夏天,美国名哲学家杜威(John Dentey)应邀到北京讲学时,由胡适口译,罗家伦记录,介绍美国的教育情况。所以,《新潮》在当年10月,由罗家伦发表了一万字的长文,名为《妇女解放》,论述男女平等的理由,以及如何推动的方法。该文对于促进中国女权贡献极大,影响也很深远,均可看出罗家伦一贯的热情与侠义精神。

1920年,罗家伦从北大毕业之后,决心更加充实自己,才能以学问救国,所以在蔡元培推荐下,先到美国普林斯顿大学深造,再去杜威任教的哥伦比亚大学留学,同学有蒋廷黻。他的心志不在学位,而在观摩欧美的富强之道,所以广泛的以哲学、历史、文学、教育、人类学等为修习内容。

1923年秋天,他曾综合所学,针对国内"科学与玄学"争论,沉思运笔,完成《科学与玄论》一书,颇受蔡元培所欣赏,后在1924年出版。书中特别强调整合两者的重要性,指出两者"各有各的机能,各有各的领土,不但不可强分,而且也不可少",也很受方东美先生称赞,两人因而成为莫逆之交。从本书中,很可看出他的胸襟恢弘,思想高超,能够壁立万仞,旷观大局,所以绝不陷入偏狭的门户之见。

他回国后,担任三所名校的校长,均很有此胸襟;他在中央政校、清华、中央大学等校,都以这种精神办学,蔚成雍容学风,所以培养了很多的重要人才。

例如,罗家伦虽然是新文学的提倡者,但本身的国学根基非常深厚;他后来在1948年所写《伟大艺术天才石涛》,形容黄山的雄奇与美丽,认为"北方太华之峻拔雄奇,东南天台、雁荡之清健秀媚,甚至于桂林山势之陡削萧森,黄山均兼而有之"①。从遣词用字中,均可看出他的国学素养,才情横溢,风格绮丽,而且深具盎然生机,所以能够驰情无碍。

另外,他评论石涛的画品"气势雄远,神韵幽闲,两者兼而有之",短短数语,就能点出其中精妙,可以说是石涛千古难求的知心人,并能彰显他本身在国学中的造诣。

尤其他从石涛画作中,领悟"写生"与"写神"的区别,深知其为"诗、书、画"集一身的天才,更能从其作品中参透苍茫抑郁的亡国之痛,不但足以印证其本身在国难中的沉郁心境,同时可看出他对中国文艺欣赏的高深水平。

所以,他在担任各大学校长时,均能兼容并蓄,新旧并存,绝不排斥任何学问;这固然也受蔡元培影响,但更因为他本人就是贯透古今学问的典型,所以深知办学不能狭隘偏颇。

这令我想到,柏拉图很早就曾强调:"哲学家的灵魂,一直在寻求一切人事和神事的整合,再没有什么比思想狭隘的哲学更加危险了!"这种通达开明的胸襟,对于哲学与办学均至为重要。近代部分学界囿于门户之见,文人相轻,均因缺乏这种胸襟,真是至为可惜!

罗家伦在留学期间,还曾与留德的朋友,如傅斯年、赵元任、俞大维等,经常通信论学,可见他的用功程度。

1923年,罗家伦因为向往欧洲哲学,曾经前往德国、法国、英国,在柏林大学、巴黎大学等,修习文学、史学、哲学、教育,兼及社会学、民族学、人类学,同学有朱家骅、俞大维、傅斯年、陈寅恪等人。

当时罗家伦心中所挂念的,仍是学成之后,如何拯救中国,因为他认为,中国面临的"是重大的教育问题,是民族根本问题"!

那时,蔡元培曾以校长之尊,亲自写信给罗家伦,对其期勉有嘉;信中还提及,将应邀到德国参加康德二百年生日纪念,所以请罗家伦代订"不甚贵的旅馆",并请罗家伦代为准备祝词,均可看出他对罗家伦的倚重。

另外,蔡元培还提及,届时他赴德若需演讲,拟用"康德与戴震"为题;因为戴震同样在当年为两百岁生日纪念,北京也有纪念会;戴震在中

---

① 《伟大艺术天才石涛》,第19页。

国有大影响,如同康德在欧洲很有影响,所以二人很可以相互比较研究①。

当时,蔡元培将此重要演讲,请罗家伦先准备初稿,还提及对二人学说的比较,"或同或异,不妨分别论之",并请罗家伦译成德文,形成学界很珍贵的逸闻与佳话。由此既可看出蔡元培有慧眼识英雄,也可看出罗家伦在其心目中的分量。

由此一例,还可证明,罗家伦除了用本名发表的著作很丰富,他应蔡元培之邀,用蔡名义所写的论著,如《康德与戴震》,也很值得重视;另外,他回国后,应蒋介石先生之命所准备的各期重要文章,同样非常丰富,均很值得注重。

例如,蒋介石先生在1927年,便曾经致函罗家伦,其中明白提到,请他代拟文稿,其中"应加二层意见",蒋介石先生说明论点之后,并称"以上诸点是否参入于书内,请酌量损益为盼"②。

由此可知,罗家伦很早就已代蒋介石先生准备重要文告。名史学家郭廷以是罗家伦当时的助理,便曾指出:"罗先生写的又快又好,有内容又动人。"足证他的才华与学养,除了在学界深受蔡元培肯定,在政界也早已深受蒋介石先生倚重。

笔者不敏,也因为曾经兼任经国总统秘书,而有为经国总统准备文稿的经验,所以很能体会罗家伦为蒋介石先生备稿的心志与抱负。

尤其,他在为蒋介石先生长期备稿忙碌之余,本身仍能有大量的文学、哲学与史学作品,还有丰富的演讲文集,甚至还有大量的诗品与文艺评论,真是很不容易,非要有充沛的精力与强韧的毅力才行!

综观蒋介石先生身边的历任文胆,就此而论,罗家伦的表现,实属非常难得与罕见,深深值得重视!

尤其,蒋介石先生生前仍然同意罗家伦自行独立著述,并没有埋没他的文才,成为"没有名字的人"——否则后人就没有福分看到《新人生观》等旷世名作——由此也可看出,蒋介石先生在用才的方面,很有难能可贵的胸襟与远见。

---

① 《蔡元培致罗家伦函》,《罗家伦先生文存》附编,第598页。
② 《罗家伦先生文存》附编,第12页。

二、对五四运动的反省

《新潮》杂志在 1920 年 5 月,出版了罗家伦的一篇长文《一年来我们学生运动成功失败和将来应对的方针》,是他在五四运动一周年后,从整体国运所作的深刻反省,至今仍然很有启发意义。

首先他开宗明义地说道:"无论是赞成的、反对的,总不能不认'五四运动'是中华民国开国以来第一件大事。"①

然后他再指出:这件事为中国的政治史上添一个新改革,为中国的社会史上开一个新纪元,为中国的思想史上起一个新变化。

然而,五四运动的成绩中,最大的事是什么?副作用又是什么呢?

罗家伦在结论中强调:"五四运动唯一的成绩,就是能够使中国'动'。"②

但他也客观地指出:动也有"冲动"与"活动"的分别。

他并比喻,"冲动"同打吗啡一样,人到麻木不仁的时候,是非打吗啡不可,这时打吗啡针有绝大的效验。

他指出,"五四运动"是中国昏晕后起死回生的神针;然而,既打之后,人已更醒过来,"就应当赶快吃固本培元的药"。

这段话正是罗家伦这位"五四运动"领袖最深刻也最精辟的比喻。

他并提醒,不然的话:"倘使要接二连三打吗啡针,那不但吗啡针此后无灵,而且人要被他打死。"

所以,他语重心长地强调:"五四运动"虽是中国昏晕之后,起死回生的神针,但是现在要赶快吃固元培本的药了!因为"本固元培,才可以养成真正永久的活动"。

他在结论中指出:我总愿以后可以避免一时的不经济的"冲动",而养成永久的真正的"活动"!不然,长此下去,酿成一个"反动",则中国的进化,至少又要停滞多少年。

后来历史证明,正因"五四"之后,中国面临不停的"冲动",无法安定

---

① 《罗家伦先生文存》第一册,第 415 页。
② 同上书,第 436 页。

建设,军阀内战不说,即使北伐后有"黄金十年"的建设,但迅即有日本入侵,全民展开神圣抗战;精疲力竭之后,又有国共大规模内战;中共虽然胜利建设,但政治运动不断,直到四人帮倒台,邓小平的改革开放,才逐渐恢复生机,但已"停滞多少年"了!

由此足证,罗家伦在此,深具其远见与慧见。

他并指出,五四运动成功太快,突然把学生地位抬得很多,平心而论,"我们的虚名,实在过于我们的实际","实在是最危险的事"。

由此也可看出,罗家伦很有反省精神,比起其他容易自满自大,终于迷失自己的人,格局与境界大不相同。

然后他更指出:"民国成立之后,民党之所以失败,原因也在于此。"

因为,"在民国未成立以前,民党确是一部分'民'的,所以凡是'民'听到了,都起来表同情"。①

但是,"民国成立以后的民党,都趾高气扬,去做伟人元勋去了。所以社会上的人,看得民党,是一个离开了'民',而孤孤零零独立的特殊阶级,所以也因此失了同情,而终究不能不归于失败。"②

所以,罗家伦特别提醒学生们,应该"从解决平民的生计问题着手,是他们最关切不过的事。也是他们最感激不过的事"!③

他并语重心长地指出:"我们回回讲,出去叫什么'爱国'、'救国'是没有用的!肚子饿了,还要他们按着肚皮去讲'爱国'、'救国'是不会成功的。"

然后,他很深入的分析,"中国亡不亡,对于这般贫民,没有关系的"。他并且提醒同学们:"我们同志的青年啊!你看看北京的洋车夫,一天跑到晚还不过赚二三十个铜子,还要养家;你看中国亡了,他们的苦痛,难道还会过于此吗?你看唐山的煤矿工人,在黑暗世界里,一天挖到晚,只得了六个铜子,你看中国亡了,他们的苦痛,难道会过于此吗?"

因此,他进一步指出:"恐怕外国人来了,他们还要讲人道主义一点呢!"所以中国对于他们,实在不足爱。"中国亡了,他们实在不必救。我

---

① 《罗家伦先生文存》第一册,第 425 页。
② 同上书,第 524 页。
③ 同上书,第 431 页。

们以'爱国''救国'来号召是不行的!"①

所以,他的结论是:"我们说的话,要说他心坎上的话,我们所要解决的问题,要解决他们切肤的问题。"②

另外,他也特别反省,五四运动有失败的方面:可以说是自身弱点的暴露。

1. 学生万能的观念:"我们自己的选举都办不好,有什么妙策可以整顿全国的选举? 我们自己的评议会都往往不足法定人数,而且讨论不得要领,我们有什么方法可以组织强有力的议会。"③

2. 学术的停顿:"对于新的知识,一点不能增加进去,哪里还有再来倾倒出来的呢?"因此,很多北京的同人感叹:"不得了,没有工夫读书",天津的同人说"脑子空",上海的同人说"无法想",可见感受知识的空虚,不够应用,是各处一样的。

3. 落于形式的巢穴:"当五四的时候,大家东谋西划,都有一点创造的精神,而如今则一举一动都仿佛有一定的形式……,最无聊的就是三番五次的请愿,一回两回的游街……,我以为我们此后实在不能再有这种无聊的举动了!"因为"旧墨卷"是不可以重抄,抄去就闹到没有意思。

最后,罗家伦很中肯地提出一个问题。

他说:"我常常想,历来各国的革命都可以革得好,何以中国辛亥以来的革命,愈革愈糟呢?"

然后他回答:"我想这没有别的缘故,乃是因为他国的革命,是大家为主张而战的;而中国的革命,除了几个领袖人物之外,其余的人都是被金钱收买得来的,权位引诱得来的。"④

所以,"他们原来就没有民主共和的观念,如何可以盼望他们实行民主共和的政体呢?"⑤

因此,他提醒国人,"各国的学者,认为改革政治社会,都非先从改造思想下手"。因为"以思想革命为一切改造的基础",堪称从根本拯救时

---

① 《罗家伦先生文存》第一册,第431页。
② 同上。
③ 同上书,第422页。
④ 同上书,第432页。
⑤ 同上。

弊,至今仍然深具启发性。

尤其,他当时举出的几项改革方法,从大处着眼,而小处着手,非常具有培元固本的功用。①

(1)"定期出版品,不在乎数的增多,而在乎质量的改革"。

(2)"苟有真正改造社会的心思,还不如脚踏实地的调查一点寒苦同胞的生活情形"。

(3)"西洋大部分有系统的著述,应当从速翻译介绍了!"他并引述吴稚晖先生所说,"中国要好好的有三万种书译出来,方才像个国家"。②

然而,即使到今日2009年,恐怕两岸加起来也还没完成本项要求,深深令人警惕!

(4)专门学者的培养:他经常愤闷的想,"现在最要紧的,就是要找一班能够造诣的人,抛弃一切事都不要问,专门去研究基本的文学哲学科学",因为"世局愈乱,愈要求学问"。③

综合上述,其实也正是中山先生所说,"革命的基础,在于高深的学问";而学问的目的,在于复兴民族文化,否则,在将来的世界上,是不能生存的!

这种警语以及反省,直到今天,对于两岸,都还深具重要的启发意义与警惕作用!

到1950年5月4日,时隔"五四运动"已经三十一年,也是国共内战之后,他在台北"中央日报",曾经再发表《五四的真精神》一文,其中很多内容,非常发人深省。

首先,他特别提到:"五四运动是两种意识觉醒的表现,于是产生两个巨大的潮流,每个潮流里又各有一个主流,至今还在激荡,以刷洗沉淀,而期冲开国家民族进步的前途。"④

其中第一,"五四是代表新文化意识的觉醒";第二,"五四是代表国家民族意识的觉醒"。对于国家民族意识的觉醒,罗家伦叙述的很详尽:

---

① 《罗家伦先生文存》第一册,第433—435页。
② 同上书,第435页。
③ 同上。
④ 同上书,第311页。

"从清末民初以来,中国受到外国帝国主义的压迫和侮辱,无一不潜伏在知识分子的心灵里化为悲痛。"

然后,日本提出的"二十一条",以及巴黎和会处分山东问题,对中国的不公不平,"加上北洋军阀和官僚的愚昧与卖国,只知屈膝求荣,腼颜固位,于是巴黎和会中我们山东问题失败的消息传到之后,激励了当年北京学生极度的愤慨"①。

所以当时,"由北大发动(即罗家伦等)而集合了其他七个专门学校学生,于五月四日集合在天安门前,对于各国使馆直接表示抗议,要求其转达其所代表的政府改变政策,秉正义而予我援助"。

然后,学生们"迳赴赵家楼,毁亲日派首领曹汝霖的住宅,痛击章宗祥,而陆宗舆临时狼狈离去。"

虽然学生十余人被捕,"但是大家再接再厉,坚决要求,拒签巴黎合约,罢免曹、章、陆三个国贼,全国学生群起响应"。

后来,6月3日,北京北洋军阀大规模逮捕讲演学生一千余人,引起全国的公愤;上海、天津等处纷纷罢工罢市,国外留学生也同时响应,对中国出席和会代表团采取行动。

这个运动的实际效果,终于迫令北洋军阀政府,罢免曹、章、陆三人,并且拒绝在巴黎合约上签字,保留山东问题,成为国际重大悬案,等到1922年在华盛顿,才能比较顺利的解决。

所以,当时"以青年的奋起,激发了全国民众的力量,终能阻止卖国的政府,签订一个重要的不平等条约,这是中国政治史上第一次"!②

因而,五四运动宣言中号召的"外争主权,内除国贼"两句名言,相当程度能够完成,的确是响当当的爱国成果!

另外,诚如罗家伦所说:"五四的涵意并不只此,五四的近因固然是反对外交失败,军阀祸国,而五四的伏流,却是一股近代的民主思想。"③

他并指出,五四的根源,"为什么五四会在那时候首先在北大里酝酿呢"?

---

① 《罗家伦先生文存》第一册,第314页。
② 同上。
③ 同上。

第一,"因为当时蔡孑民先生主持北大,提倡一种新的学风,新的人生观,教学生要研究学术,探讨真理,要关心国家民族的安危(就是大家常引的"读书不忘救国,救国不忘读书"),却不要以升官发财为目的。"①

正因这种纯洁的理想主义,"实在感动了一批青年"。

第二,杜威那时也在北大讲学,宣扬民主的教育思想和民主的政治哲学,广受大家接受,因而身体力行。

第三,北京大学虽为当时新文化运动中心,却也仍然是国学中心,所以北大学生发动五四运动时,免不了下意识仍潜伏一些汉宋太学生预闯政治的暗示。

所以罗家伦指出,五四运动出发时候,他就听见好几位读中国书的朋友们,如此的窃窃耳语。只因时代不同,行动的方式不同,以前人是"伏阙上书",现在却是:"一面着手国民外交,一面以奋斗的精神,去实现那外争主权内除国贼的民族意识,并且把他广泛的散布到全民社会里去,成为一个普遍的民众运动。"②

然后,罗家伦回顾,五四运动还在高潮的时候,他在《每周评论》用"毅"的笔名所写短文,并且再提他在《新潮》所说"我们学生运动的成功失败和将来应教的方针",重申他的主张:"一方面积极的研究学术,为新文化运动放一个建设性的异彩,一方面是深入民众,为实际解除民众痛苦,增进民众福利而努力。"

紧接着,罗家伦反省,"回想当年及其以后,大家都是认得不真,做得不够",并且谦称"我就是其中最惭愧的一个人"。③

其次,他也承认,五四运动一个缺点,"就是当时从事这个运动的人,大都文化的意识很强,国家民族的意识很强,但是没有公认的具体政治方案,更没有政治的组织,来和这伟大的潮流相结合"。④

他并分析原因:"当时五四的发动,完全出于青年纯洁爱国的热情,绝无任何政党或政团在后面发纵指使。"

---

① 《罗家伦先生文存》第一册,第 314 页。
② 同上书,第 315 页。
③ 同上书,第 316 页。
④ 同上。

然后他强调:"五四的可爱,也正在于此。"

只不过,罗家伦也指出:"话又说回来,五四运动虽然不是国民党所发动,但是精神上却与国父孙中山先生的主义是一致的。"

他并提到:"这关键在于蔡孑民先生。"

然后他引述1919年冬天,廖仲恺向他说,本来马君武反对蔡先生去北大当校长,但总理却赞成蔡先生去,"现在证明,总理真有眼光和气度,蔡先生把革命的精神传播到北方去了"。

所以罗家伦指出:"国父的眼光到底比别人敏锐,对于时代的适应和把握,到底比他人高明而有魄力。"

他并举出例证:"新文化运动一发动,他就在上海创建《建设》杂志,以积极方案相号召,而令干部同志办《星期评论》,完全用语体文,俾与北方几个有力量的刊物相呼应。"

另外,五四运动之后,罗家伦与两位代表一起到上海晋谒国父。罗家伦回忆,当时"初生之犊不畏虎"的精神,"和他(国父)剧烈辩论了三个钟头,而他始终娓娓不倦,越辩越起劲,硬是要说服我们! 也可以见得他对于青年注意的强度了。"①

然后他再指出:"蔡先生是同盟会的健者,始终是国民党党员,他有革命家的勇气,同时更有学人君子的气度与特立独行的精神。"

他并强调,蔡元培"绝不做党的宣传",但是"他的宣传力量最大,因为他真能力行'身教'"。

然后他再举例,如胡适之诸先生,当时都是蔡先生聘来的教授,"但后来都对蔡先生'以师礼相事',如同'衷心悦而诚服,如七十二子之服孔子',这绝不是偶然的事情"。

换句话说,蔡元培当时虽然为北大校长,但他的革命精神以及人格风范,都对青年学生有很大的感召作用。

所以罗家伦说:"国民党里面有这样一位哲人,发生这样大影响,这段历史是很值得珍贵的。"②

另外,他在分析近代教育之后,最后再强调:"觉醒后的文化意识,还

---

① 《罗家伦先生文存》第一册,第317页。
② 同上书,第318页。

应当加强！觉醒后的民主意识，以爱护国家民族为骨干的，还应当发挥！"①

由此再次可证，罗家伦的一贯特色，就是现代教育与爱国教育并重，以及"民主"意识与"民族"意识并进，加上他向来重视民生疾苦，注重民生意识，仍是来自孙中山先生的重要启发，今天仍然深值重视与弘扬！

到了1967年5月，《传记文学》邀罗家伦再谈"对五四运动一些感想"（10卷5期），距离1919年五四运动，已有48年，距他本人（1970年）辞世，只有三年，堪称他一生中，对于五四运动的最后文章。其中有几段新内容，很值得重视。

首先他引述，国父在1920年致海外同志书，其中提到对五四运动的评语，强调"自北京大学发生五四运动以来，一般爱国青年无不以革新思想为将来革新事业的预备"。于是蓬蓬勃勃，抒发言论，国内各界舆论，一致同倡。

当时，"各种新出版物，为热心青年所举办者，纷纷应时而出，扬葩吐艳，各极其致，社会蒙极大影响，虽以顽劣之伪政府，犹且不敢撄其锋。此种新文化运动，在我国今日，诚思想界空前之大变动。"②

然后他再重申，北大原先也是一个陈旧的学校；在"京师大学堂"时代，进士馆里，差不多每个学生有个当差。上课铃打了由当差请"老爷上课"，可见风气的老朽。

另外，1912年，北京出名的八大胡同里，客人首称"两院一堂"，两院就是参众议院，一堂便是京师大学堂，即北大的前身，更可看出风气的败坏。

罗家伦回忆，这种陈腐败坏的风气，到了蔡元培当校长，才为之一变。他训勉学生，来北大是为求学，不是为了升官发财，不只是为个人求学，乃是"要为国家民族着想，为负起贡献世界文化的重要使命而来，这才让大学生如梦初醒，振作精神"。那时，军阀养助无聊文人官僚，批评北大学生为"洪水猛兽"，蔡元培曾发表一篇文章，叫《洪水与猛兽》，主张不可壅塞

---

① 《罗家伦先生文存》第一册，第321页。
② 同上书，第353页。

新思潮的洪水,却要先驱逐狰狞军阀的猛兽。罗家伦赞叹:"在当时的环境中,这是何等伟大的魄力!"①

他在另外一篇回忆辜鸿铭的文章,也曾提到,因为辜鸿铭在日文报刊登文章,批评北大五四学生运动,他还在课堂上,直接找辜鸿铭据理力争。

此外他也郑重澄清,"五四运动"从未主张"非孝"或"手打孔家店",也从未主张把"线装书丢到茅厕里"。

他指出,"非孝"是浙江杭州经子渊办的师范学校,一个学生施存统,在该校刊物发表的荒谬文章。"手打孔家店"是四川老儒吴虞的话。至于把"线装书丢到茅厕里",虽是吴稚晖先生所说,但那是鉴于当时科学不受注重,复古气压高涨,所以他才慨然有感而发,然而后面还有句,"三十年之后,中国科学昌明了,再把这些书捞起来读",可见这话有时代性,并不是要毁灭中华文化。

罗家伦指出,吴老先生是思想界的革命家,当时补弊救偏的议论,正足以表示他的革命精神,却硬生生被断章取义。

事实上,罗家伦本身也非常孝顺,更曾特别工笔撰写《蓼莪集》,首先引述古诗,并在诗中表达内心深处的无限孝思:"蓼蓼者莪,匪莪伊蒿,哀哀父母,生我劬劳!"

由此充分可证,罗家伦虽是五四运动健将,也是新文化运动的支持者,但对传统孝顺美德,却是身体力行,极力提倡,令人非常感动!

如今,两岸科学均已相当昌明,亟待重新振作的,确实应该是中华文化,以此返本开新,拨乱反正。因此展望未来,深值仁人志士,共同领悟罗家伦所说:"新文化运动与五四运动一贯的精神";唯有如此,传统结合现代,学理结合时代,重新出发,才能再创中国现代化的新光明!

三、对五四运动的回忆

"五四运动"发生于1919年,到2009年已经足足有90年,当时的学

---

① 《罗家伦先生文存》第一册,第354页。

生领袖罗家伦,在 2009 年也已逝世了整整 40 年!

在 2009 年,重新回顾罗家伦谈五四,更有莫大的意义与启示。

事实上,罗家伦在五四的 20 周年,也就是 1939 年 5 月 1 日,就曾在《新民族》发表文章"纪念五四",至今读来仍然发人深省。

他首先指出,五四运动的产生,由于三个重要因素:①

第一,是新文化运动的影响。文学的革命引起整个思想的革命;当时的《新青年》、《新潮》、《每周评论》三个刊物,实在是发动青年思想的马达";

第二,是蔡孑民先生提倡正确人生观的影响。这种哲学的思想,打破了当年北平北洋政府腐化的风气,使青年们知道,"升官发财的观念,不但不是青年所应当有,而且是青年最可耻的一种心理"。

第三,是民族国家意识的发达。因为,日本提出"二十一条"以后,继续不断的侵略中国,更加"燃起了中国民众爱国的火焰"。

所以罗家伦指出,由于这三个因素的交流,于是"灌溉出五四运动灿烂的鲜花"。②

然后,他在文中,再次重登了"五四宣言"。

那篇宣言,是他临时受命,倚着桌旁临时提笔写成,前后只用了十五分钟,写完没有再改,立刻送出分印各大学同学;由此可以看出他的才思敏捷,倚马可待,更可看出胸中热血澎湃,出于至诚,所以大笔一挥,浑然天成,至今仍然铿然有声!

尤其,文中"外争主权,内除国贼",立刻成为人人在五四运动中朗朗上口的共同口号。

另外,文中严正指出:"中国的土地,可以征服,而不可以断送!中国的人民,可以杀戮,而不可以低头!"正气凛然,大义凛然!用反衬法,烘托出民族精神的悲壮与豪情,至今仍然脍炙人口。

1982 年,当台湾大学同学发起保钓运动,向日本再次严正抗议时,校园红楼高高悬挂的,同样是这两句内容,更证明其永垂万世,足以不朽!

所以,罗家伦说:"'五四'运动燃起了国家民族的烈焰,继而令人热

---

① 《罗家伦先生文存》第十一册,第 466 页。
② 同上。

血澎湃,回思良久,'五四'运动唤起了全国青年的觉悟,'五四'运动为国民革命——三民主义增加了无数的生力军!'五四'的力量太伟大了!"

这段评语,确实非常中肯,即使在 90 年后的今天,仍可证明非常正确!

当然,任何社会运动除了正面贡献,也会有副作用。

所以,罗家伦很持平的指出,五四运动也有缺点:

第一,"是大家虽有共同的民族意识,而无一致的政治意识";因此后来长期内战,很多菁英内耗,形成时代悲剧,更造成国家分裂;今后自应从大局着想,共同团结,一致对外,才能共同创造民族盛世。

第二,"是五四运动以后,青年虽知道学问的重要,有不少的人在埋头苦干,但也有许多看不透彻的人,专心奔走呼号为事,不能切实在学问上苦干,流弊是演成了许多无理的学潮。"

第三,"是五四运动虽唤醒了许多青年,震动了不少的民众,但是这种力量,还不曾深刻地广泛地达到民间。"

然而,整体而论,五四的精神仍然是伟大的,因为"五四"运动的本身太光明了!

所以,罗家伦的结论是:"在抗战建国的期间,我们应当特别纪念'五四'的精神始终是抗日的!"

从本质上来看,"五四"的精神,背后是中华民族五千年来最可贵的爱国精神,这对今后促进中国的现代化运动,进而振兴中华,同样是很根本的精神动力!

在台湾有段时期,以"去中国化"为政策,甚至以媚日反华为能事;当时出生的小婴儿,至今已成长为 20 岁人,均被误导成自己"是台湾人,不是中国人",深深值得今后反省与改进!

因此展望今后,台湾青年更应多多领悟,当年"五四"运动的爱国精神与救国热情,勇于挺身而出,贡献所学,为振兴中华而努力,那才是整体中华民族之福!

罗家伦有关五四的回忆,经常提到北大校长蔡元培先生的风范,同样值得敬重。

他对蔡元培很尊敬,特别推崇蔡元培转移学风,他并明确指出,从五四运动后,"就北京大学而论,学生从军阀的高压和官僚的引诱中,不顾艰险,奔向一条救国的路,实在是蔡先生转移学风的结果。"①

他当时谈道:"五四运动也很简单,它是为山东问题,中国在巴黎和会里失败了,国际间没有正义,北京军阀官僚的政府又亲日恐日,丧权辱国,于是广大热血青年,发生这爱国运动。"②

罗家伦指出:"这是中国第一次广大的青年运动,也是全国性的民众运动。所以这运动不是北京大学可得而私,更不是少数身预其事的人,所敢得而私。"③

五四运动之后,青年们受到爱国精神激发,纷纷参加国民革命的救国工作,罗家伦称之"有如风起云涌"。

所以,罗家伦引述蔡元培当时名言:"官可以不做,国不可以不救!"

等到五四之后,学生运动发现流弊的时候,蔡元培又强调:"读书不忘救国,救国不忘读书",同样成为人人传颂的名言。④

如今回顾"五四"运动之后,学生领袖之中,能够坚守这句名言的,如罗家伦、傅斯年、段锡朋,都当之而无愧。

所以,罗家伦在纪念段锡朋的文章中,特别提到,当五四运动告一段落的时候,"我们因略具浮名,遇过一些政治社会的引诱。可是书贻(段锡朋)和我们一般友好绝不为动,相约继续求学,以充实自己,再图报国"。

由此足证,罗家伦很清楚,救国只靠学生运动还不行,爱国除了热血,还要有学问,那就需要多读书,充实自己,以学问报国。

所以,在五四运动后,罗家伦、傅斯年与段锡朋这三位学生领袖,纷纷相约到欧美先进国家留学,以扎实的学问,自我训练成为人才。

段锡朋在北大原念商科,后改称法科。罗家伦在1918年为了反对媚日外交,即与段锡朋等,在北大西侧饭厅开会,并且欢迎北大留日回国同学,报告日本侵华企图。

---

① 《罗家伦先生文存》第十册,第204页。
② 同上。
③ 同上。
④ 同上。

罗家伦在当时,是演说的最后一人,因为情绪激昂,便提议在第二天发起北大全体学生,前往新华门请愿与抗议,可称五四运动的前奏。

当时,因为蔡元培立即辞职,罗家伦还受到部分同学责难,此时段锡朋很明确支持他、安慰他,并且强调"汉宋太学生陈蕃、李膺、陈京这般人的风骨,是我们大家所需要的"。

所以,罗家伦后来回忆五四运动,"中国历史上汉朝和宋朝太学生抗议朝政的举动,也给大家不少的暗示",就是本此而来。①

罗家伦并指出,当五月五日那天下午,事件扩大,情势非常严重时,"书贻挺身而出,以沉毅勇敢而热忱的姿态,出现于全体北大同学和整个北京专科以上学生之前。他穿了一件毛绒旧布衣衫,可是他的言论、他的主张、他的气概,他发光可以射入人心的眼睛,竟使他成为大家心悦诚服的领导者"。

所以,段锡朋后来被推举到上海,由原先的"北京学生联合会"会长,更被推举为"全国学生联合会会长",由此扩大五四号召,全国人心共同支持,实现了罢免亲日三巨头(曹汝霖、陆宗舆、章宗祥),最后并阻止了巴黎和约的签署,才保留山东问题,到华盛顿会议得到有力解决,把青岛胶州湾和胶济铁路的领土主权次第收回。

罗家伦在此很谦虚的说:"当年在知识青年群中,始终其事的实际领导者,除了书贻段锡朋之外,没有哪一个当得起这名称。"

众所皆知,任何群众运动,最怕领导群中相互猜忌倾轧,学生运动更是如此。然而罗家伦在此,以五四运动原始发动人的身份——也是五四运动唯一文宣的执笔人,却对段锡朋做如此恢弘的称赞,一方面固然可以证明段的名望,另一方面同时可以看出罗家伦的胸襟与涵养,均是非比寻常。

罗家伦这种胸襟与气度,承自于蔡元培先生,也表现在他后来主持各个名校大学的风范。

所以,他在纪念蔡元培先生时,曾经特别指出,蔡元培"极端反对嫉妒和排挤"②,并且"极力反对学校内或校际间有派系"。

他并强调蔡元培的名言:"只能有学说的宗师,不能有门户的领袖。"

---

① 《罗家伦先生文存》第十册,第 204 页。
② 同上书,第 202 页。

而且,"要能泱泱大风"、"休休有容",才能"为民族发扬学术文化的光辉,才是大学应有的风度"。①

这种精神风范,正是罗家伦后来筹划中央政校、主持清华大学以及中央大学的风范,至今仍然深具重大启发意义!

罗家伦并提到,段锡朋出国留学时,先到哥伦比亚大学,第二年正遇上华盛顿会议,要讨论山东问题,"这也正是我们这班从事五四运动的人的未竟心志"。②

所以,当罗家伦听到北洋政府用三万美金收买少许留学生的败类,企图做其工具继续卖国,他与段锡朋等再次合作,成立"留美中国学生华盛顿会议后援会",强力监督代表团不得让步③,正因为他们的坚持与努力,才能终于得到最后胜利!

很多人看五四运动,只看头未看尾,没有追踪了解"山东问题"的后来发展,是非常可惜的事。

尤其,很多人不晓得罗家伦等人在后续这段的奋斗过程。

所以罗家伦曾引述段锡朋的话:"这是五四运动未完的工作,我们做事要彻底。"足证他们除了满腔热血,还有坚强毅力,深深值得钦佩!

段锡朋虽然曾经轰轰烈烈,成为智勇双全的救国英雄,后来也曾担任多项高层公职,但是一生清廉,非常节省,这种俭朴风范与罗家伦相同,至今仍然令人钦佩。

相形之下,有些青年菁英,在未掌权之前,非常清新清廉,但掌权之后却开始贪腐,真令人感叹,权力容易令人腐化,而且"何昔日之芳草,竟成今日之萧艾"?

由此对照,从罗家伦、段锡朋与傅斯年身上,所表现的清廉人品以及正直人格,更令人深感钦佩与敬重!

例如,段锡朋病危时,医生曾用氧气把他救醒,段知道后,还用轻微的声音叮嘱:"外汇少用一点"! 因为当时使用氧气需要外汇,所以段才有此说,令他身边的谷正纲眼泪都掉下来。

---

① 《罗家伦先生文存》第十册,第202页。
② 同上书,第68页。
③ 同上。

因此，罗家伦强调，"一个人到了病重将要临死的时候，还有这种坚强的国家民族意识"①，真是伟大！

"五四运动"三侠之中，除了罗家伦、段锡朋，便是傅斯年了。

罗家伦与傅斯年相交，是从1917年北大开始。

傅斯年先经过三年标准很高的北大预科训练，然后升入本科，所以，中国学问基础很好，英文能力也很强。

罗家伦也曾回忆，当胡适初进北大当教授时，自己提到"常常提心吊胆，加倍用功，因为他发现许多学生学问如此的强"。②

傅斯年就是这样一位学生。

因此，罗家伦提到，傅斯年与他抱着热忱，继《新青年》而组织《新潮》，傅为主编，共同主张民主、反封建，并主张民族独立，反对侵略。由此可知当时他们的朝气与锐气，形成非常先进的新思潮先锋。

罗家伦并指出，在五四的前夕，傅斯年是参加"发难大会"的学生代表之一。到了五四当天，他更是亲自"到赵家楼打进曹汝霖住宅的"③。由此可知他还是文武全才，必要时候还能以肉身捍卫领土的英雄好汉！

傅斯年后来考取山东公费，前往英国伦敦留学，先研究实验心理学，进而研究哲学、政治、文学等，返国后先任中央研究院历史语言研究所的所长，贡献极大。

罗家伦曾形容，傅斯年的号召力和攻击精神，与法国自由主义大师伏尔泰(Voltaire)很相似，因为"他们都愿意为自由与开明而奋斗，对于黑暗和顽固有强大的摧毁力，而且爱抱不平，也是相似之处"。

这种精神，正是罗家伦所说"侠"的精神，出于"伟大的同情"，不但是五四运动的精神动力，也是中华民族的抗日精神，更是从北大到台大，一脉相承的学风精神。

抗战胜利后，傅斯年曾暂代北大校长，到台湾后，又曾担任光复后台大的首任校长，手订校训"敦品励学，爱国爱人"，要求同学们都要修《孟子》与《史记》，就是从教育上，要培养学生有孟子般的"浩然正气"，以及

---

① 《罗家伦先生文存》第十册，第71页。
② 同上书，第74页。
③ 同上书，第78页。

司马迁的历史使命感,也是同样的精神传承。

如今适逢五四运动,堂堂进入 90 周年,我们缅怀当初"五四"三侠客共同的爱国精神风范,深深感到,今后唯有加强这种品德教育与爱国教育,才能无愧先贤,并能在此伟大的传统基础上,再次创造更为光辉灿烂的民族前程!

第三章　从新人生观振奋民族精神

一、呼吁建立"新人生观"

罗家伦生平最有名的代表作,首推《新人生观》。

综合而论,罗家伦这本书,其内容非常丰富,心志非常高尚,气势非常磅礴,他本身因为曾留学欧美,广泛吸取哲学、史学、文学,并对当代政治经济、国际形势很有研究,所以整本书旁征博引,触类旁通,充分展现了深厚的学养与功力,一直到今天,仍然值得深深领悟与力行!

英国二战时首相丘吉尔,在纳粹的疯狂轰炸中,曾用坚忍的毅力领导英国战胜德军。他有句名言:"我的祖国有颗雄狮般的心,我只是有幸唤醒它而已。"

其实,中华民族更加有此特性!

因为,中华民族在世界历史中浩浩荡荡,绵延五千年,是唯一没亡过的民族,究其根本原因,就是每在危难之中,必有先贤大哲挺身而出,唤醒人心,所以终能扭转颓势,转败为胜!

所以罗家伦曾经引述方东美先生的名言:"中国先哲遭遇民族的大难,总是要发挥伟大深厚的思想,培养溥博沉雄的情绪,促我们振作精神,努力提高品德,他们抵死推敲生命意义,确定生命价值,使我们脚跟站得住。"①

方东美先生为当代大哲,也是笔者在台大时的业师,他在抗战前夕,曾经透过中央广播电台,向全国青少年演讲十四次,后集成《中国人生哲学》。充分可见,在那民族神圣抗战的时代,先人前辈们,是如何以民族复兴为己任,更如何盼望青年一代,都能发大心、立大志,共同奋发团结,一起振兴中华!

因此,罗家伦曾指出:"当拿破仑战争时代,德国的哲学家费希特(Fichte)讲学发表《告德意志民族》一书,也是这个意思。"②

然后,他进一步强调,抗战时期的人心:"现在有如孤舟在大海一样,虽然黑云密布,风浪掀天,船身摇动,船上的人衣服湿透,痛苦不堪,只要我们在舵楼上站稳脚跟,望着前面灯塔的光明,沉着的英勇的鼓着时代的巨轮前进,终能平安的扁舟稳渡;这一点小小的恶作剧,不过是大海航程中应有的风波!"③

然而,在这惊涛骇浪中,人生应该如何沉着站稳脚跟,进而积极奋斗呢?

罗家伦呼吁,应该建立三种新人生观:

第一,是"动的人生观"。

也就是要能进行不息、自强不息、奋斗不息!

第二,是"创造的人生观"。

也就是要能创造性的发挥,运用自力发光发热,继往开来!

第三,是"大我的人生观"。

也就是扩充小我,实现大我,"必须小我与大我合而为一,才能领会生存的意义"!④

然后他进一步指出,要实现这个基本人生观,必须靠三种生活方式:

第一,是"力的生活"。

他强调"力是生机的表现,是自强不息的活动,是一种向上的欲

---

① 《新人生观》,1942年重庆初版,1998年台一版,第11页。
② 同上。
③ 同上。
④ 同上书,第7页。

望"①,我们应切记,如果不愿意被称"软骨动物",便应去除"萎靡柔懦",因为那是"人生的大敌"②!

第二,是"意志的生活"。

他指出,"战争是意志的试金石"③,只有意志坚强的人,才能运用"力"克服挑战,过去一切生存的战争,也都是如此。

第三,是"强者的生活"。

这是他一贯的人生观特色,因为他很重视"强而不暴"的强,"天行健,君子以自强不息"的强④。

然后他指出,如果自己认为不行,便是弱者的象征;强者的象征,就是能在危险中过生活,不但不怕危险,而且是欢乐高歌的上战场!这种精神特色,对于激励青年乐观奋斗的抗战精神,发挥了极大功能!

所以,值此两岸重新恢复交流,呈现大好前程之际,重新申论《新人生观》,很有重大意义:一方面可以唤醒青年,珍惜和平岁月,早日自我训练成为人才;第二方面可以激励青年,面对民族复兴伟大使命,早日立志奋发图强;第三更可以提醒青年,针对人生规划,早日立大志、做大事,更以振兴中华民族为终身使命!

文艺界名作家陈纪滢曾经提过,这是"一本青年励志、作为一个现代中国人不可缺少的一本著作",他认为"这是一本最有影响力、不朽的书"⑤,可说非常中肯。

陈纪滢并强调,他在重庆时,就反复读过这本书,到台湾后再读过,罗家伦过世后他再三读,认为这是罗家伦"中西学问以及人生修养凝炼的结晶";然后他以文化界大老身份,强调"展眼近三十年的出版界,还没有第二本同样的书"!⑥

新闻界大老马星野也指出,罗家伦"一生著作等身",但他特别提到《新人生观》一书,当时就已印行三十几次版,书中对于时代青年应有的

---

① 《新人生观》,第7页。
② 同上。
③ 同上书,第8页。
④ 同上。
⑤ 《罗家伦先生文存》第十二册,第882页。
⑥ 同上书,第880页。

认识,怀抱的理想,均有很通透的见解,由书中更可以看出罗先生胸怀大志。

另外,国语日报也曾特别强调,罗家伦的《新人生观》一书,在抗战时,就"印行三十多版,对于端正青年人的思想,有很大的力量"。①

"中央大学"早期校友王成圣先生,也是《中外杂志》的创办人,同样指出:"《新人生观》迄今业已印行三十余版,数十年来,成为青年读者人手一册的名著。"②

另外,名作家陈纪滢更强调:"自五四运动以后,海内外青年对罗先生的文章、学问,都相当崇拜,至抗战时期《新人生观》一书出版后,青年们对他的崇拜更达到高峰。"③

这本《新人生观》的背景,用罗家伦自己的话说,是"在敌机威胁的期间,有时还在四周为火光熊熊之中"④;因此,高昂的民族意识、浓烈的忧患意识,加上他本人烈火一般的爱国情操,以及学贯中西的深厚学养,共同陶铸冶炼,才成就了这本不朽名作。

尤其,他在自序中的最后一段,特别感人:"这一件不是泛泛的礼物,敬以献给有肩膀、有脊骨、有心胸、有眼光而有热忱的中华儿女,尤其是青年。"⑤

马英九曾告诉我,他从年轻时就很喜欢罗家伦这本书,尤其喜欢这句名言:"弱是罪恶,强而不暴是美。"

罗家伦在《新人生观》评论曾文正公时,就曾指出:"他并不如一般人所想象,以为是一个很谨愿的人,反之他是一个很聪明而很有才气的人,不过他硬把他的聪明才气内敛,成为一种坚韧的毅力,而表面看过去像是一个忠厚长者。"

在台湾,很多人刚开始也以为马英九顶多是一个"很谨愿的人",其实若真正了解他的人生观,便知他也从其"湖南前辈"曾文正公处,学习了很多才气内敛、"强而不暴"的人生观,并从"思想前辈"罗家伦的新人

---

① 《罗家伦先生文存》第十册,第 587 页。
② 同上书,第 643 页。
③ 同上书,第 624 页。
④ 《新人生观》序言,第 2 页。
⑤ 同上。

生观,吸收了很多坚忍自强、谦冲克己的特色。由此很可证明,罗家伦"新人生观"的影响,是多么的深远与重大。

二、激励抗战民心

杨希震是中央大学教授,也是罗家伦担任中央大学校长的主任秘书,曾经担任实验学校主任,以及后来著名的国立第十四中学校长,直属教育部。他对《新人生观》的背景,有很清楚的说明。

首先,他特别指出,中央大学在罗家伦当校长时,正是国难当头的生死关头,因为罗家伦曾经留学德国,认为"当时的中国国情,正和昔日的德意志在普法战争之后的情形相似"。

在普法战争时,德国于法国压境围城中,由柏林大学哲学系的费希特教授发表了《告德意志民族书》,振作了德国的民族精神,激励了德国人民的道德勇气,所以后来不但打败法国,还为德意志民族的统一复兴,奠定了深厚的精神基础。

罗家伦强调,中央大学应与柏林大学看齐,因而提出,中央大学"应当负起建立有机体的民族文化的使命",全校师生也应有此民族文化意识,奋斗自强,进而振兴中华民族。

因此,他在重庆沙坪坝中央大学校园内,每周向学生演讲一次,由杨希震及韩德培做笔记,经其审阅后,在《新民族》周刊发表;后来集结成书,名为《新人生观》。

杨希震因担任笔录,所以深知其演讲,"含有如费希特演讲的唤醒国人的用意"。有关《新人生观》,更含有"铸成青年共同意识,以建立有机体的民族文化的意义"。不但当时极为流行,印行三十余版,而且"对青年思想有正确的指示,与莫大的启发"[1]。

另外,罗家伦为养成中央大学的新学风,他提出"诚、朴、雄、伟"四字,以勉励全体学生。

所谓"诚","即是对求学问要有诚意,不要以求学问为升官发财的途

---

[1] 《罗家伦先生文存》第十二册,第601页。

径。对于大学所负的责任,更要有诚意,坚定的向目标迈进,不做无目的的散漫动作"。①

所谓"朴","即是朴实的意思,不尚纤巧,不重浮华,崇实而用苦功;著一书,须尽心血,不偶有所得,便著书,唯恐他人不知。举一理,应多参证,不即无所得,仍强词夺理以饰为知"。②

所谓"雄","就是大雄无畏的意义,有浩然之气。男子有'祖裼暴虎,献于公所'的雄壮之气概。女子要有'硕人其颀'的健康美。有了雄壮的人民,才有雄壮的民族;有了雄壮的民族,才可挽救国家的衰亡"。③

所谓"伟","即是崇高伟大的意思,集中精力,放开眼光,不故步自封,无门户之见"。④

根据罗家伦的理想,"诚",是心理与态度的表现,而趋于真实;"朴",是气质的发扬而表其本性;"雄"是身心健康,文武合一,术德兼修;"伟",是崇高思想的建立,与伟大人格的发展。

因此,如果每个学生都具有这四种美德,才是"泱泱大风"的气度,成为建立中央大学新校风的基础。⑤

根据大陆蒋树声所写的百年传统与南大校训,指出北大的自由民主、南大的诚朴坚毅,形成大学的特色与个性。

他强调,"最能反映一所大学传统的特色也是校训"。

然后,他列举中央大学各期校训,最早时期,为"嚼得草根,做得大事",强调艰苦奋斗的风气;南高时期则以"诚"为校训;其后改称东南大学,以"三育并举"与"四平衡"为办学方针。

到了中央大学时期,罗家伦以"诚、朴、雄、伟"为校训,前二字来自本有传统,诚恳务实,后二字则来自北大清华奋斗进取的特色。

所以蒋树声认为,"诚朴雄伟"的校训,立意高远,气势磅礴,对中央大学及其继承者南京大学的传统和校风,产生了深远的影响。

中央大学在 1949 年,更名为南京大学,1952 年再与金陵大学合并,

---

① 《罗家伦先生文存》第十二册,第 602 页。
② 同上。
③ 同上。
④ 同上。
⑤ 同上。

形成新的南京大学。

1978年5月,大陆改革开放之初,曾由南京大学哲学系教师合写发表《实践是检验真理唯一标准》,以"光明日报特约评论员名义刊登",引发全大陆的"真理标准大讨论",公认成为"思想解放运动的第一声春雷",其中强调"务实"与"开放"精神,经验证明确已成为振兴中华的回命丹。归根结底,均与罗家伦所订"诚朴"与"雄伟",很有精神上的传承。

另外,根据杨希震的回忆,在1937年七七抗战之后,中央大学前后被日军轰炸四次,分别是图书馆、男女宿舍、实验学校与文学院,集中在1937年的9月间。所以罗家伦早有迁校准备,在校中也以民主风范,说服不同意见,迁往重庆,后来成为长期抗战迁渝的前驱①。

当时杨希震兼注册主任,将学生送上船,罗家伦很有计划的搬运,除了把全校的图书仪器都搬出来,还有航空工程学的三架飞机,医学院为解剖用的尸体24具,农学院为研究用的外国牛、羊、猪、鸡、鸭,都搬到了重庆②,场景有如现代的"诺亚方舟",不但保存了大学元气,也成为培训人才救国的最完整大学,对民族的复兴,实在功不可没。

罗家伦来台后,除了公职之外,还曾兼任中国笔会会长,名作家陈纪滢为秘书长,也曾经很完整地说明罗家伦晚年对文艺界的贡献。

根据陈纪滢的回忆,他很早在重庆就读过《新人生观》,很钦佩他"努力使中国现代化的用意,跟那篇篇珠矶、新颖、智慧与清丽的文字"。他称赞那本书,"将是中国近代青年的处世宝鉴",因为"那里的观念,就是使人成为现代国民的法则"。③

陈纪滢指出:"至于罗先生在那本书里注入的感情,不减当年五四运动学生时代的那份狂热,尤为可贵。"④

另外,陈纪滢还记得,罗家伦率团赴欧时,沿途有很多的交谈,罗家伦向他说,"人需有独立的人格,在某些方面,我总是独来独往"⑤。这因为他一贯主张,胸襟要能恢弘,所以从来没有门户之见,也从来不会搞小圈

---

① 《罗家伦先生文存》第十二册,第606页。
② 同上。
③ 同上书,第610页。
④ 同上。
⑤ 同上书,第620页。

圈,这正是他从蔡元培所传承的精神风范,深值重视与效法。

陈纪滢强调,他在重庆初读《新人生观》时,"总觉得它清新动人,是一本青年励志,作为一个现代中国人不可缺少的一本著作",后来多次阅读,观念依然未改,虽然已经过了几十年,"仍然十分清新动人"①。

所以陈纪滢指出:"罗先生著作很多,我以为他这部《新人生观》是他中西学问以及人生修养凝聚的结晶,可以代表他整个人生观、宇宙观和处世为人之道。"②

然后他认为,"展眼近三十年的出版界,还没有第二本同样的书"③,所以更具珍藏价值与弘扬意义。

简单地说,《新人生观》反映了神圣抗战的大时代中,亿万热血青年的共同心声!这本书,同时也代表了中华民族在国难中奋勇抗敌的民族灵魂!

尤其,这本书因为不落俗套、不落八股,深具普世的核心价值,也很有超时代的意义,所以在国共和解之后,更可以代表两岸青年共同振兴中华的精神动力!

陈纪滢说得很对,全篇十六章,就是"十六个题目",全是日军"炮火中的作品",因而均属"满腔热血的产物"④。在今天中兴大业亟待开展之际,中华儿女虽然不再面临有形的炮火,但仍面临很多险恶的挑战,仍然需要以满腔热血共同奋斗,才能真正完成民族复兴的大业!

陈纪滢并强调,罗家伦书中所说的"国人劣根性",至今仍然存在,包括"缺乏同情心、公德心"以及种种"不热忱",都是中国人的通病,因而仍需两岸深自反省,全力改进!

例如,2008年8月,大陆发生"毒牛奶"事件,对两岸与全球都是影响重大,明显就是"缺乏公德心"的表现。同年12月,台湾发生老翁倒地,没人去扶,竟任由后面货车碾毙的惨事,更是冷漠、"不热忱"、"缺乏同情心"的表现!

---

① 《罗家伦先生文存》第十二册,第880页。
② 同上。
③ 同上。
④ 同上。

所以,陈纪滢追念罗家伦的感言,至今虽然时隔四十年,但仍然极具警惕的作用,他认为《新人生观》这一本书,"是一本最有影响力、不朽之书"。从罗家伦过世四十周年回顾,更加证明这些感言非常真切,深深值得两岸青年重新阅读,并且全力唤醒民众!

如果今后两岸,都能对于本书重新重视,让广大民心能重新反省,进而奋发图强,振作民族精神,复兴民族文化,相信必能共同完成中华民族的盛世!那将何止是人民之幸,更将是中华民族之福,乃至全世界之幸了!

三、振兴中华与文化的整体性

罗家伦在1938年5月1日劳动节,特别发表长文"抗战的国力与文化的整体性",其内容不但对促进抗战的精神国力,具有重大贡献,而且在今天仍对振兴中华有很大的启发性。

他在文中首先指出:近代战争,"不是单纯的武力战争,而是文化的战争"。[1]

因此,他提醒国人们:"要看一国的胜败,不只是看他兵力的强弱,而且要看他国内文化水平的高下。军事家说,战争的胜败取决于未战之先,就是这个道理。"[2]

今天虽然中国对外,没有"战争",但就"竞争"而言,中华儿女在海峡两岸均面临严峻的考验,所以均应从根本处厚植实力,更需注重对中华文化的弘扬。

他进一步指出:"因为文化是有机体的,所以他的生命不可中断。"

然后他警惕国人:"脱节与断气,都是生命最危险的事。文化是民族的生命。民族的生命不能中断,所以文化也不能中断。"[3]

他进一步分析,当时对大学教育各院系的检讨,然后强调一个重要观念:"大学课程的规定,是要认清国家整个文化发展的前途。目前实际问

---

[1] 《罗家伦先生文存》第一册,第543页。
[2] 同上。
[3] 同上书,第544页。

题要顾到,但是国家文化发展的将来,更要顾到。所以教育的眼光,是要远的,是要长的。"①

紧接着,罗家伦分析"青年学生苦闷"的由来,在抗日时,一是觉得读书来不及了,二是认为读死书无用,三是对于按部就班的学问不耐烦学,四是怕学好了之后还是无处可用。

然后他指出:"如何解决苦闷?"并列举教育改良的重点,一是切实整饬制度;二是增开有助国力的课程;三是添开切实可以应用的特种训练班;四是教员要对课程发生新的觉性,而且提醒学生的新觉性。

最后他强调,"现在教育最大的两缺陷——二格问题"②,意即"体格"与"人格",至今仍然非常重要。

相形之下,台湾教育界近日强调的"三品运动"——品德、品质、品味,也有异曲同工之妙,足证罗家伦所提,很有跨时代的永恒意义。

罗家伦当时更指出:"不从这方面积极改进,民族复兴简直没有希望,也只有从这两件事上来改造,才是真正的抗战教育。"③

展望今后,这"二格"问题,仍然是"振兴中华"的极重要教育基础,深值重视与力行!

四、从新人生观到新民族观

《新人生观》这一本书,是罗家伦从中央大学卸任之后,才重新整理的演讲稿,时间为1942年,民族神圣抗日仍在浴血苦战之中。

事实上,他在抗战之初,就已经深感有必要,透过抗战军兴,彻底复兴民族精神,重新出发,打造一个"新民族"。

因此,他在中央大学迁移就绪之后,于1938年2月23日,曾约集一些大学教授,共同创办了《新民族》周刊。

在这创刊号中,他特别写了篇"新民族的前奏曲",表达他对神圣抗战的心情。

---

① 《罗家伦先生文存》第六册,第561页。
② 同上书,第575页。
③ 同上。

在这篇文章中,他化悲愤为力量,从另类思考,提醒国人:"感谢日本的飞机大炮,把我们散漫的民族,轰炸成铁的团结;把我们沉迷的大众,轰炸得如梦大醒;把我们衰弱颓废的思想,轰炸得烟消云散;不把我们包囊重重的脓血炸开,哪有新的肌肉产生?"①

原来,在抗战之前,社会上仍弥漫着一些散漫松懈的现象,还有很多民众沉迷于吃喝玩乐,更有不少人士,甘心做个弱者乞怜,甚至甘心投敌卖国求荣,形成包囊重重的脓包。所以他痛定思痛,有此感慨,这也就是他为什么在《新人生观》大声疾呼,"弱是罪恶",只有"强而不暴",才真正是美!

因此他又强调:"我们只觉得我们的过去,至少是最近的过去,不免太松懈、太颓唐、太苟安、太脆弱、太无机构、太少丰富进取的生命了"②!

所以他再次指出:"感谢日本的飞机大炮,把这些弱点一齐暴露出来。"然后强调,"我们应该在这被炸的邱墟上,再种鲜艳的玫瑰!"③

所以他曾在《新民族观》的第一集,开宗明义讲"民族与民族性",并且第一段就指出:"经过长期英勇的抗战,我们在火的洗礼,炮的吼声之中,对于自己的民族该重新认识了!以前潜伏的隐约的,有时还是催眠的民族性,现在也觉醒涌现了!"④

然后,他进一步强调:"我们不但要复兴我们的民族,并且要重新鼓铸我们的民族性。"

他语重心长地提醒国人,"民族是国家的躯干,民族性便是民族的灵魂"⑤,"民族是国家的基础,民族性就是国魂"。因此,值今两岸共同都以中华民族为己任的时候,如何复兴民族文化,唤醒中华国魂,正是今后两岸仁人志士的共同使命!

那么,应该怎么做呢?

罗家伦主张:"我们首先应该做的,就是重做人生哲学的检讨,重新省

---

① 《罗家伦先生文存》第十册,第219页。
② 同上。
③ 同上。
④ 罗家伦:《新民族观》,台湾商务印书馆,1967年台一版,2008年台四版,第1页。
⑤ 同上。

察我们的思想行动,重新估定我们生命的价值表。"①

这正如尼采所说,要从超越的精神,重新估定生命的价值,要不断提升人格,训练自我,才能成为坚强进取的超人!

所以,罗家伦强调:"新的民族是要新的人生态度的,大家应该努力为民族建设一个主人道德的标准,把握住时代演进的潮流!"②

他在此所说"主人道德"的标准,明显是针对尼采所说的"奴隶道德";因为只有奴隶,才会默默接受侵略,把顺从侵略者当成一种道德。

因此,他把这本《新民族》的内容,定位为"不但应当讨论战时有用的问题,并且应该讨论战后建设的问题"。

罗家伦指出,民族性的形成有三个阶段,很有创意,非常中肯。

第一个阶段是"民族情感",大家聚族而居,朝夕接触,自有相互的同情,因其生活环境及其所产生的风俗习惯相同。正如英国哲学家穆勒(J. Mill)所说:"民族性的核心,在属于民族各分系间相互之同情,及其要团结在一个自己的政府之下的愿望;这是经过历史上和政治上共同的社会生活而产生的,也是经过以往经验中共同的荣辱悲观之情绪而产生的。"③

例如,目前台湾海峡两岸,同文、同种、同语言,又拥有共同的生活习惯,很自然就有民族情感,因为同属中华民族的大家庭,会油然而生民族的认同。

第二阶段则是"民族意识",也就是除感情成分,还有理智的成分。他并引述英国历史学家汤因比(A. Toynbee)在《历史研究》中申论民族性看法:"这是一种精神,使人认为某一社会某一部分宛如这个社会全体,他这样感觉,这样思想,也这样行动。"

罗家伦指出,民族意识表现出的民族愿望,主要有四种:第一,争取民族的统一;第二,争取民族的自由;第三,争取民族的个性;第四,争取民族的荣誉。④

第三阶段是民族风格。他并举英国人的沉默坚毅、法国人的活泼易

---

① 《罗家伦先生文存》第十册,第219页。
② 同上。
③ 罗家伦:《新民族观》,台湾商务印书馆,1967年台一版,2008年台四版,第13页。
④ 同上书,第14页。

于接近、德国人的稳重而常带蛮劲等,作为"习尚移人"的风格例证。

另外,他还以人物画作为象征,例如英国的公牛约翰先生(John Bull)、美国的山姆叔叔(Uncle Sam)、法国的玛琳女士(Marianne)、德国的密歇尔老农(Michel)等。

对于中国,他则以夹谷之会的孔子,作为民族象征。

他特别说明,以"夹谷之会的孔子"为代表,是因为敬仰孔子的文事武备,兼于一身。①

然后,罗家伦引用经典说明,孔子风格首重"自立",其次为"容貌"、"备豫"、"近人"、"刚毅"、"宽裕"、"特立独行"等等。

尤其,在夹谷之会的孔子,面对恐吓毫不退缩,据理力争,侃侃雄辩,终将景公折服,更值得钦佩与效法!

所以,罗家伦举孔子这种"君子"风格,作为民族风格,并且强调,要从"这种刚毅、宽裕的风格,建立起来",中国才有前途,其中的确寓有深意!

事实上,罗家伦曾在北伐时,适逢"济南惨案",蔡公时被日军残害之后,罗家伦奉命冒险深入日军营中,同日本军阀挺身抗争,当时他心中毫无畏惧,充满凛然正气,便很有孔子之风。这可称为"济南之会"的罗家伦,也可看出孔子精神的明显影响。

梁启超曾应邀向清华学生论述"君子",特别以《易经》乾坤二元"自强不息"、"厚德载物"勉励学生,这种雄健与敦厚并重的精神,也正是孔子在夹谷之会的表现!

所以,罗家伦在担任首任清华大学校长时,就以这两句话"自强不息"、"厚德载物",作为清华校训,同样代表以孔子的精神启发青年人心。

最后,他更简明有力地再提醒国人们:"我们要重振民族!我们更要重铸国魂!"

今后展望未来,中华民族正在昂扬腾飞之际,所有中华子孙更应早日重铸国魂,做好重振民族的准备,才能迎向万里长空,早日完成民族的伟大复兴!

---

① 罗家伦:《新民族观》,台湾商务印书馆,1967年台一版,2008年台四版,第16页。

罗家伦担任中央大学校长后，曾经受命为"滇黔区考察团"团长，以及"西北考察团"团长，远赴云南、贵州、陕西、甘肃、宁夏、青海、新疆考察，对战时与战后的建设工作，均有重大的贡献，再次可看出他剑及履及、学以致用的精神风范。

他办《新民族》时，曾指出，"教书的人办杂志，自没有共同政纲可言，但是整个国家民族利益的立场该共同"，充分证明，站稳国家民族立场，是他始终如一的重要坚持。

有关杂志内容，他主张也应该有文艺，因为，"文艺是生命情绪的表现"。

但是，他希望的文艺，"不是尖酸、刻薄，培养全民族猜忌怨恨的文艺，也不是享乐颓废供少数人玩弄的文艺"。

他心目中的文艺，"不但有充分的生命，而且有充分的同情心。"因为"我们相信在这热烈的时代里，一定会有充满了生机、充满了真理的伟大文艺产生，虽然不知道产生在什么地方"。

可惜的是，中华民族神圣抗战之中，真正气势磅礴、内容感人的文艺作品，足以"充满生机，充满真理"的伟大作品，至今仍不多见，深值两岸中华儿女共同奋起完成。

因此，罗家伦在此的呼吁，至今仍很重要。

他当时强调："我们只希望文艺去烧起民族同情的烈焰，去掀起民族精诚的爱潮！"

不幸的是，抗战之后，中国又陷入了国共内战，无数苍生涂炭，无数精英牺牲，令无数爱国志士无限伤恸！展望今后，冷战已经结束，国共既已和解，自应"相逢一笑泯恩仇"，再次共同以振兴中华为己任，透过文艺作品，真正"烧起民族同情的烈焰，掀起民族精诚的爱潮"，那才能真正激发建设中华的精神动力！

罗家伦主编的《新民族》，在重庆、武汉两地印行，不到一月就已销数超过万份，后来1939年4月4日，重庆遭日军轰炸，印刷发生困难才停刊，共出64期。

当时，天上还有日机轰炸，今天两岸中华儿女已经在和平社会，早就没有战火，自应更加珍惜努力，怎能因为安乐反而松懈怠惰，怎能不更奋起效法先贤呢？

罗家伦在《新人生观》序文中，曾经强调："我们要挥着慧剑，割去陈腐。我们要廓清因循、颓废、软弱、依赖、卑怯和一切时代错误的思想——生命的毒瘤。"

他指出：这不但是"为了培养新的肌肉，而且是期待长成新的骨干"。

此中的精神志气，可说与《新民族观》完全一脉相通。

《新民族观》在1945年9月，由重庆商务印书馆出版，后来在1967年于台湾再版，1973年在台三版，列为《人人文库》。其中生命精神与思想，均堪称《新人生观》的姊妹作。

他在1945年9月抗战胜利后，在本书的自序再次指出："我们对于民族表现的各方面，应当重新认识，重新反省，重新估价。"

然后他特别强调："我们要自尊，却不能自大；我们要自爱，却不能自满。保守的路，通到自灭的门。"

他进一步指出："这伟大的时代，需要我们有力的思想，有力的行为，有力的生命。"

所以，他用新的手法，"把中国民族思想和生命中，我认为缺少或贫乏的部分，特别提出来探讨发挥，但是写成以后，也自成一个系统"。

罗家伦的手法，是用"破邪显正"，凸显中华民族固有的很多美德与哲学精神，到了近期却已丧失。

例如，他强调应恢复中国本有的"自强不息"精神，不要甘作弱者。另外，要恢复唐代以前的审美观，才能雄健进取，不要萎靡衰软；要恢复中国固有的侠义精神，才能打抱不平，不要懦弱怕事。

凡此种种，都在呼吁大家返本开新，归根复命，重新认识中华民族的伟大精神传统，然后再依据新时代的需要，再次开创新民族的风貌。这种慧见与宏愿，直到今天仍然深具重大的警世性，深深值得大家共同重视与力行！

第四章 │ 弱是罪恶，强而不暴是美

一、"弱是罪恶，强而不暴是美"

罗家伦在本章，打破了从前有些人甘心以弱者乞怜或自艾自怨的心态，强调中国"为什么会大而弱"，并指出"弱就根本不应该"，因此特别呼吁国人，"要把甘心作弱者的观念变过来"，要把"东亚病夫"的耻辱彻底洗刷，真正认识弱是羞耻、是罪恶，只有"强而不暴是美"！

在1970年代初，曾经有部电影《精武门》，由李小龙主演，他因为习武，一脚踢掉上海公园墙上"华人与狗不得进入"的牌子，并且彻底粉碎外国人认为中国人是"东亚病夫"的形象，成为捍卫民族尊严的英雄人物，影响海内外很大。

2008年，是李小龙过世35周年，大陆中央电视台拍成50集《李小龙传》，赢得广大回响，足证李小龙已成为大陆人民和台湾同胞与海外所有爱国侨胞共同认为能代表振兴中华的象征人物，很可代表"强而不暴是美"的形象。

所以罗家伦强调："我们要把甘心做弱者的观念改变过来，要真正认识弱是羞耻，是罪恶，只有强而不暴才是美。让我们来歌颂强和美吧！"[①]

他引述孟子所说"充实之为美，充实而有光辉之为大"，强调"唯有充

[①] 罗家伦：《新人生观》，1942年重庆初版，1998年台一版，第34页。

实、饱满、雄健、才是美,才是伟大"!

然后他指出,弱的罪恶有三:"第一,就是贼天之性,对不起天赋的给与;第二,就是连累他人;第三,就是纵容强者作恶,因为世界上多少罪恶,都是弱者纵容强者的结果。"

另外,他再强调,现在应该建立一种"强者的哲学"。

他分析说明,他所说的"强者的哲学"和尼采所谓"超人哲学"有两点不同:

第一,尼采的"超人"观念要自摒于世人之外,但他所说的"强者"哲学,乃是要抚育人类,提高人类。

第二,尼采所谓"超人",是生物学上所产生的一种人类,而他所说"强者"只要人人发挥所有天赋,是人人都有资格做的。

罗家伦紧接着指出,真正的强者,要有三个基本条件:(1)要有最野蛮的身体,(2)要有最文明的头脑,(3)要有不可征服的精神。

上述三项,第一项唤醒国人,要能勤练体魄体力;第二项提醒国人,从文明看侵略,更加强文明必胜、侵略必败的信念;第三项提醒国人,要能不屈不挠,愈挫愈勇,对于抗战决心,均有不可忽略的贡献。

另外,他再用对比方法指出,"弱者和强者恰恰相反"。

因为,"弱者是衰颓、屈服、自欺欺人,他不能想,更不能有力的想"。

所以,弱者的哲学是"永远的否定"。换句话说,弱者经常从"负面思考",因而经常畏缩,瞻前顾后,毫无自信,更缺乏过人的胆识,只能在哀怨中过一生。

但是,强者都从"正面思考",充满阳光,即使遭逢逆境,也能看成自我培训,如此勇往直前,义无反顾,必然充满活力与热力,必能创造多种成功与胜利。

这正如同公务员为民服务中,绝对不能只用负面思考,凡事推托卸责,深恐给自己找麻烦,而且态度高高在上,缺乏"苦民所苦"的同情心。

真正公务员的强者,无论官位大小,必定是用正面思考,穷尽各种方法,苦心为民解决问题,而且态度谦卑,让人民能感受诚心与热情!

这种勤练身体的恒心、文明必胜的信心以及百折不挠的决心,直到今天，仍然是所有人立志成功的重要保证。

　　罗马哲学家塞内加（L. A. Seneca）曾经强调："烈火试炼黄金，逆境试炼强者。"（Fire proves gold, adversity proves man）①只有强者才能真正愈挫愈勇，把烈火当试炼，把逆境当考验，才能真正在逆境中战胜逆境，其精神在此与罗家伦完全相通。

　　在二次大战全球反法西斯的奋战中，英国首相丘吉尔于1940年5月13日，在国会中的演讲词，锵铿有力，掷地有声，而且有血有泪，感人很深，堪称正是这种"强者"精神的典范例证。

　　他当时说，他奉告新政府各位大臣以及诸位国会议员，"我所能奉献的，只有热血、辛劳、汗水与眼泪"（I have nothing to offer but blood, toil, tears, and sweat）。②

　　然后他指出："我们还要经过极其严峻的考验，我们面临着漫长而艰苦卓绝的斗争！"

　　这种情境，正与中国艰苦抗日的民族圣战完全相同！

　　紧接着，他强调："我们的敌人是人类犯罪史上空前暴虐的暴君，我们要和敌人决一死战，这就是我们的政策！"

　　然后他进一步提醒大家："要问我们的目的是什么？我可以用两个字回答：那就是胜利！不惜一切代价夺取胜利！不顾一切流血和生命，夺取胜利！不论道路多么漫长，怎么崎岖，一定要夺取胜利！因为没有胜利，就不能生存。"（You ask, What is our aim? I can answer in one word. It is victory. Victory at all costs-victory in spite of all terros-victory however long and hard the road may be, for without victory there is no survival.）③

　　丘吉尔用简明有力而又气势磅礴的英文，表达了坚忍奋斗、愈挫愈勇的抗战精神。他曾称，英国人虽然饱受轰炸的黑暗岁月，但未来历史将证明，那是"最美好的时刻"！其气势与意志，也正是《新人生观》在战火洗礼中一贯表现的强者精神！

　　罗家伦进一步说明，强者哲学有六项特色。

---

① 《世界上最震撼心灵的话》，北京，现代出版社，2003年，第215页。
② 《名人演说一百篇》，台湾商务印书馆，1988年台湾初版，第421页。
③ 《世界上最震撼心灵的话》，第420页。

第一是接受生命,接受现实。

也就是从不逃避问题,必定勇于面对问题,解决问题。唯有如此,才能不只看见"现在",而且看见"未来",用英文说,不只看见"is",而且更看见"To be",根据现实,脚踏实地的"创造未来无限的光荣"。①

第二是不依赖。

不但不依赖人,而且也不依赖神,这也正是"天助自助之人"的深意。在英文就是"God help those who help themselves";"先从自己磨练起,检讨起,奋发起。有了这种精神,他才有资格向上帝祷告。"他语重心长地指出,人如果自己不先努力,上帝也会用脚尖踢他,微笑着对他说:"孩子,你还是起来吧,先做个像样的人再说!"

第三是接受痛苦,而且欢乐的接受痛苦。

罗家伦比喻,"好比爬山,山坡陡险,山路崎岖,喘气流汗,费尽气力",但等爬到山顶,放眼四周,便能快乐无比。

他又比喻,好比女子生产极为痛苦,但儿女的生命,母爱的寄托,民族的前途,都是从这痛苦中得来的。

所以他说:"强者不求现成的享乐,而是承认痛苦,接受痛苦,欢乐的接受痛苦。"

这正如同《荒漠甘泉》所说,碰到痛苦,不应只靠祈祷,而更应靠赞美——因为强者将痛苦看成考验,所以赞美上天给自己考验。

换句话说,真正强者,足以化压力为动力,视"痛苦"为"进补",所以能欢乐的接受痛苦。

第四是勇敢地在危险中生活。

因为"在危险中生活,才能得到真正的乐观"。

罗家伦强调:"困难的挫折和危险的震荡,正是磨练伟大人格的最好机会。"孟子也曾指出:"天将降大任于斯人也,必先苦其心志,劳其筋骨。"

经国先生常送《荒漠甘泉》一句名言,给朋友和部属:"苦难是催逼我们前进的必需品,正如锅炉是催逼轮船前进的必需品。"

---

① 罗家伦:《新人生观》,第40页。

罗家伦曾举例,像军阀的姨太太,生活享受什么都有,但那是人生理想吗?他引用穆勒名言:"做一个不满足的人,好过做一个满足的猪。"最后强调:"唯有强者才不怕恐怖的袭击,能勇敢地在危险中生活,以危险的生活去达到生活的理想。"

他这种精神,足以在抗战中激励国人奋勇杀敌、冒险犯难,所以能促进民族圣战的伟大成功,今后仍然是捍卫民族的重要动力!

第五是威严的生,正义的怒。

罗家伦强调,"只有能威严的生,才能被人看得起",并举一个印度人的故事为例:虽然在殖民时期,但不受英国人欺负;有次一个英国人上火车,要求印度人让座位,这个印度人不但不让,而且上前打了他一个耳光。结果那英国人并不发怒,反而说"你的行为倒像一个人",意指他不是一个奴隶,而是有尊严的人。

足证生得尊严,为正义而怒,连敌人都会尊敬的。

在美国同样有类似的故事。从前因为歧视黑人,有些公交车甚至不准黑人搭乘;有位42岁的黑人缝纫女工Rosa因为在车上拒绝让位给白人,并且拒绝下车,勇敢的挑战种族歧视,也成为后来民权运动的女中英豪。

这也正是罗家伦所说:"强者"正义的怒,可以"一怒而安天下"!

我们抗战的怒,便是一怒而安天下,今后反贪腐的圣战,同样有赖这种"一怒而安天下"的正义精神!

第六是殉道的精神。

罗家伦强调,强者能为理想牺牲,"只有这样的人愈多,历史才更丰富"。

这种人只知价值(Value),不知价钱(Price),所以能牺牲自己、超度别人。西方宗教改革者马丁路德,便曾强调:"一个人若没有为理想牺牲过,那是白活了!"

马丁路德虽然终生辛苦,饱受迫害,但终于推动改革成功,广受后人与历史推崇。

美国黑人民权领袖马丁·路德·金博士,终生为争取种族平等而奋斗,甚至后来被刺牺牲,但他锲而不舍的努力,经过后人的发扬光大,终于在奥巴马总统身上开花结果。所以他曾有句名言:"终极评价一个人,不是看他在顺境的时候,而是看他在逆境的时候。"

真正的强者,就是能在逆境中咬牙励志,奋发图强,最后终能战胜逆境,并且抱着"成功不必为己,功成不为在己"的胸襟,这才能够具有顶天立地的人格,完成改革创新的大业。

二、"恢复唐以前形体美的标准"

罗家伦在本篇,特别唤醒国人,要能恢复盛唐时代雄壮威武、刚健进取的审美观,对于振兴中华民族,更有直接的激励功用。

换句话说,罗家伦提倡的审美观,是结合了"爱国主义"精神,所以更加真切感人。

事实上,"爱国主义"也正是中外古今、重要名人大哲的共同信念。

所以,希腊大哲亚里士多德很早就强调:"为保卫国家而战死者,是死得最有名誉、最光荣的。"(He who died fighting for his country is the most honorable and glorious among the dead.)①

美国总统林肯也曾指出:"黄金诚然可贵,但是生气蓬勃勇敢的爱国者,却比黄金更可贵。"②(Gold is precious, however, vigorious and heroic patriots are much more precious than gold.)

林肯在此所说"生气蓬勃勇敢的爱国者",诚于中而形于外,表现在外就是充满阳刚之美、勇敢进取的爱国者。

另如法国拿破仑,很早也曾指出:"人类最高的道德是什么?那就是爱国心。"③(What is the highest standard of morals? It is patriotism.)

近代英国大哲学家罗素,在1922年访问中国后,写了一本重要著作《中国的问题》,其中明白提醒国人:"中国首先应当注重的,就是爱国主义。"

重要的是,如何进行爱国主义?

---

① 《世界上最震撼心灵的话》,第153页。
② 同上。
③ 同上书,第154页。

教育,当然是最重要的方法。美学教育,更是最真切感人而又最有效的方法。

所以,罗家伦在抗战时提倡《新人生观》,呼吁重建阳刚之美,亦即强者之美,恢复唐代盛世的审美观,用心极为良苦,影响极为重大,至今都有重要的启发性!

罗家伦当时强调,在唐朝最盛时,"那英明神武手创天下的唐高祖、唐太宗,其体格雄健不问可知",即使对于女性,也颂扬杨贵妃的丰盈姿态、阳光之美,这正是一个国家兴盛的重要表征。

所以他指出:"一个国家在强盛兴旺的时期,不但武功发达,就是民族的体格,也是沉雄壮健,堂皇高大,不是鬼鬼祟祟的样子。"

事实上,中华民族从群经之首《易经》,就很重视阳刚之美。所以,易经六十四卦之中,特别以"乾元"为第一卦,最后一卦,仍然称为"未济",便是象征生生不息,创造不已的精神。

这种劲气充周、弥纶天地的生意,表现在审美观上,就是提倡雄壮威武之美,可以直接影响民族体魄以及民族兴盛。

罗家伦列举多种例证,说明审美观很能象征国家的兴衰。

首先他提到:"中国民族的体格,本来是雄健优美的,不幸后来渐渐退化,渐渐颓唐。"①

例如,"汤高九尺,文王十尺,孔子九尺六寸,哪个不是堂堂正正魁梧威严的仪表?",即使商周尺比现在的尺小,无论怎样折合起来,也一定比今人高多了!

另如,中国《诗经》形容男子,以公叔段作为代表,"有力如虎,执辔如组",这种力大身强、乘马飞舞的男子,是当时公认为最美的典型男子。

至于《诗经》里的标准女子,可推庄姜,她的形体美"硕人其颀","不是娇小玲珑,也不是瘦弱柔靡,而是健伟丰满,端庄流丽的"。

到了汉代,仍然维持同样标准。

所以,汉代名将如卫青、霍去病等,都是横征沙漠,威震各方,自然体魄强健,精神强韧。曹子健的《洛神赋》中,所说美人也是如同"翩若惊

---

① 罗家伦:《新人生观》,第45页。

鸿,宛若游龙,容曜秋菊,华茂春松",充满活泼饱满的生命精神!

至于晋朝顾恺之的《女史箴》所画人物,也都充分表现健康之美,硕大、庄重。

唐朝更是如此,在中国历史上,这是鼎盛的时代,所以无论唐高祖、唐太宗或杨贵妃,都是雄健尚武。王建的《宫词》形容为"射生宫女宿红妆,把得新弓各自张",崇尚武术,成为时代的风气,充分反映出强盛的国力。

然后罗家伦指出:"中国民族的衰落,可以说是从宋朝,尤其是从南宋起,特别看得出来。"

他举例说明,在文学的表现最为明显:宋初的花蕊夫人,曾经说孟蜀的灭亡,是"十四万军齐解甲,更无一个是男儿"!

为什么十四万大军,竟然都不能称为男儿呢?

罗家伦在此悲凉的感慨,并且提醒世人,一个民族如果失去刚强雄健的生命精神,男性会成为娘娘腔,国家也必会走向衰落。

他指出,南唐二主的词,便充分表现当时精神的萎靡与颓唐。

例如李后主的名言,"帘外雨潺潺,春意阑珊,罗衾不耐五更寒","最是仓皇辞庙日,教坊犹唱别离歌,垂泪对宫娥",引发罗家伦的痛斥,李后主被掳辞庙的时候,不对祖宗牌位痛哭,反而对着宫娥垂泪,"不能不佩服他的闲情逸致"!

他强调,到了北宋徽钦二宗,字画虽然秀丽,但已显得柔软无力,体格已经是不行了!

另外,他再引述北宋晚年秦少游的女儿诗句:"有情芍药含春泪,无力蔷薇卧晓枝。"很可作为当时文人柔弱的写照。

所以他感叹,"北宋如此,南宋尤甚",因而文学作品之中,充满了颓废的意味。至于宋代女性,中国最大的女词人李清照,描写女子是"帘卷西风,人比黄花瘦",过着"枕前泪共阶前雨,隔个窗儿滴到明"的生活,真是"脆弱愁病到不堪设想的地步了"!

然后,他再指出,元朝虽然强悍,但原是游牧人种,并不是中原人士;到了明朝,杨升庵夫人形容的女性,是"柳腰肢刚一把"的女子,"多病多愁,相思衣带缓",甚至"把自己雕琢成男子玩弄的工具了"。①

至于标准的男子,她的形容也是"盈盈太瘦生"! 这种颓废萎靡的风尚,到明末更变本加厉。吴梅林形容临淮将军刘泽清,是"临淮游侠起山东,帐下银筝小队红",又说,"纵为房老腰支在,若论军容粉黛工","男儿作健酣杯酒,女子无愁发曼声",正是所谓"不斗身强斗歌舞"!

所以罗家伦感叹,这样还打什么仗呢? 这样的社会状况,"焉得不亡国"?

另如,清朝的《红楼梦》,形容林黛玉,更如同病西施般;到了清末当局,正如梁任公所说:"皤皤老成,尸居余气,翩翩年少,弱不禁风!"

凡此种种,均可看出,罗家伦用惊人的国学素养,从历代文学中,分析归纳出一个道理,那就是,盛世的审美标准,必定以雄伟为主,到了衰世,则必趋向柔弱!

爱美是人的天性,重要的是,爱怎么样的美? 审美观就成为人生观的一项重要标准,什么样的人,就爱什么样的美;什么样的时代,也爱什么样的美。此中具有深意,很值得今天有识之士共同重视与发扬,然后才能真正移风转俗,开创新的盛世!

对于抗战时期,罗家伦也举了一个例证。

那就是,东北为什么这样容易失掉? "就是因为当时的封疆大吏,不斗身强斗歌舞!"

他指出,听说当时有个旅长,每早洗脸,要用八盆水,因为不但做种种修饰,还要擦雪花膏。

所以他痛心地强调,九一八事变发生时,方面统帅还在北平中和园看京戏,"左右不敢通报,看完之后还去跳舞,这些事实是历史不会忘记,也不该忘记的"!

紧接着,他再引述清朝人咏吴王台的诗:"台畔卧薪台上舞,可知同是不眠人。"并且痛心地指出:"是的,大家都是不睡觉的人,但人家不睡觉,在生聚教训,而我们不睡觉却在跳舞呀!"

如此看来,"东四省怎得不丢? 国家焉得不受重大的痛苦?"

---

① 罗家伦:《新人生观》,第 48 页。

另外，罗家伦强调："体格的衰落，自然反应为精神的颓唐。"

然后他再举例："唐朝的文学，气势是多么旺盛！所谓'文起八代之衰'也是有由来的。"宋朝就差得远了。当时能独立不拔，不为时代的风气所转移的，恐怕只有首推陆放翁的诗和辛稼轩的词了。

所以他总结强调："我们现在要振作精神，就非恢复我们唐以前的体格不可，非恢复我们唐以前形体美的标准不可！"

然后，他也指出："一个朝代的盛衰，和当局体格的强弱，很有关系。"

他并举北京"古物陈列所"影印的《历代帝王画像》为例，证明"凡是开国的帝王，都是身材雄健、气宇轩昂的；看见一代一代的瘦弱下去，到了小白脸出现，那就是末代子孙了。"①

例如，汉高祖是隆准龙颜，体格之好不必说；武帝的身体，当然不差。东汉光武帝和明帝，都是百战出身，或者日理万机而不疲倦。

他强调，唐高祖和太宗的体魄，何等雄健；元太祖、太宗，都是开疆拓土的刚强铁汉。明太祖是草莽英雄，成祖也是亲提大兵北伐的伟大人物。康熙几次亲率大军，北征沙漠，如果身体不好，肯定难以做到。

然而，"到同治、光绪，以至现在的亨利溥仪，个个都是萎靡瘦弱的白面书生，清廷哪得不亡？"

所以，罗家伦引述王荆公所说："霸主孤身取二江，子孙多以百城降。"并且强调，假如王荆公能看见历代帝王画像，就可从中得到兴衰的最好原因。

因为无分男女老幼，人人都爱美，所以罗家伦从审美观切入，唤醒国人，无分男性女性，都应以雄健进取为美，很有创意，很有启发性，即使在今天新时代，仍然很有启迪作用。

他首次列举历代人物，证明审美观的内容，可以象征朝代的隆替，很有独到意见，所以，"若要恢复民族过去的光荣，首先要恢复我们民族在唐以前形体美的标准"！

最后，他警惕大家，宁可看到青年们英姿勃发的驰骋打猎，而不愿看到"面容惨白的在五光十色的霓虹灯下跳舞鬼混"！因为这样，只会"早

---

① 罗家伦：《新人生观》，第50页。

送自己进坟墓,连带的送民族到衰亡"!他这种精神,念念以振兴民族为己任,并谆谆以唤醒青年为使命,今天仍然深深值得钦佩与效法。

三、"侠出于伟大的同情"

罗家伦在本篇提醒国人,"中国社会已经堕落到一个残酷的社会,一个最缺少侠气的社会",如果缺乏同情心与正义感,看到社会弱势,却不能侠义行侠、打抱不平,怎应会对民族被侵略有同情心?

罗家伦并说明,为什么提倡"尚侠"?

他回答,因为我们考察"民族的弱点,社会的病象"之后,发现很多人缺乏同情心,所以必须提倡"侠气",唤醒伟大的同情心,才能重振"恻隐之心"与"不忍人之心",进而为整个民族被侵略,挺身打抱不平。

他曾举出具体例子:有位卫生署负责人在抗战时告诉罗家伦,说他亲眼看见一个人病得快要死了,抬到重庆某个教会医院门口,因为找不到保人,医院不许他进去,竟然只有躺在医院外面死去。

罗家伦又提到,当时重庆临江门外,一场大火,烧去四千余家;若是在外国,这还得了,恐怕要全体动员来募款救济了,但是"此地却是平平淡淡的过去"!

这正如罗家伦所说,"这种见死不救的现象",是何等骇人听闻的事情!

从抗战到2008年,已过了六十年,竟然还有这种冷血事件!真是"何等残忍,何等没有心肝"!实在需要从根本改进!

台湾在2009年11月27日,发生一起惨案,有位男士醉倒在路中间,居然81辆车都绕道而过没人救助,最后不幸惨遭压死。这代表同样的见死不救与冷漠心态,缺乏侠义精神与同情心,实在需要从根本反省与改进!

另外,罗家伦也提到,潘光旦介绍美国明恩溥(A. Hender Smithson)所著《中国人的特性》,其中特别有篇《无同情心的中国人》,令他看了非常难过;不但明恩溥的观察如此,即使"最恭维中国文化的罗素,著书时也提出中国人残忍而缺乏同情心这缺点"。

当然，明恩溥、罗素与罗家伦所提的缺点，均是部分国人在现今的表现，但与中华文化的传统核心价值，却完全背道而驰。所以孙中山先生呼吁国人，要能恢复民族固有道德，尤其是"四维八德"，即使在今天，仍然更具有重要性。

罗家伦在此强调："因为同情心的缺乏，于是形成一种普遍的社会心理，以为事不干己，绝对不管，因而社会上无公是公非可言，也缺少急公好义之人。"

罗家伦并指出："是非的观念，不但需要政治去培养，而且需要社会去扶植。有社会的奖励和社会的制裁，然后才有公是公非的产生。"

罗家伦这段话，即使到了今天，仍然深具警惕性！

日本当初侵略中国，有些汉奸为虎作伥，固然罪大恶极，但也有人"以为事不干己，绝对不管，因而社会上缺乏公是公非，也缺乏急公好义之人"。

在台湾，当部分人贪腐横行时，很多人为虎作伥或作乡愿，形成共犯结构，更多人"以为事不干己，绝对不管"，结果才会导致公是公非不明。如果能有更多"急公好义之人"，从中拨乱反正，风气也绝对不会沉沦！

2009年4月5日，金门一家超市被抢，旁边有三个军人，居然袖手旁观，无动于衷。事后有人问他们，何以不制止抢匪？他们竟回答："不要惹事！"

这就是典型缺乏"侠义"的精神。连军人应保国卫民的，都缺乏侠气，怎么可能建立大是大非？

所以罗家伦对此说得很中肯："社会的进步，不但要有是非的标准，而且要有人肯自己牺牲，去维持这是非的标准！"

然后他也感叹，中国从前教训，多是"明哲保身"，也就是说"各人自扫门前雪，休管他人瓦上霜"，结果就是人人怕管闲事，怕惹祸上身。

因此，"路见不平，拔剑相助"的侠义风气，就此沦落下去了。

罗家伦在此分析：在现代的大社会里，人与人息息相关，谁能过孤独的生活，因此，"要想独善那里是可能的事？"

所以，罗家伦强调："我们不一定要提倡游侠，但这种侠气是应该推广的,并且要藉政治的力量来推广!"

然后他指出,我们应该"不以私人的力量去报仇雪恨,而以政治的力量做大规模的改良策进,才能把同情心推广到'天下有饥者,犹己饥之也;天下有溺者,犹己溺之也',而使天下的人,都各得其所"。

紧接着,他还提到,"中国历史上第一个大侠者,不是朱家,也不是郭解,而是墨翟"。因为墨子并不主张拿刀去行刺暗杀,去报仇打不平,而是从大规模的政治改革着眼。

所以他引述墨子指出:"仁人之事者,必务求兴天下之利,除天下之大害。"当时天下大害,就是日本人的侵略,"今人之贱人,执其兵刃毒药水火以交相亏贼,此又天下之害也"。因而罗家伦在此引申:"墨子如在,必称日本人为贱人了!"

另外,他还举出很多例证,提到社会上很多人,看到别人跌倒,不去扶,反而笑,碰到急难,也是麻木不仁,不能见义勇为。所以沉痛指出:"社会的进步,不但要有是非的标准,而且要有人肯自己牺牲,去维持这是非的标准。"因此,他特别提倡"侠义"的重要性。

然后他强调,侠有三个条件:"第一是大仁,第二是大义,第三是大勇。"

这三种条件,直到今天,仍然是振兴中华的重要动力!

最后,罗家伦再举孙中山先生为例,说明"革命是打抱不平"。然后他再指出,中山先生打抱不平的方法,也和墨子一样,不是为私人报复,更不是快意恩仇,是要以大仁大义大勇的精神,去复兴民族,救国救民。

另如,1938年2月21日,罗家伦也曾特别写篇文章,追悼空军烈士吕基淳,[①]宗旨即在表扬他的侠义精神。

他在文中提到,空军武汉大捷,击落日军十一架,他"欢欣若狂",但第二天听到战斗英雄吕基淳战死的消息,"忍不住泪如雨下"。[②]

然后他追记,去年9月26日,吕基淳打下两架敌人的轰炸机,那天也是中央大学被炸的晚上,他还特别到医院去看吕基淳;当时吕已经有打下

[①] 《罗家伦先生文存》第十册,第5页。
[②] 同上书,第4页。

日机五架的纪录。

罗家伦特别去感谢吕基淳,并对他说"说不定你打下的两架敌机,就是炸中央大学的敌机,我还当场代表中央大学感谢你"。①

然后,罗家伦告诉吕基淳上次世界大战时,德国空军名将"红武士"瑞煦德荷劳一人打下敌机八十几架的故事。

吕基淳立刻答:"我们几个人都想做红武士。"

罗家伦先提到在病房中探访吕基淳的过程,然后谈及吕康复后,他爬黄山又巧遇吕;吕送他上车时,问罗家伦有什么话?罗家伦送"努力杀贼"四字,却未料后来就永远未能相见了!

所以,罗家伦感慨万千地指出:②"你不是和我谈过河北沦陷的情形,很愤慨吗?河北出了你这样的人,河北一定能收复的!"

罗家伦强调:"中国有你这样的人,中国是绝不会亡。你伤癒后再来杀敌,你对生死,自己一定是早已置之度外。"

然后他再指出:"你所恨、我所恨的,只是以你二十二岁的青年,以你这样的技术和英勇,不能多打下几架敌机再死!"③

由此充分可证,中国在神圣抗日战争之中,像吕基淳烈士这样忠烈侠义的感人事迹,堪称血泪斑斑,比比皆是,共同铸成了民族浴血抗日的血肉长城。这种大仁、大义、大勇的侠义之气,才是中华民族永远不会亡、中华儿女永远能自强的重要保证!

所以,罗家伦指出,吕基淳屡次的战功,不知道保全了多少同胞的生命,不知道寒了多少个敌胆,"你在上空洒下来的鲜血,滴滴像北斗的星光,照着复兴民族的道路!",真是令人非常感动!④

此外,在罗家伦的心目中,还有两位好朋友,兼具了儒家正气与墨家侠气,也可说是"现代侠者"最好榜样。

那就是同时推行"五四运动"的北大法科学生领袖段锡朋,以及后来担任台大校长的傅斯年。

所以,罗家伦在1948年12月26日,听到段锡朋过世的消息,如同触

---

① 《罗家伦先生文存》第十册,第6页。
② 同上。
③ 同上。
④ 同上。

电一样,眼睛一阵发黑,然后不知不觉地失声大哭。①

他后来写了首绝句,形容他的心情:

亦儒亦墨亦真诚,远识高标两绝伦。
忧患不容余涕泪,我今痛哭为苍生。

罗家伦追溯他所认识的段锡朋,从他文章中,同样可看到一位"强而不暴"、"雄伟刚健"、"侠义可风"的现代英豪!

首先,罗家伦回忆,当他提议发起五四运动时,因为蔡元培校长立即请辞,罗家伦颇受部分同学责难,但段锡朋却全力支持他、安慰他,并对罗家伦说道:"像汉宋太学生陈蕃、李膺、陈京这般人的风骨,是我们大家所需要的。"②

段锡朋这段话,让罗家伦谨记在心,直到段过世后,他还记忆犹新,足证对他影响非常深远。

从这一段话,也可看出,当时只有二十岁的段锡朋,同样器宇非凡、气概雄伟,而且器识远大,正是中华儿女的好榜样!

罗家伦并指出,到了五月五日那天下午,事件愈加扩大,情势非常严重,众议纷纷的时候,段锡朋"挺身而出的沉毅、勇敢、热忱的姿态,出现于全体北大同学和整个北京专科以上学生之前"。③

他形容当时情境:"他穿了一件毛蓝旧布底衫,可是他的言论,他的主张,他的气概,他发光可以射入人心的眼睛,竟使他成为大家心悦诚服的领导者。"④

然后,他因认为北大全体罢课,并不妥当,所以单人演讲了一点多钟,促使大家立刻复课。"同学们对他由信任而爱护"。为了要对抗北洋政府段祺瑞总理,大家叫段锡朋"我们的段总理"。

段锡朋后来被推到上海,并由北京联合会会长推为"全国学生联合会会长",因此扩大了五四的号召,实现了曹汝霖、陆宗舆、章宗祥三个亲日

---

① 《罗家伦先生文存》第十册,第65页。
② 同上书,第66页。
③ 同上。
④ 同上。

巨魁的罢免，最后并阻止了巴黎和约的签订。①

这样极负重望的段锡朋，终其一生，同样充满爱国热诚，也同样坚持清廉风骨。

罗家伦回忆，1947年春夏之交，段任中央政治学校教育长，因积劳而病重，但只肯住三等病房，绝不自命特权；罗家伦时为第一任驻印度大使，曾节省一点置装费，在上任前送交段夫人，托买些营养品，但却被段锡朋坚持退回，送回罗家伦家，"推来推去若干遍，终究他坚决的意志胜利了"。②

所以罗家伦说："对我们生死之交的朋友，取与之间，尚且如此，其余可见！"

由此充分可证明，中央政校当时风气，从罗家伦开始，就以身作则，做到门口两句标语："要做官的莫进来，想发财的请出去！"这种凛然正气与侠气，正是五四精神的最好典范；从罗家伦、段锡朋，到傅斯年，都是活生生的最好榜样。

另外，罗家伦本来在1950年12月和傅斯年相约，要为段锡朋写篇纪念文章，他在12月18日还催傅斯年，傅答应22日交卷，未料20日的晚间，傅斯年忽然过世，更令罗家伦悲痛万分，同时感慨："伟大的人，到死后才能被人家认识！"③

罗家伦、段锡朋与傅斯年，在历史上可称"五四运动三侠客"。三人都是充满爱国精神的热血青年，都是一生耿介、终身清廉，而且都是一路走来，始终如一；三人都是生死之交，也都是民族英豪，正如方东美先生所称，都是"人中之龙"！

罗家伦在1950年12月30日，发表《元气淋漓的傅孟真》，纪念傅斯年；同样为后人，留下了很多珍贵的真实故事，也为他的《新人生观》，留下活生生的真实榜样！

在罗家伦心中，傅斯年是国家民族"最英勇的斗士"，是教育文化"向开明进步和近代化推进的伟大原动力"，更是他"三十四年的生死莫逆之

---

① 《罗家伦先生文存》第十册，第67页。
② 同上书，第71页。
③ 同上。

交,打不散、骂不开的朋友"。①

　　傅斯年经过了三年标准很高的北大预科训练后,升入文科本科,中国学问基础很好,浏览英文的能力也很强。所以胡适之"甚惊异孟真中国学问之精与博,和他一接受以科学方法整理旧学以后的创获之多与深"。

　　当时胡适之常谦虚地说:他初进北大做教授的时候,常常提心吊胆,加倍用功,因为他发现许多学生的学问比他强,就是指傅孟真、顾颉刚等二三人说的。②

　　罗家伦并指出,北大当时有位朱蓬仙教授,虽是章太炎的弟子,但《文心雕龙》并非其长,因而在教室出了些错;傅斯年根据他的笔记,一夜看完,指出三十多条错误,由全班签名,上书蔡元培,要求补救。

　　蔡元培是行家,当然看了内心明白,但不相信是学生们自己发觉的,于是突然召见签名的全班同学。同学们便每人分担几条,准备进去口试;果然蔡元培当面口试,同学回答得头头是道,蔡元培一声不响,后来很快就重新调整。

　　那次成功,归根结底,就是因为傅斯年打抱不平的侠气,以及深厚扎实的学力。

　　罗家伦指出,他在北大时,与傅斯年共同组织新潮社,编印《新潮》,力持要"发扬人的文学,而反对非人的与反人性的文学"。《新潮》的政治色彩不浓,可是坚决主张民主、反封建、反侵略,并主张民族的独立和自决。因为他们深信:"时至今日,我们应当重定价值标准,在人的本位上,以科学的方法和哲学的态度,来把我们固有的文化,分别的重新估价。"③

　　罗家伦指出:"我们甚至于主张当时最骇人听闻的妇女解放运动。"④足证他与傅斯年,在思想上的解放开明,至今仍然深具启发作用!

　　另外,罗家伦也进一步强调:"当年孟真不免有一点恃才傲物,我也常常夜郎自大,有时彼此间不免因争辩而争吵。"可是,"因为我们有许多共

---

① 《罗家伦先生文存》第十册,第72—73页。
② 同上书,第73页。
③ 同上书,第74页。
④ 同上书,第76页。

同的理想,共同的认识,以后成为彼此人格间的信任。"①

他提到,"我们都不免自负,可是我们都努力做到屈服在道理的前面。"②

这种凡事"讲道理"的精神,正代表"以理服人"的理性态度,非常重要;因为正如韦伯(Max Weber)所说,"理性化"就是"现代化"的核心价值,至今仍然深值大家重视与力行!

另外,罗家伦还提到,"五四那天,他(傅斯年)是到赵家楼打进曹汝霖住宅的",可见傅斯年的侠义,不只在理论上强调道义,还是个行动派!

傅斯年在五四运动那年夏天,考取公费留学,前往英国进修实验心理学,后来转到柏林大学,受陈寅恪、俞大维等朋友的影响,既听物理的相对论,又听比较语言学,后来终又成为历史语言的权威。

罗家伦当时也到了柏林,那是1923年到1925年,中国近代很多名人云集柏林,例如陈寅恪,罗家伦称他是"由博到精最成功的一个人";还有俞大维,罗家伦称他是"天才横溢,触手成春"。另如赵元任、徐志摩、金岳霖等,大家聚会时"各抒妙谛,趣味横生",罗家伦称之为"人间一种至乐";因为当时除了是学问上的飨宴,更是才情灵性的高度切磋,后来他们均成为中华民族的闪闪巨星!

所以,罗家伦强调,以傅斯年的"号召力和攻击精神",颇与法国的伏尔泰相似。"因为他们都愿意为自由和开明而奋斗,对于黑暗和顽固有强大的摧毁力,而且爱打抱不平,也是相似之处。"③

1878年,法国大文豪雨果,曾在伏尔泰逝世的一百周年纪念会上,特别形容伏尔泰:"独自一人,向社会上一切邪恶的联合力量宣战,向这茫茫的恐怖世界宣战,并与之搏斗!"④

这也正是孟子所说:"自反而缩,虽千万人吾往矣"的同样精神!

傅斯年在台大校长任内,曾经特别将《孟子》列为通识课程,期勉青年均能有此凛然正气,确可称为"中国的伏尔泰"。

---

① 《罗家伦先生文存》第十册,第76页。
② 同上书,第77页。
③ 同上书,第80页。
④ 《名人演说一百篇》,第253页。

中外历史证明,任何一个人,如果要为自由与开明而奋斗,必须要有坚强的毅力与意志;对于黑暗和顽固,若要发挥强大的摧毁力,更要具备刚健进取的强者心志;事实上,凡此种种,都正是罗家伦所说"强而不暴"的人生观!

至于他所说的"侠出于伟大的同情",更在傅斯年终生爱打不平的风格上,充分可以印证。

所以,若说傅斯年是"新人生观"的活榜样,可说非常中肯!

罗家伦回忆,他常笑傅斯年,"把伏尔泰的精神,装在赛缪·约翰森(Samuel Johnson)的躯壳里面"①。

因为约翰森的形体壮硕,这又神似罗家伦所说,恢复唐以前的形体美了!

还有一次,傅斯年对罗家伦盛夸,他的儿子仁轨如何聪明,罗家伦笑着说:"犬父竟有虎子",傅还为之大喜,罗家伦称孟真"是人,不是做作的超人,是充满了人性的人"②!

还有一次,傅斯年告诉罗家伦,太太若生男孩,要命名为仁轨。罗一时未解其意,问他为什么?傅就回答:"你忘记了,中国第一个能在朝鲜对日本兵打歼灭战的,就是唐朝的刘仁轨吗?"③

罗家伦对此感叹:"从这种史迹上,要预先为儿子命名,他内心所隐藏的,是多么强烈的国家民族意识!"

正因罗家伦与傅斯年两人,同具深厚的国家民族意识,也同具勇猛的抗日侠义精神,所以能够终生成为莫逆之交!

罗家伦还提到,说到抗日精神,傅斯年在北平环境的表现,"真是可敬可佩"。

原来,日本当时想对华北文教界招降,有很多亲日派仰人鼻息,丑态毕露。罗家伦指出:"北平市长萧振瀛招待北平教育界的一席话,俨然是为日本招降,至少是要北平教育界闭口。"④

---

① 《罗家伦先生文存》第十册,第81页。
② 同上书,第83页。
③ 同上。
④ 同上。

那时,"在大家惶恐之际,只有适之先生和孟真挺身而起,当面教训萧振瀛一顿,表示坚决反对的态度,誓死不屈的精神"!

从此之后,"北平整个混沌的空气,为之一变,教育界也俨然成为左右北方时局的重心"①。

所以罗家伦盛赞,"孟真这种伸张正义的精神,使他不顾一切";他提醒大家,"大家不要忘记,那时候的华北,不但是亲日派横行,而且日本特务也公开活动,这是一个生命有危险的局面"②。

傅斯年在此所表现的凛然正气,挺身而出,拨乱反正,让原先北平亲日媚日的空气为之一变,正是民族气节的表现,也正是罗家伦新人生观"强而不暴"、"仗义行侠"的具体风范!

台湾光复之后,傅斯年受命担任台大首任校长,要求同学通识课程必修《孟子》与《史记》,宗旨就在培训孟子的浩然之气,以及太史公的历史远见。这些均可说是罗家伦"新人生观"的同样精神,任何人若能得此真传,便必定能成为顶天立地的民族斗士!

这令笔者想到,从前在台湾,有一段时期,教育政策是在"去中国化",同样是企图为文化台独"招降",当时同样有很多人闭嘴不言,甚至还有很多人逢迎拍马,同样是丑态百出!

在这"混沌的空气"中,笔者同样也曾秉承孟子浩然之气,最早挺身而出,痛斥这种谬论!

虽然笔者因此成为"钦命要犯",连续遭受各种迫害近二十年,但因求仁得仁,无怨无悔! 根本原因,也是受到"新人生观"的感动,足证"新人生观"是多么的深入人心!

另外,罗家伦还指出,抗战时期,因傅斯年主张,而将北大、清华与南开三校合并,成为西南联合大学,当时集中人力物力,为民族、为抗战,培养了一批批栋梁之才,就此而论,傅斯年真可称是功在中华民族!

正因傅斯年心中充满火一般的爱国热情,所以在日本投降消息传到重庆的晚上,"孟真疯了","拿了一瓶酒,到街上大洒,拿了一根手杖,挑

---

① 《罗家伦先生文存》第十册,第 83 页。
② 同上。

了一顶帽子,到街上乱舞"!①

结果,他帽子飞掉了,棍子脱手了,等到叫不动,闹不动了,才回原处睡觉。

所以罗家伦形容他:"这是孟真的本色,孟真不失为真!"

根据罗家伦长女罗久芳的回忆,抗战胜利那天,罗家伦自己也是拿着手杖,同样到大街上,与民众一起,手舞足蹈,结果同样手杖也弄丢了!

由此再次说明,二人都是同样直率,同样真诚,同样至情至性,对国家民族,都是同样充满热烈的真爱!

此外,傅斯年一生清廉,痛恨贪官污吏,他对此主张"去恶务尽",主张"攻敌攻坚",而且一旦动手攻坚,绝不肯中途罢手②。

罗家伦并举例,傅斯年在国民参政会发言,公开揭发官员贪腐,而且有凭有据,愿意到法庭对簿,罗家伦说:"这种风骨的人,是值得敬佩的人!"这种痛下决心、严惩贪污的意志,更是值得效法与贯彻。

罗家伦说到傅斯年,"自己不但生活简单,而且很穷",傅在临死前两天,曾托人到香港带一件西装上身,因为他有两条裤子,可是上身破了,"他坚持不能超过港币一百,但他托的人说,精致像样一点,要值一百五十元,傅斯年便面有难色"③。

这种清廉与节俭,至今都很值得两岸共同重视与学习!

所以罗家伦强调:"孟真的廉洁是可以说很彻底的,我们可以说,孟真贫于财,而富于书,(他的书却不少),富于学,富于思想,富于感情,尤其富于一股为正气而奋斗的斗劲。"④

罗家伦最后,用两句话形容傅斯年:"纵横天岸马,俊逸人中龙。"⑤第一句形容他才气,第二句形容他风格。毛子水称:"孟真一生代表的是浩然正气",罗家伦更认为,他代表了"天地间一种混茫浩瀚的元气,这种淋漓元气之中,包含了天地的正气和人生的生气"!⑥

---

① 《罗家伦先生文存》第十册,第84页。
② 同上书,第85页。
③ 同上书,第86页。
④ 同上书,第87页。
⑤ 同上书,第88页。
⑥ 同上。

这种天地正气,以及人生生气,融合起来,就成为了《新人生观》的核心动力!所以傅斯年堪称《新人生观》的典型榜样。后来他当台大校长,在校训中强调"爱国爱人,敦品励学",他本人正是以身作则的最佳典范,至今仍深深值得大家追念与力行。

因此,罗家伦曾提醒人们:"没有伟大同情心的人,就是没有革命精神的人。他就不配从事政治,也就不配谈革命!必定大家充分培养推广这种伟大的同情,恢复中国民族固有的侠气,政治才有改革的希望!"

因为,只有一个民族的国民,具有悲悯仁心,才能主动牺牲;具有侠义精神,才会挺身而出;具有道德勇气,才能拨乱反正;这种见解,至今仍然深具启发!

所以,今天我们回顾罗家伦所说这段话,更可坚定我们的正确信念:"我们要抱定侠者的精神,以整饬我们的内部,以扫荡我们的外寇。要是我们成功的话,我们还应当秉着这种精神,以奠定国际的新秩序!"①

换句话说,今后只要人人有侠气、有正气、有锐气,便能扫除一切邪气,重振民族朝气,这才是振兴中华必胜必成的最重要保证!

尤其,真正拥有伟大同情心的人,在今天讲求"环境保护"的新时代,更要能如张载所说:"大其心以体天下之物",对于自然万物,也要深具同情心与侠义情。

例如,林肯总统很早便曾指出:"我赞同动物均有权利,就如同人类均有人权一样,这也正是扩充仁心完备之道。"

如今,全世界都有共识,定6月5日为"地球日",呼吁世人维护大地,就可说是扩大的侠义精神。

再如美国前副总统戈尔,以及法国名导演卢贝松,近年也都纷纷展开"抢救地球"的行动,都可说是更扩大同情心的具体例证。

凡此种种,也都充分证明,今后两岸若都能有这种广大的同情心,就更能有同情万物的胸襟,然后就能进一步保护环境、爱护动物,不但保护中华大地,同时拯救地球。所以这种"广大的同情心",在今天新时代,更加值得推广与力行。

---

① 罗家伦:《新人生观》,第62页。

第五章 培养运动家的风度

一、运动家的风度

罗家伦在《新人生观》中,特别有篇强调培养"运动家的风度",至今仍然很有启发意义。

他在文中指出:"各国政府与教育家努力提倡运动,不是无意义的。他们要在运动场上增强民族体魄,提高国民道德,陶铸健全的民族性。"①

他举足球为例,认为西洋运动在中国,最应当提倡的,就是英国式的足球,因为"最重要的是,它最讲究协调动作而富有群性"。②

他指出,在足球中,"成功是全体的成功,失败是全体的失败",这是"成功不必自我"的精神,这也是最可贵的运动家风度,也正是一种民主风度与民主素养。

在本篇中,罗家伦特别以养成"运动家的风度"③(Sportsmanship),期勉青年朋友,至今对于民主素养,都有很大的启发作用。

他强调,要养成这种运动家的风度,首先要认识"君子之争";正如孔子所说:"君子无所争,必也射乎;揖让而升,下而饮,其争也君子。"并称

---

① 罗家伦:《新人生观》,1942年重庆初版,1998年台一版,第79页。
② 同上书,第78页。
③ 同上书,第72页。

"这是何等光明,何等雍容!"①

另外,他把英文中"公平竞争"(fair play)这字,认为只有译做"君子之争",②起源出于运动,但可推用到一切立身处事,接物待人的方式。

罗家伦举例,他在美国普林斯顿大学留学的时候,与耶鲁大学足球赛,在比赛前一晚,举行"誓师"大典,有次祷告,内容有一句话:"我们祈求胜利,但是我们更祈求能够保持清白的动作。"

他说,这话当时令他很感动。

2009年7月20日,高雄举行世运拔河赛,德国与瑞士争夺冠亚军赛,因为德国选手受伤,无人可以替补,只能少一人出赛,变成七人。

瑞士队听到后,主动向裁判表示,为了公平竞争,他们愿意自动撤一个选手,结果赢得全场的起立致敬。这就是运动家的风度!

可能有些队,碰到这种情形,会暗自窃喜,但瑞士队既不乘人之危,也不占人便宜,完全在公平的基础上,光明磊落的得胜,反而更加赢得尊敬。

所以德国队在比赛败后,心服口服地说:"他们配得上冠军这项荣耀!"

世运主席朗·佛契也称赞这比赛:"非常完美,符合世运会的精神!"

次日的台湾联合报,用头版头条报道这项新闻,并用红字标题刊登"世运精神,公平之争!"

这种"公平竞争"非常重要,就是运动家的首要精神,非常值得大家共同重视,并且身体力行!

罗家伦当时强调,这种精神"当从体育的运动场上,带进到政治运动场上"。

然后,他再举美国总统选举为例,失败者的贺电表示风度,"这和网球结束之后,胜利者和失败者隔网握手的精神一样"。

然后,他很沉痛的指出,列举中国政治社会里"暗中倾轧,愤恨妒嫉"的现象,"希望大家一同来纠正错误的观念,积极从运动场上来培养民族的政治道德"。

试看中国从前号称"国粹"的打麻将,固然对老人也有灵活作用,但

---

① 罗家伦:《新人生观》,第72页。
② 同上书,第76页。

本质上只靠单打独斗,而且要擅长"盯上家,卡下家",相形之下,便缺乏"群育",缺乏团队精神。

近代以来,很多政客只求个人胜利,眼中只有小我,没有大我,便是缺乏群育造成;还有些民众,看到坏人使用诈术骗术,便怪好人何以不跟着要诈,并且感叹,好人与坏人们,"永远输",君子与小人斗,也永远输;言下之意,仿佛好人要与坏人同样使坏才行。

如果这种风气蔓延,恶性循环的结果,必定善恶不分,是非不明,原来君子之争沦为小人之争,如果好人也用坏招,变成"乌贼战"一团黑,那国家会更加沉沦,形成饮鸩止渴的想法,怎能真正帮助公义伸张呢?

美国黑人民权领袖马丁·路德·金博士,坚持抗争要有原则,便是"运动员精神"的明显例证。

正因他有这种胸襟、气度与远见,他虽然是深受歧视的黑人,但从来不强调仇恨,更从来不撕裂族群。他在著名演说《我有一个梦》中,明确主张,"不能用仇恨的苦酒,解决对自由的渴求",就是不能饮鸩止渴的意思,所以能赢得美国人民普遍敬爱。

他在1963年这篇感人的伟大演说中,首先引述林肯总统签署的《解放宣言》,然后批评,在那一百年后,黑人生活却仍然很悲惨。

然后,他再引述美国宪法和《独立宣言》,比喻那些内容就如同签署一张期票,保证一切人类具有不可剥夺的生存、自由权,以及追求幸福的权利。然而,"对有色人种而言,美国并没有兑现这张期票",甚至付给黑人一张失效票,"打着现金不足"字样的退票。

因此,他呼吁现场数十万民众:"我们来,就是要求兑现这张支票","现在是实现民主诺言的时候。"①

然而同时,他也很郑重的提醒现场民众们:"在争取合法地位的过程中,我们不要用错误的行动使自己犯罪。我们不要用仇恨的苦酒,来缓解热望自由的干渴。"②(In the process of gaining our rightful place, we must not be guilty of wrongful deeds. Let us not seek to satisfy our thirst for freedom by drinking from the cup of bitterness and hatred.)

---

① 石幼珊:《名人演说一百篇》,中国对外翻译出版社,1987年12月,第507页。
② 同上。

然后，他进一步提醒民众们，要提升自己的境界，永远站在精神的高度："我们必须永远站在高处，使我们的斗争方式保持尊严，坚守纪律。"①（We must forever conduct our stuggle on the high plane of dignity and discipline.）"我们一定不能使富有创造性的抗争，沦为使用暴力的低下行动。我们必须努力不懈，站在以灵魂力量来对付肉体力量的神圣高度。"

换句话说，马丁博士在面对不公平的歧视时，他在奋斗过程中，自己绝不犯规，绝不使用暴力，永远用"保持尊严，坚守纪律"的风格，奋斗不懈！这种精神风范，正是"运动家"风度的最佳榜样。

所以，他的母校波士顿大学（也正是笔者的母校），特别在校园中的教堂前，树立很多自由鸽的雕像纪念他，既象征他追求自由的精神，也象征他抗争中坚持和平的运动家风范。

2009年，正好是马丁博士80岁冥诞，他后来虽被激进分子刺杀身亡，与林肯成为相同命运，但他们生前恢宏的胸襟与君子风度，却永垂不朽于历史之中，他们被不公平的刺杀，更加赢得全民与历史的敬重，因此美国将他的生日，定为国订的休假日。

另如，美国新任总统奥巴马，身为美国历史上第一个黑人总统，在就职演说中也强调，虽然目前的挑战是新的，但是今后成功克服之道，仍然是旧的核心价值。

他并列举九项，就是"勤奋、努力、诚实、勇气、公平、容忍、求知、忠诚与爱国"。

换句话说，他所提出的成功之道，仍然是"正派"的精神，仍然坚持"正派"治国，仍然坚持正派的"运动家"精神。

相形之下，罗家伦很早就提醒国人，1912年上海某两大学，因为比球而成了"世仇"，相互喝倒彩，"若是对方胜了，则送以愤恨嫉妒的嘶声"。

所以罗家伦指出："运动演变至此，运动的精神扫地已尽了！"②

事实上，胜败乃兵家常见，但风度却是亘古不变，正如同政治上，做官是一时的，但做人的风范，才是永恒的！

所以，如何透过运动，增进国民的风度与风范，实为今后两岸均深值

---

① 石幼珊:《名人演说一百篇》，第507页。
② 罗家伦:《新人生观》，第75页。

重视的教育问题。

他进一步强调:"运动家的风度表现在人生上,是一个庄严公正协调进取的人生。有运动家风度的人,宁可有光明的失败,绝不要不荣誉的成功!"①

在美国,经常称"民主精神"为"运动员精神"(Sportsmanship);其核心价值,第一项就是"公平竞争"(Play Fair),然后第二项就是"遵守规则"(Follow the rule)遇有争议,便是第三项"服从裁判"(Obey the judge)。

这三项原则,落实在民主政治,便是"公平竞争"、"遵守法令"以及"尊重司法"。

台湾有些政治人物,不遵守法治,故意以违法乱纪为能事,甚至公开主张分裂国土,误将台独与民主混为一谈,同样深值省思与改进!

此外,台湾司法有段时期,经常被政治力干预,司法独立与公正审判荡然无存。翁岳生身为司法院院长,在2007年,八年任满退休日,都感慨地说,在其任内"政治践踏司法",让他感到"锥心泣血"、"痛苦万分"。

凡此种种,今后均应唤醒民众,要培养运动员精神,以培养民主素养与法治观念,才能真正具备现代化的公民质量,建立健康的民主法治社会,并促进整个中国的现代化成功!

然而,多年来,台湾在选举中,常见各种"奥步"与"贱招",均以暗箭伤人为能事,并以抹黑污蔑为手段,正如同在运动场上以卑劣手段竞争,完全背离民主应有的公平竞争,便深深值得两岸共同警惕与改进!

二、从完成责任到实现权利

罗家伦在本篇中,特别引述近代英国强大的原因,在于海军大将纳尔逊(Nelson)的一句人生观:"英国盼望每个人都能尽他的责任。"②(England expects everyman to do his duty.)

纳尔逊当时在杰佛加(Trafalgar)海战中,把拿破仑的舰队歼灭,他自己也光荣牺牲。在他殉职之前,讲了这句名言。

---

① 罗家伦:《新人生观》,第79页。
② 同上书,第115页。

这句名言,看似平凡,意义却很重大,影响也很深远;因为人人可行,事事可行,处处可行!

当时,英国以小小的英伦三岛,人人发挥这种精神,尽心尽力,尽其责任,影响整个国力发展,居然能成为世界第一强国,公称为"日不落国"。

今天我们也可以说:"中华民族盼望每个人都尽其责任!"

因为,以中华民族人口之多、地方之大、资源丰富,若能人人都尽其责任,两岸也均以振兴中华为己任,那就更能早日在世界上扬眉吐气,成为世界第一大国!

罗家伦在此,并从根本上指出:"人生在世,究竟有什么目的?什么任务?我常说整个人的目的,就在求自我的实现(Self-realization)。"

那么,什么是"自我的实现"?

他认为,"自我的实现,就是自我的完成"①(Perfection of the Self)。也就是充分的发展自己,充实自己,以求达到尽善尽美、笃实光辉的境地。

然而他也提醒大家:"这一切的一切,都非在大社会中实现不可。所谓大社会,就是整个的大我。"②

由此可见,东西名人,在爱国报国之道,都有人人可行的相通之处。中国抗战时期,兵力火力比起日本相差很多,训练也不及日本成熟,但仍能浴血抗战,胜利成功,正是这种"尽其责任"、"杀身成仁"的精神所致。

1937年1月15日,日本空军轰炸中央大学,围墙都炸掉了,火药味还清晰可闻。罗家伦次日在周会中报告,提到实验学校被轰炸,他去巡视,看到一个工友在那里哭,他就强调:"寇能毁之,我能复之!"③

他豪气万丈地坚定指出:"炸掉之后,有我在一天,我必使其恢复。"④

因为,图书仪器可以炸掉,但"我们的经验决炸不掉";尤其,爱国热血与抗日意志,更是炸不掉!

这种精神,就是"尽其责任"、"杀身成仁"的具体例证,也是罗家伦身体力行的表现,深深值得钦佩与效法。

---

① 罗家伦:《新人生观》,第115页。
② 同上书,第116页。
③ 《罗家伦先生文存》第五册,第689页。
④ 同上。

1939年3月,罗家伦发表一篇重要文章《国家民族高于一切》。

因为那是国父逝世14周年纪念,国防最高委员会宣布了"国民精神总动员纲领",他认为"这是最有意义的一件事"。

他当时并强调,"国家民族高于一切,现在决不能成为空话。要实现这句话,应当从忠于职分,忠于纪律,忠于法律开始"。①

然后,罗家伦这种"尽其责任"的人生观,立刻给社会各阶层的人指出一条明路,促使人人奋发图强,从身边责任做起,因此才能各尽其力,蔚成伟大的国力,促成抗日的胜利动力。

所以,他进一步指出:"自我的实现,非恃大我——整个的大我来实现不可,"并强调:"我们唯有投身于大我中,尽人生所应尽的责任,充实自我以扩张大我,乃有真正权利可言。不然的话,只谈人权,不尽己责,国家灭亡,民族灭亡,自己也灭亡!"

意大利著名的爱国革命家马志尼(Giuseppe Mazzini),在1848年的米兰,为纪念反抗奥军入侵而牺牲的青年志士,特别有篇感人的演讲,名为《致意大利青年》,其中他特别强调:"对为自由而献身的烈士,最有意义的悼念,就是为他们未竟的事业取得胜利!"②(The martyrs of liberty are only worthily honored by winning the battle they have begun.)

罗家伦在神圣抗战中,经常奔走各地,发表演说,慰勉学生与战士们,并经常发表文章,纪念为抗日而牺牲的青年们,其中爱国精神与奋发意志,便与此完全相通!

马志尼呼吁:"青年人啊,热爱理想、崇敬理想吧!理想是上帝的语言,高于所有国家与人类的,是精神的王国,是灵魂的故乡。"③(And love, young man, love and venerate the ideal. The ideal is the word of God. High above every country, high above humanity, is the country of the spirit, the city of soul.)

罗家伦在《新人生观》之中,各篇大声疾呼,也都在唤醒青年人,激发心中深处的爱国情操,以此照亮生命的光与热,因为那是人间最可贵的志

---

① 《罗家伦先生文存》第十一册,第434页。
② 石幼珊:《名人演说一百篇》,第140页。
③ 同上书,第142页。

节,也是世间最高贵的情操。这才是人生的最高理想,也是中华民族上承天心的重要使命!

此种精神,也可说是完全相通!

罗家伦曾举出岳母为例:"未始不想她的儿子在家养生送死,但她以为教她儿子精忠报国,也就是她的责任,所以她情愿儿子为国家尽忠而死,不愿为她送死而生。"①

然后他进一步指出:"因为她认识了她和她儿子,对民族国家存亡的责任,比她儿子对她自己送死的责任为重。"

假若民族国家不生存,她个人寿终正寝又有什么意思?所以遇到责任相冲突的时候,我们只能判别轻重,选择我们应尽的较大责任。

岳母这种"知大体,明大义"的精神,深值今天很多心中只有小我的自私人士,好好警惕反省!

罗家伦是在抗战时期,发表这篇演讲;他指出:"我们这次抗战,虽然在初期的军事上,不免遭受挫折,但是外国人不但不轻视我们,不敢说我们是劣等民族,而且格外尊重我们,同情我们,在他们没有认识我们军事力量之前,我们文明力量的感召是很重大的。"②

中华民族这种文明力量的感召,便是从历代先圣先贤牺牲小我、完成大我的心血结晶,正因历代先烈尽其责任,甚至自我牺牲,才能共同铸造中华民族这大我的伟大文明成果!

今后,我们若要自我实现,自然也应承先启后,各尽责任,在此基础上更加发扬光大,才能欣欣向荣。

所以,他曾引述蒋百里强调,我国文物在伦敦展览,曾给欧洲人士极深的印象;他并认为我国在抗战时,许多友邦对我们表示尊重态度,与文物展览很有关系,就是这个道理。

换句话说,很多欧美人从前因为有民族优越感,如果不了解中华文明与文化的优美传统,便会歧视中国;但若亲自参观过中华文物,了解中华民族的伟大,并且认知中华民族"过去对于世界文化的贡献是很光荣的",自然不敢轻视,从内心就会尊重。

---

① 罗家伦:《新人生观》,第126页。
② 同上书,第124—125页。

另外,罗家伦讲得很深刻:"这次世界上反侵略的大纛,是中国首先举起来的。在这点我们不但做了国际的先觉,而且我们以无限的血肉,为民主国家阻压住了日本无止境的凶焰。我们将来强固的发言地位,是我们以牺牲和痛苦换来的!"①

因此,他呼吁青年人,要能在民族这种伟大传统的基础上,生生不息,创新不已。他还进一步说:"我们若是有出息的子孙的话,绝不应借祖宗的历史来掩饰自己的缺陷——此之谓'吃祖宗饭'。"

他进一步强调:"我们要问我们这代怎样?我们的发明在哪里?我们的创造在哪里?我们的贡献在哪里?所以我们希望大家不要只是以祖宗的光荣自豪,还要力求自己有伟大的贡献,以取得其他民族的尊敬。"②

另外,他在《目的与手段》中也特别强调"以人为本"的重要性,千万不能把人当做工具或手段来利用。

他更痛心地指出,近代政治"大都成为勾心斗角,倾轧排挤,不择手段,甚至以人为工具的场合"。③ 因此,在他心目中,"政治的目的,本来在求公道。政治的天秤,就是人的平衡"。

并且在他看来:"政治是提高人性的,不是摧残人性的,更不是把人性变为兽性的。"④

这些卓见与智慧,真如暮鼓晨钟,深值今天政治人物共同省思以及改进!

他并语重心长感叹,很多人竞选前,屈膝卑躬,用尽各种政治策略,当选后却趾高气扬,都是"政治策略"!不知戕害了多少生命!贻误了多少青年!降低了多少人性"!⑤

因此,他郑重的指出:"诚实是最好的政策"⑥(Honesty is the best policy.),虽然看似简单,却是最能颠扑不破,因为这才是天下的至理,"是天

---

① 罗家伦:《新人生观》,第124页。
② 同上书,第125页。
③ 同上书,第130页。
④ 同上。
⑤ 同上书,第131页。
⑥ 同上书,第134页。

下之至拙,也是天下之至巧"!①

然后他再强调,康德的名言:"我们要以人为目的,不以人为手段。"②

他并指出,这不但是教育里颠扑不破的格言,同时也是政治社会不能忘记的真理!千万不能"为目的不择手段"③(The end justifies the means)。

凡此种种,今天仍然对人本政治的健康发展,具有深远的启发意义!

罗家伦在1943年,特别呼吁"中华儿女应当目光四射"④,也就是要有不断提升小我、完成大我的壮志,因此不但眼光需要远大,格局也需要恢宏,境界更需要高远,其中雄才大略,即使在今天,仍然非常值得重视。

他更以重庆山城为例,强调"我们不能躲在山谷里,我们要站在山顶上看",很有庄子大鹏鸟振臂高飞的气势,也很有尼采超人登高问太阳的气魄。

他首先强调,"我们要看见锦绣的东南……我们要看见台湾和海南岛是我们在海上守护中国国土的两只巨狮"。"我们真的要成为四大强国之一,强国哪能海上无军舰,无商船?这海阔天空的舞台,中华儿女能不准备贡献大好身手?"⑤

另外,他又指出,我们还要看见肥沃的东北,要看到种种丰富的资源:"要保障我们东北的生命线,要充实我们东北的国防,我们有志气的中华儿女,不能再困集在人满的东南了!"

所以他又强调:"我们要看见伟大的西北!""我们要扫除想到西北就想到荒凉的心理……我们要回想汉唐时代西北繁荣的情景。"

他举例:"我们不要忘记只是新疆一省,就有十八个浙江省那么大!"他并提醒:"不要忘了,石油——世界各国拼命争夺的石油,将来中国许多新动力仰仗的石油,正贮蓄在西北一带!"

所以他说:"在西北,我们有的是可为的事业。"

---

① 罗家伦:《新人生观》,第134页。
② 同上书,第138页。
③ 同上书,第135页。
④ 《罗家伦先生文存》第一册,第168页。
⑤ 同上。

他的这些远见,不但提醒"我们有志气的中华儿女",同时也可提醒今天大陆政府,经营大西北,确是当务之急,因为罗家伦早在五十年前就已有此远见而呼吁了!

另外,还有西南部分,他同样提醒大家:"中国的力量不达到雅鲁藏布江岸旁、喜马拉雅山脚下,中国的国防不算巩固!"①

最后,他更强调:"中国所谓宇宙,是包括上下四方的,自然我们还应当从地的深处看,看见三千公尺以下的宝藏,我们更当向天的高处看,看见同温层以内的制空权。"②

凡此种种,均可看出罗家伦所说的"尽其在我",这个小我必须每人都眼光四射,尽心尽责,才能让这中华民族这个大我金光四射!

所以,他最后语重心长指出:"有志气的中华儿女们,我们不必向外侵略,我们自己国家的疆域,却也要巩固的。只有开发才能巩固。祖宗为我们开辟下一座庄严伟大的舞台,正可供我们表演动地惊天,可泣可歌的名剧!"③

这种雄伟心胸,正是承自他在"五四运动"同样澎湃的热血,直到他晚年仍未稍衰,充分证明他有浓烈的民族意识与爱国思想,始终如一,深深令人钦佩与效法!

三、培养道德的勇气

罗家伦因为深知,民族精神必须靠道德勇气提振,所以他首先就强调"要建立新人生观,第一必须养成道德的勇气"。④

然后他指出,"道德的勇气",并非体力之勇,并非血气之勇,乃是"人生精神最好的表现",可说是一针见血之论。

1942年11月24日,罗家伦发表《人生哲学要旨》,特别引述苏格拉底名言:"没经过审查的生活,是不值得活的",也强调这话的意义非常深

---

① 《罗家伦先生文存》第一册,第170页。
② 同上。
③ 同上。
④ 罗家伦:《新人生观》,第12页。

刻,"就是说对人生要有真的认识,能认识人生的价值,才能完成一个人的生命意义"。①

然后他再指出:"人生哲学,也就是人生观,就是人生应有的一种态度。"紧接着,他强调:"无论一个人或一个团体,不在他有没有一种态度,而在他的态度正确不正确。"②因为如果误采了一种人生观,"不仅影响个人的一生幸福一生事业,且可危及个人的生命。所以我们一定要有一个正确的人生观"。③

他进一步指出:"自古凡成大功者,必有大志,使意志来支配事业,不使生活来压迫意志。"④因此他提出重要的结论:"要想一个民族的人生态度正确,须先要每个人的人生态度正确,因为一个民族,是由个人所集成的。我们应该打倒人格的价钱主义,而建立人生的价值主义,以树立一个现代人生哲学。"

在这正确的人生哲学中,养成道德勇气,无疑是最重要的,因为这才能发展道德力量,才有真正行动,才足以克服邪气,发扬正气。

试看后来德国纳粹,危害欧洲极大,最后也危害德国本身,归根结底,就是因为当初民众缺乏"道德勇气",没有及时遏止。

当时有位牧师,后来很后悔的说道,当他刚看到纳粹迫害记者时,他没有挺身讲话,当他看到纳粹继续迫害学界、迫害法界时,他都没有仗义执言,最后,当纳粹迫害宗教时,他后悔已来不及了。

同样情形,这也是费希特在普法战争之后,警告德国民族的最重要的宗旨,他的通篇《告德意志民族书》,一言以蔽之,就是提醒德国民族,从前因为缺乏道德勇气,大家都乡愿蒙混,才导致民族精神衰微,终于走向失败。所以,费希特在其讲演中,特别呼吁要能透过教育,振作全体人民的民族精神!

事后证明,他的呼吁非常成功,二战之后,德国的复兴,也再次证明其正确性。

---

① 《罗家伦先生文存》第六册,第 153 页。
② 同上书,第 154 页。
③ 同上。
④ 同上书,第 159 页。

纳粹在战败后，德国没有军事力量、没有政治力量、也没有经济力量，当时总理阿登纳唯一能掌控、操之在我的，只有教育力量。

所以，阿登纳便紧紧把握"教育"，作为兴国的重要工具，终于复兴了德国民族。在二十年之后，政治力量回来了，经济力量回来了，甚至军事力量也回来了。

罗家伦在留美之后，曾经特别再到德国留学，对此显然很有心得。所以他在回国之后，也是终身透过教育，强调《新人生观》，并从培养"道德勇气"做起，证明同样非常成功。

反观台湾，台独执政时期，在"去中国化"的教育下，很多民众心中敢怒不敢言，知识分子本应挺身而出、奋勇抗争，却有很多缺乏风骨，甚至助纣为虐，以致当时"君子道消，小人道长"，成为中华民族精神最被贬抑的晦暗时代。

当日本军国主义统治台湾、压迫台湾人民时，有些皇民化人士均为既得利益者，后来分裂主义当道，便在教科书中篡改历史，美化日本，分化台湾，甚至教孩子们"我是台湾人，不是中国人"，令人不能不义愤填膺！

相形之下，欧洲人被纳粹侵略，会容许现在德国政府篡改历史、美化希特勒吗？会否认纳粹屠杀犹太人吗？会纵容德国政府既不道歉，也不认错吗？

然而，当台湾的分裂主义颠倒黑白、篡改历史时，有多少人勇于挺身而出？有多少人敢于批评？有多少人具有道德勇气？

由此可见，道德勇气的提振，确实是民族精神的强心剂！中外古今很多例证，都充分证明，没有道德勇气，就没有民族正气！

然而，如何才能养成道德勇气？

罗家伦提到四项要点，作为"具体的办法"，很有启发性。

1. 知识的陶铸

在今天来说，就是应把古今中外具有道德勇气的例证，作为教育知识的榜样；唯有如此，才能激发人心中的"四端"，激发人性中本有的"是非之心"、"羞恶之心"，形成"奋发之心"、"尚贤之心"。由此更可证明，民族精神教育，是多么重要的民族回生丹！

难怪英国大哲学家罗素，在1922年访问中国之后，所写名著《中国的问题》(The Problem of China),文中特别强调:"中国目前最需要的,就是爱国主义!"

因为,只有透过爱国主义教育,才能让大家认清自己民族的光荣,才能体会国难的耻辱,才可以令民众们顽者廉,懦者有立志!

孙中山先生便曾经称赞,只有像罗素这样的大哲学家,才能了解中华民族文化的优美,所以他呼吁中国人民要能认知中华文化的优秀,才能恢复民族固有智能,立定志向,发扬光大。

被称为"台湾孙中山"的蒋渭水,在日据时代是抗日英雄,被日本人称为"台湾第一反",他就曾把台湾比喻成病人,患了"知识营养不良症"——也就是对中华文化的知识不足,所以他成立"台湾文化协会",作为培养民族意识抗日的动力,同样也是感人例证。

2. 生活的素养

罗家伦特别举例:"社会上有些坏人,并不是他们自己甘心要坏的,乃是他的生活享受的标准,一时降不下来,以致心有所蔽而行有所亏。"①

很多做汉奸的人,也是因为生活腐化,以致风骨气节无法顶天立地,碰到反华势力,只要有利可图,便成软骨动物。

由此可见,只有"无欲则刚",平日心无所求,人品才能清高,才能培养道德的勇气。

从前在台湾,身居高层的分裂主义者,有些生活奢华,均住豪宅,心中充满贪婪,人格品德自然就有缺憾,容易成为国际反华势力的马前卒,因而数典忘祖,背弃中华民族!

相形之下,两蒋生活均很俭朴,罗家伦终生也自奉很俭,终身清廉,所以他在当清华校长时,可以面对美国势力昂然无惧,就是因为没有私欲,否则"吃人的嘴软,拿人的手软",自然没有道德勇气可言。

3. 意志的锻炼

罗家伦曾引述庄子所说:"举世誉之而不加劝,举世毁之而不加沮",并引孟子所说"虽千万人吾往矣"的气概②,因为"富贵不能淫,贫贱不能移,威武不能屈",这正是英勇大丈夫的表现。唯有如此,才能真正锻炼出

---

① 罗家伦:《新人生观》,第16页。
② 同上书,第17页。

道德的勇气。

曾文正公也曾强调,生平功业均在"受挫受辱"之时,"凡是皆有极困难之时,打得通的,便是英雄"。

罗家伦当时,也曾引他为"坚强意志"的例证,足见很有过人的洞察力。

4. 临危的训练

罗家伦指出:"一个伟大的领袖和他的伟大人格,只有到临危的时候才容易表现出来。"这正如同在惊涛骇浪中,才能看出那位船长真正伟大。

所以罗家伦强调:"只有强才不怕危险,不但不怕危险,而且爱危险,因为在危险当中,才能完成他人格充分的发挥。"

《荒漠甘泉》中也指出:"遭到危险时,不要祈祷,而要赞美。"

因为只有在危险中,才能造就真英雄;真英雄才有此气魄,赞美上帝给此机会。

这也正是孟子所说:"天将降大任于斯人也,必先苦其心志,劳其筋骨,空乏其身,行拂乱其所为,所以动心忍性,增益其所不能。"唯有如此,才能百炼成钢,真正锻炼出愈挫愈勇的道德勇气!

希腊大政治家伯里克利(Pericles,约 495—429),曾经有篇著名演讲《论雅典之所以伟大》,那是在公元前 431 年的国殇典礼上,他一条一条的说明,为何雅典伟大?值得为其奋斗牺牲?也就是向民众论述"为何而战,为谁而战?"

他强调,其中有一项很重要原因,便是雅典人民:"行动时我们勇气百倍,行动前都要就各项措施的利弊展开辩论"。[①]

这种勇气,就是一种道德勇气,也是孟子所说,先要有反省的过程,"自反而缩,虽千万人万往矣"!反省之后若符合道义,便要勇往直前。罗家伦在此所说道德勇气的养成,可说完全相通。

罗家伦在此引文天祥为例,他成仁之前强调:"孔曰成仁,孟曰取义,惟其义尽,所以仁至。读圣贤书,所学何事?而今而后,庶几无愧。"

罗家伦称这一段话,不但为文天祥"留下千秋万世的光荣,也是他一

---

① 《世界上最震撼心灵的话》,第 150 页。

生修养成功的'道德勇气'的充分发表"。

事实上，这一段话，同样成为抗战中，无数军民奋勇精神的根本来源。

因为在民族抗日的圣战中，我军很多战役都是手持大刀，对抗日军的机枪大炮，很多更以血肉长城对付日军的坦克轰炸。为什么军民都能视死如归，绝不屈服？就是因为有这种"知其不可而为"的精神，也正是文天祥般的道德勇气！

正因有了这种民族正气，所以整个中华民族终能苦撑待变，得到最后胜利；罗家伦称"文天祥不但是志士仁人，而且是民族对外抗战的模范人物"，的确非常中肯。

今天台海两岸，虽然不再有外来侵略，但仍有各种分裂民族的势力，以及国际反华势力蠢蠢欲动；面对这种形势，中华儿女仍应发挥高度道德勇气，挺身抵抗，才能真正弘扬中华民族的精神！

袁世凯称帝时，对于批评人士，一方面用金钱收买，另一方面用高压恐吓，梁启超曾称之"一手持黄金，一手持白刃"。

在台湾，很多分裂主义者，也用同样手法，"一手拿钱，一手拿剑"，让很多生活奢华的人不得不低头，或心生恐惧的人不得不退缩，被迫不再作声，形成寒蝉效应；这些都是典型对道德勇气的考验，也正是"时穷节乃见"的另一例证。

罗家伦在青年时，振臂呼吁学生奋起，抗议北洋军阀，毅然发起"五四运动"，本身正是道德勇气的具体表现。

后来北伐时期，他深入冒险进入火线，为济南惨案与日军直接据理力争，根本置生死于度外，也是一种道德勇气的表现。

他在清华大学，力抗美国势力；在中央大学，更于日军轰炸中连续发表十六次演讲激励民心士气，都是真正道德勇气的表现。

他任新疆监督使时，新疆省政府厅长级官员多被盛世才兵变挟持，并受苛刑。但他临危不乱，镇定因应，终能化险为夷，并且成功的保全领土，同样证明他是深具道德勇气的榜样。所以罗家伦在此所提"道德勇气"，绝不是只讲理论，他本身就是活生生的例证典范。

另外罗家伦针对中华民族近代衰弱的原因，也曾特别分析："中国民族,近代颓丧的原因,就是因为力量差了。"①

然后他进一步指出:"在一个民族的强盛时代,非独武功,就是文章也有力量。"紧接着,他再举出例证:"汉唐的武功之盛,自不必说,就是文章也有力量。如司马迁的《史记》,杜甫、李太白的诗都是例证;韩愈的文章,可以起八代之衰,其气魄的雄伟,远非现代所及。"

所以,他特别提醒国人:"现代民族精神颓废萎靡,所以未能产生大文学家。我们所看到的只是一些小巧玲珑的作品,所谓短文、散文等等,实际不过是一切刻象牙签的作品而已。"②

所以他强调,今后重要的是,要能透过恢弘的智识,用渊博的学识,以及凛然的正气,才能陶冶成道德的勇气。

"道德勇气"的相反词,就是懦弱胆小,其原因在自认"明哲保身",以为如此可以不得罪人,其实更加助长奸恶,成为姑息养奸的同路人。

事实上,有了道德,才能克服缺德;有了勇气,才能克服邪气。今后唯有真正发扬道德勇气,才能真正复兴国魂,也才能彻底振兴民族。罗家伦在此对道德勇气的说明,非常值得国人重视与力行。

另外,罗家伦在1951年,曾经特别申论"如何培养民族正气",并扼要的指出其中方法:第一,道德的勇气;第二,知识的深信;第三,健全的身体;第四,不可征服的意志③。

他在此处综合《新人生观》相关内容,并且勉励大家:"认识人生的意义,不苟且不偷生,使我们的民族正气,得以保留而发扬,来维护我们国家民族与生存。"至今仍然深具重大的启发性。

《易经》很早就有名言:"君子道消,小人道长。"如果正气之声不敢讲,难怪小人当道,奸人横行;反之,只要正气能伸张,邪气自然不敢嚣张。

今天中医治癌,也是同样原理,只要加强本身的免疫力,恶性的癌细胞自然就会消退。

从国家社会看,只要加强民族精神,提升道德勇气,乡愿与汉奸声音,便绝对不敢猖狂;反之,如果有些人明明知道贪腐不得人心,却仍用

---

① 《罗家伦先生文存》第六册,第157页。
② 同上。
③ 同上书,第372页。

各种借口转移焦点,帮其粉饰,甚至联署支持,这些都是缺乏道德勇气的例证。

因此,今后如何人人发挥道德勇气,伸张正气力量,遏止乡愿"德之贼"的风气,将是所有中华儿女人人有责的重大使命,唯有人人勇于仗义执言,"正人心,息邪说",才能早日拨乱反正,完成民族的复兴大业!

第六章　负起知识的责任

一、负起知识的责任

罗家伦强调,"要建立新人生观,除了养成道德的勇气外,还要负起'知识的责任'"①,同样深具启发性。

他进一步指出,所谓知识的责任,包含三层意义。

第一,"要有负责的思想",亦即根据各种事实证据,加以严格逻辑的审核,而后构成一种有周密系统的精神结晶。

所以他也强调:"思想家都是从艰难困苦中奋斗出来的。他们要求真理而蒙受的牺牲,绝不亚于在战场上鏖战的牺牲。"②

第二,"要能对负责的思想去负责"。亦即应该负一种推进和扩充的责任,不应埋没真理,而应发表弘扬。

他并举哥白尼(Copernicus)、白罗兰(Bruno,又译布鲁诺)、盖律雷(Galileo,又译伽利略)等例证,"他们虽受尽压迫和困辱,但始终都坚持原来的信仰",有种"鼎镬甘如饴,求之不可得"的态度;这种对于思想负责的精神,才正是"推动人类文化的伟大动力"。

第三,知识分子既然得天独厚,"就应该对于国家民族社会人群,负起更重大的责任"。

---

① 罗家伦:《新人生观》,1942 年重庆初版,1998 年台一版,第 22 页。
② 同上书,第 23 页。

所以他强调,知识分子是"民族最优秀的分子,同时也是国家最幸运的宠儿。如果不比常人负更大的责任,如何对得起自己天然的秉赋?如何对得起国家民族的赐予?如何对得起历代先哲的伟大遗留?"①

他更指出:"身为知识分子,就应该抱一种舍我其谁至死无悔的态度,去担当领导群伦继往开来的责任。"②

然后他提醒,"当民族生死存亡的紧急关头,知识分子的责任更为重大",他本人在抗战中的忠勇精神,堪称极佳的身教榜样。

培根早有名言,讲得很好:"知识就是力量。"(Knowledge is power.)③

神圣的抗战要胜利,就先要有力量,无论精神力量或物质力量,都需来自知识。所以罗家伦在抗战时期,特别讲《新人生观》呼吁提高知识,就是提高抗战力量,堪称培元固本之道。

另外,罗家伦更从反面指出,"中国社会一般的通病,就是不负责任",主因就是无知,因而很令人痛心。

所以,早在柏拉图就曾指出:"与其不受教育,不如不生,因为无知是不幸的根源。"(Better be unborn than untaught, for ignorance is the root of misfortune.)④

另外,英美第一大哲怀特海非常推崇柏拉图,曾说"西方二千年哲学都只是柏拉图的注脚",然后进一步很中肯地指出:"不是无知本身,而是对无知的无知,才是知识的死亡。"(Not ignorance, but the ignorance of ignorance, is the death of knowledge.)⑤

这种对无知的无知,正是知识分子应该扫除的责任。

因为,这种双重的无知,除了很多文盲,未经教育,形成社会负担,但也有些知识分子,只懂专业,缺乏通识,同样也是对无知的无知,同样应予改进。

这在杜威,称之"有知识的无知"(Learned ignorance)。

庄子称此"一曲之士",因为"束于教也",所以未能领悟大道,"譬如

---

① 罗家伦:《新人生观》,第 25 页。
② 同上。
③ 《世界上最震撼心灵的话》,第 56 页。
④ 同上书,第 57 页。
⑤ 同上书,第 54 页。

耳目口鼻,皆有所明,不能相通"。

所以,真正知识分子,既有专业知识,也有博雅通识,才能对国家与社会做出重要贡献。

因此,法国文豪左拉曾经指出:"愚昧从来没有给人带来幸福;幸福的根源在于知识。"①(Ignorance never brings anyone happiness; The source of happiness only can exist in knowledge.)

另外,"诺贝尔奖"创始人诺贝尔更曾明确指出:"传播知识就是播种幸福。"(Spreading knowledge is sowing happiness.)

凡此种种均可说明,罗家伦为什么特别强调"负起知识的责任",因为这是复兴民族的最重要基础。

罗家伦并曾经列举六项原因,提醒国人能痛加改革:

第一是缺少思想的训练。

换句话说,思想必须经过"逻辑的烈火来锻炼",才能形成严谨的思想。他并举社会科学的人,必须学高深的数学为例,强调"中国知识界现在就正缺少这种思想上的锻炼"。②

事实上,从柏拉图就已强调,要念他的哲学,必须透过数学,就是在思想上,要求严谨的训练,至今仍很有重要性。

第二是容易接受思想。

换句话说,近代中国人在思想上,很容易就接受外来思想,未经独立判断,"只足以表示我们的不认真、不考虑,哪里是我们的美德"?

他指出,"容易得,也就容易失,容易接受思想,也就容易把他忘掉。这正是中国知识界最显著的病态"。③

事实上,这正如同英文谚语,容易赚的金钱,"来得快,去得也快"(easy come, easy go)。思想也是如此,没有经过严谨考验的思想,游学无根,正如同浮萍无根,自然也就容易忘掉。

第三是混沌的思想。

换句话说,因为本身缺乏思想训练,又容易接受外来的思想,当然就

---

① 《世界上最震撼心灵的话》,第55页。
② 罗家伦:《新人生观》,第26页。
③ 同上书,第28页。

会变成思想的混沌。

所以方东美先生常比喻,这种现象如同"狗头上摸摸,猫背上抓抓",只有一手杂毛。如此只从皮毛来看外来思想,顶多只是驳杂之学,怎能在本土生根茁壮?

第四是散漫的思想。

这种思想是"片断的、琐碎的、无组织的"。因而,也就永远挺立不直。所以他说"系统的精密的专门哲学,在中国很难产生"。①

方东美先生也经常痛心,中国近代思想界,如同"空袋子",本身缺乏精深扎实的伟大思想体系,所以很难站直。民初早期还有熊十力、方东美、唐君毅、牟宗三等名家,但在继起者中,却仍缺乏人才,今后自需更加努力才行。

第五是颓废的思想。

所谓颓废的思想,"就是没有气力的思想,没有生力的思想",正如罗家伦所称:"颓废的思想,是思想界的鸦片烟,是民族的催眠术!"②

他指出,当时文艺作品,"许多是供闺秀们清闲的,是供老年人娱晚辈的",他感慨,这可说"危害不浅"③,但是,"现在喜欢读这些刊物的反而是青年人"!

他并举例,有些文人喜欢诗酒怡情,并以李白为例,但别忘了,李白是"十五学剑术,遍干诸侯;三十成文章,历抵卿相。虽长不满七尺,而雄心万丈"的人,然后问"你呢?"

所以,他大声地疾呼,提醒国人:"颓废的思想不除,民族的生力不能恢复!"④

第六是不能从力行中体会思想。

罗家伦强调,从前中国的"士",最长于清谈,最长于享受。然清谈清议是最不负责任的思想表现,例如南宋,议未定而金兵已渡河,便是明显例证。

---

① 罗家伦:《新人生观》,第 29 页。
② 同上书,第 30 页。
③ 同上。
④ 同上。

所以罗家伦指出,我们国内知识分子,仍不免宋明的清谈风气,殊不知敌人大举压境,所谓"来日大难",现在就是,何待来日?

因此他强调,"我们现在都应忏悔",我们应该"先从坚苦卓绝的力行里,体会我们思想,同时把我们坚强而有深信的思想,放射到力行里面去"。①

其实,中国哲学本来就很注重力行。从孔子就强调"笃行";老子也指出,"上士闻道,勤而行之";佛学中除"善知识",同时更强调"菩萨行";阳明先生更指出"知行合一"的重要性,如果不行,只是不知。

日本明治维新,就因吸收阳明"知行合一"的优点,养成做事踏实认真的风气,结果强大之后,却反过来侵略中国,真是可耻可痛!令人深深感慨,怎能再不奋发努力,痛定思痛?

另如,英国文豪萧伯纳也曾指出:"行动是通往知识的唯一道路。"(Activity is the only road to knowledge.)

这也如同邓小平为改革开放所强调的名言:"实践是检验真理的唯一标准。"

我们甚至可以归纳民族兴衰的结论:任何时代,如果注重务实力行之风,便会成为盛世;反之,如果缺乏务实力行之风,便会成为衰世!

因此,罗家伦曾经语重心长地指出:"民族断无绝路,只要我们自己的脑筋不糊涂。"

反观"文革"十年,造成"中华民族有史以来最大浩劫",就是自己的脑筋糊涂,造成种种价值颠倒,也导致贫穷落后,人性饱受摧残。

因此,展望今后大陆,必需真正力行"改革开放"、"思想解放"、"实事求是",才能切实拨乱反正。

在台湾,也是同样情形,分裂主义者执政近二十年,同样造成台湾在原地踏步,用明明不可能的台独分裂幻想,蒙骗很多民众,造成很多民众脑筋糊涂,误入歧途;今后同样必需"改革开放",加上"思想解放"、"实事求是",才能中兴成功!

罗家伦在本段,更引顾亭林所说的"有亡国者,有亡天下者",并进一

---

① 罗家伦:《新人生观》,第32页。

步指出,"亡国"是指朝代的更换,"亡天下"是指民族的灭亡。①

然后他再寓意深远地强调:"现在我们的问题,是要挽回天下,亡民族的大劫。在这时候,知识分子如不负起这特别重大的责任来,还有谁负?"

他在抗战时候,就曾特别指出,日军轰炸文教机关,其中更有阴狠用心,因其用意在毁灭知识分子的根基。所以更需所有知识分子警惕,并且自强自立。《新民族》在1938年9月刊登罗家伦的文章《又炸文化机关——厦门大学》,就是明显例证。

罗家伦在文中开宗明义地指出:"敌人轰炸我文化机关,是有计划的暴行,因为他恨文化机关,他怕文化机关!"②

他并引证,从中央大学、长沙岳麓山湖南大学、清华大学之后,又有厦门大学被炸。

因此他指出,福建还没有直接军事冲突,居然厦门大学还是被炸,堪称"司马昭之心,路人皆见"。

因而,他不但表示非常同情与愤慨,并以此文更加期勉知识分子,一定要能奋发图强!此中苦心与壮志,迄今仍然深值敬佩与重视!

尤其,回顾大陆"文革",以及分裂主义者的"去中国化",都是想破坏中华文化的浩劫,如今幸亏"四人帮"已垮台,"去中国化"政策也已走入历史,展望今后,两岸均应早日拨乱反正,回归正道,共同以弘扬民族文化为己任,才能真正振兴中华,无愧民族先贤先人在天之灵!

二、荣誉的追求

罗家伦强调,人不仅要生存,而且还需要"荣誉的生存",并进一步认为,"荣誉是人格光辉的表现",因此,"没有荣誉心的人,就说不上人格"。③

这对人格教育的养成,具有极大的启发性。

他指出,西洋人把荣誉看得比生命更重要。例如英国人对于阁员称作"The Right Honourable",不是恭维"最高贵",而是指"最荣誉的"。再

---

① 罗家伦:《新人生观》,第32页。
② 《罗家伦先生文存》第十一册,第187页。
③ 罗家伦:《新人生观》,第63页。

如,美国西点军校,也是以"国家、责任、荣誉"三个名词作校训。

罗家伦举例,欧美许多学校考试,还有所谓"荣誉制度"(Honour system)。教师出题之后,并不监考,只在黑板上写"荣誉",学生懔于荣誉的观念,便不敢作弊。①

笔者大学时候,所念东海大学,由美国基督教联合董事会创办,曾在大陆设立燕京大学(北京)、金陵大学(南京)、之江大学(杭州)等,共十三所著名大学,均以地名为校名,在1949年后,集中在台湾,设立一所新的大学,因为地临东海,所以叫做东海大学。

当时,东海大学就曾比照美国,推行"荣誉制度",那时我念的是化学系,教授出完题目,强调"荣誉制度"之后,就离开了教室,果真人人懔于荣誉观念,没有人作弊。

相形之下,今天有些大学,虽然教授助教有多人监考,但仍会有人带小抄作弊,真是无法相提并论。

此中差别在哪里?

笔者认为,主要因为内心有荣誉感,就能自制,有所不为。这也是种"慎独"工作,正是儒家重要的精神修养。

反之,如果一个人没有荣誉心,就会无所不为,甚至无恶不作,而且还会寻找借口,处处硬拗强辩。

例如,台湾有人涉及贪腐,明明已经承认"做了法律不容许的事情",涉及贪污,名目之多,令人眼花缭乱,但后来竟硬拗说是分裂主义的"建国基金",又说是被"政治迫害"、"政治追杀",没有"司法人权"等等;稍有荣誉心的人,都不可能会如此做。

这正如同民进党前主席林义雄所说,若在日本,贪污者早已自动辞职,甚至自杀谢罪,但在台湾,却还有很多人为其讲话。

林义雄认为,这是"文化"的差异,其实归根结底,是有无"荣誉心"的问题。

因为荣誉心的另外一面,就是羞耻心。日本人所说的"知耻",本是源自于中华文化,怎么在台湾反而衰退了呢?

---

① 罗家伦:《新人生观》,第65页。

或许,分裂主义者一再强调"去中国化",因而去掉了中华文化的知耻心,才会如此沉沦。

另外,罗家伦在此说:"荣誉具有内心的价值,较名誉还要可贵。西洋虽有名誉为第二生命的话,但荣誉却简直是第一生命。"因为"名誉是外加的,而荣誉却是内足的"。①

这也是非常中肯的评论。

因为荣誉具有内心的价值,并不是虚荣,"不是求于外的,而是求于内的。所以可以自持,可以永久"。②

因此,荣誉并不是外表"爱面子"的文化,有人逢迎拍马或沽名钓誉,都并非真正的"荣誉",反而会形成"马屁文化"、"虚荣文化",令风气更沉沦,哪里是真正内在的荣誉?

孟子很早就说过,"赵孟之所贵,赵孟能贱之"。所以,外在的名位、头衔、门第、豪宅,都不是荣誉;用罗家伦的话,顶多叫做"荣宠",随时可以失去。

因为这些都是别人从外所加,随时可以失去,"眼看他起高楼,眼看他宴宾客,眼看他楼塌了"!那又何必患得患失,影响心情?韩国两任总统全斗焕与卢泰愚,因为贪污,从最高位沦为阶下囚,到了那时,荣誉何在?名位何在?

同样情形,台湾分裂主义者,有人在位时,享尽特权,还经常挑拨仇恨,分化两岸,心中既没有羞耻心,更没有荣誉感,卸任后更暴露出很多贪腐案,令人目不暇接,此时面子何在?名誉何在?

孟子曾经提到,齐国有一个人,天天到坟场,向别人乞讨剩饭剩菜,回家后,却嘴巴油油的"骄其妻妾"。这样的行为,能算荣誉心吗?能算知耻心吗?

罗家伦在1940年3月24日,为蔡元培先生过世,特别发表纪念文章,题为《伟大与崇高》,就是以蔡元培作为荣誉的榜样,直到今天,仍然深值重视与效法。

罗家伦在文中指出:"先生永远是站在时代前面的伟大人物。先生不

---

① 罗家伦:《新人生观》,第64页。
② 同上书,第65页。

但是伟大人物,而且是伟大人格;如大海容纳众流,不厌涓滴,是先生的包含。汪汪如万顷之波,一片清光,远接天际,是先生的风度。慈祥恺悌,谦光中流露至诚,是先生对人的感化。'柔亦不茹,刚亦不吐',是先生的风骨。"①

他并举两项例证,指出蔡元培不只谦冲和蔼,在大是大非上,更有坚忍不拔的风骨气节。

例如,在五四运动后,北洋军阀对北大校方横施压迫,蔡元培处于艰苦环境中,却毅然发表一篇文章,名为《洪水与野兽》,虽然只有二百字,但罗家伦称其"光芒万丈";因为他勇于抗衡强权,"主张疏导新思潮的洪水,而驯服北洋军阀的猛兽"。

蔡元培这种风骨,秉承民族气节,对于军阀毫不退缩,正是荣誉人格的最好典范。

另外,蔡元培在1921年游历美国,到康乃尔大学的绮色佳;罗家伦接他之后,本来到一个寓所休息,突然听到一位美国新任的驻华公使,想招待蔡元培,主要是想请他介绍北京权贵,但这正是蔡元培最痛恨的事。

所以,蔡元培坐犹未定,坚决立刻要离开,马上到附近瀑布游览②,而不愿与军阀权贵勾结往来。

这充分表现了孟子的大丈夫精神,"威武不能屈",而且"说大人,则藐之"。这种人格,正是重视荣誉的具体表现。

除此之外,在七七抗战前两年,汪精卫还任行政院长兼外交部长时,罗家伦提到这个后来变做汉奸的汪精卫,请蔡元培吃西餐,蔡元培苦劝他"改变亲日的行为,立定严正的态度,以推进抗战的国策"。

他提到,当时"在座的都看见先生眼泪,滴在汤盘里,和汤一道咽下去",再次可以证明,蔡元培公忠爱国的风格与苦心,同样是坚持荣誉人格的表现。

我们知道了"荣誉心"的重要后,更要知道,如何培养呢?

罗家伦举出了三个条件,非常中肯:③

---

① 《罗家伦先生文存》第十册,第9页。
② 同上书,第11页。
③ 同上书,第67页。

第一,必须能维持生命的庄严。

用罗家伦的话说,因为"人必自侮而后人侮之",所以有荣誉心的人,必定有不可侮的身体,不可侮的精神,不可侮的行为;简单说,"有不可侮的生命"。

那么,如果受辱,应该怎么办?

从罗家伦整体作品来看,他一贯强调大我的重要性,也就是民族生命的尊严。所以,如果是有人对其个人小我侮骂,他未必会计较,但若辱及国家尊严,那就必须计较,而且锱铢必较,一定要讨回公道!

罗家伦的一生,从五四运动领导学生"外除强权,内除国贼",到处理济南惨案,临危不屈,到主持三所名大学,一贯强调民族精神,到他处理新疆问题与西藏问题,一直捍卫主权,均可见他真正身体力行,真正为国家民族争荣誉,绝不让国家民族受辱!

第二,必须能有所不为。

用罗家伦的话说:"有荣誉心的人,对于标准以下的事,是绝对不干的。"①他并且具体强调:"对于一切欺骗、狭小、鄙吝、偷惰和其他种种挖墙脚的事,更是不屑干的。"②

然后,他指出,有荣誉心的人,是以"大人"自许的,对小人的贱招,没有品格的手段,"是小丈夫,是贱大夫",是绝对不屑去做的。

或许有人质疑,君子与小人斗,君子仿佛永远会输,令人着急。这就要注意——中国有句谚语很好:"防人之心不可无,害人之心不可有";大人绝不会用小人的贱招,但大人也要能洞悉小人的阴谋诡计,善加防范,并且破解,那才不会令亲者痛而仇者快。

尤其,在许多选举中,小人经常用各种抹黑、抹红、抹黄等贱招当选,只能靠作弊才得胜,那是很可耻的事,全无荣誉可言。如果人人有此共识,共同唾弃,并且回归正道,共同声讨邪道,自然就能形成有荣誉心的君子之争。

第三,必须是自足的,也是求诸己的。

用罗家伦的话说,应该"求诸自己,尽其在我,不必分心去猎取流俗的

---

① 《罗家伦先生文存》第十册,第67页。
② 同上。

恭维"。

他举例,一个人若有重大贡献,而得诺贝尔奖,实至名归,自然不用推却;但流俗的恭维,不但靠不住,而且在有荣誉心的人看来,反为一种侮辱。正如同名画家的画,并不在乎多少外行人的赞美,而贵乎能有一个真正内行的人来批评。

罗家伦指出,这也正是"千人之诺诺,不如一士之谔谔"。如果得到的夸赞,自己都觉心虚,自然更需自省改进;如果自觉经过呕心沥血,真诚努力,即使一时没人欣赏,也根本无须在意。

他并引述大天文学家开普勒(Kepler)的名言:"我写成这本书给人读,是同时的人读或后代的人读,我管他干什么? 几千年以后有人来读,我也可以等。"①

他指出,这种特立独行的精神,可说是种"孤寂的骄傲",但这绝不是骄傲,而是一种荣誉心。

用孟子的话说,有"天爵"与"人爵"之分。人爵是世俗外在的名声爵位,那只是一时的;但天爵,则是内在自足的品德人格,这才是永恒的。深值大家重视。

三、掌握命运的魄力

罗家伦在《新人生观》之中,有一章非常重要,名为《扭开命运论与机械论的锁链》。

这个篇名虽然比较长,但简单说,就是打破"宿命论"的枷锁,鼓励人们奋发自强,尽其在我,不但很有学术性,而且很有励志性。

事实上,中国历代大哲,对于"命运"讨论很多,西方音乐大师贝多芬,更有一首著名的交响乐,名字就叫《命运》,可见东西方均对"命运"很重视。

然而,真正的智者,顶多"知命",绝不会沉沦到"宿命",放弃了人为的努力。

---

① 《罗家伦先生文存》第十册,第 68 页。

例如《易经》,很早就强调,"乐天知命",乐观进取,这就是一种雄壮刚健、充满阳光的人生观。

儒家虽然强调"生死有命,富贵在天",但重点仍在人为的努力,只要尽其在我,充分发挥操之在己的努力,就是尽了人生的责任,尽其心即尽其性,对于成败不必在意。

另如英国赛缪·约翰森也曾强调:"成大事不凭力气,而凭毅力。"(Great works are performed not by strength but by perseverance.)①

这种精神毅力,正如孔子在《易经》中乾坤两卦所说:"自强不息"以及"厚德载物",深深值得今后重视与发扬。

到了孟子,更进一步指出,虽然人生很多境遇,看似"莫非命也",但也可以经由智慧,化磨难为锻炼,化忧患为考验,在逆境中,一方面逆来顺受"顺受其正",另一方面以此激发内在的力量,将负面的压力,化为正面的动力,借此"动心忍性,增益其所不能"。

到了曾国藩,虽然深知人生之中,很多事情"谋事在人,成事在天",但也从不放弃人为的努力,碰到挫败,必定再接再厉,愈挫愈勇,所以终能成就中兴大业。

西方赫伯特(G. Herbert)也曾指出"谋事在人,成事在天"(Man proposes, God disposes)②;但他更加强调"人不可丧志"(Never say die)。这些都代表人一定要能有掌握命运的魄力,认清"我命在我不在天",尽其在我,才能真正对人生负起责任!

王建煊从基督教信仰,曾经指出,"凡事尽心尽力,结果交给上帝",可说代表同样精神。

西方史密斯(O. Goldsmith)也曾强调:"人生最大荣耀,不在从不失败,而在每次失败之后,都能重新爬起。"(Our greatest glory consists not is never falling, but in rising every time we fall.)③

美国民权斗士马丁博士更曾指出:"最终评价一个人,不是看他处顺境的时候,而是看他处逆境的时候。"

---

① 《世界上最震撼心灵的话》,第 221 页。
② 同上书,第 222 页。
③ 同上。

凡此种种，通通提醒我们，碰到逆境不必灰心丧志，重要的是要重新爬起，再接再厉。这种奋斗精神，才是评价一个人的终极标准。

在佛教信仰中，明朝袁了凡居士的《了凡家训》，也深具这种"尽其在我"的创造性人生观。

所以，他原先以为命理大师孔老先生所算皆准，只想顺命而为，不再多求，虽然如此也能摒除非分妄想，但也降低奋斗意志，所以禅师对他开示，提醒他只要每天勤做功课，记录每天功过，仍能增加福报。

因此，他以亲身经历，告诉他的儿子，"从前种种譬如昨日死，以后种种譬如今日生"；只要每天都以创造的人生观，主动勤奋的多做善事，终必能有善报，即使碰到困厄，也能得到最后胜利。

饱经人生阅历的曾文正公，也深受此说所折服，所以曾在家信中，引述《了凡家训》这句名言。

这种"命运操之在己"的人生观，深具创造精神，堪称为"造命论"，与"宿命论"截然不同。

贝多芬正因为深具这种创造的人生观，深信命运操之在己，所以在《命运交响曲》的震撼之后，历经人生重击，饱受各种冲击，仍然称颂人生，仍然赞叹宇宙之美，并形成其最高峰的《欢乐颂》。

这种对人生宇宙的欣赏赞叹，即使用一切乐器，均无法表达，所以贝多芬用混声的大合唱，痛快淋漓地表现其中活跃创造的生命精神。

这种生命精神，决不停滞在"命定论"，更不受制于"机械论"，而是强调创造精神，强调生命活力，正是罗家伦本文的精神所在。

罗家伦在本文充分地展现了他对哲学的素养，所以很能把握多位哲学名家的形上学精华。

例如，罗家伦本文中，申论近代大数理学家也是大哲学家怀特海（A. N. Whitehead），就很精辟中肯。方东美先生也曾称赞怀特海为"英美世界第一大哲学家"，可见罗家伦对哲学功力也很深厚。

怀特海的著作很多，而且学问博大思精，罗家伦在此强调怀特海对西方哲学的批评，至今仍然非常值得重视。

首先就是思想方面的"简单定位"（Simple Location）。

罗家伦指出："由于这种错误，遂陷入于将自然强分为'两部分的错误'。唯心唯物以及心物二元论的分立门户,也就是由此而来。"①

我们看"文革"时,整个中国大陆的哲学界,均笼罩在"唯心与唯物"的论战,整部中国哲学史,也经常被简化成为"唯心唯物两条路线的斗争";影响所及,很多哲学教授被迫扭曲人格,哀鸿遍野,形成民族的浩劫,正是因为这种"简单定位法"的毛病!

这种简单的定位法,用通俗的话说,就是任意将人"贴标签",任意给人"扣帽子","文革"时任意加罪名(如"走资派"等)这是这种手法,其伤害既深且广,血泪淋淋的教训,令人真是触目惊心。

然而,至今在台湾,仍然有台独人士滥用这种"简单定位法"乱扣帽子,动辄把人分成"卖台"/"爱台","台湾人"/"中国人","本土政权"/"外来政权",仿佛只有"台湾人"才会爱台,而"中国人"必定卖台。

这种简单的定位法,也必定造成"恶性二分法"(vicious bifurcation),并将台湾族群,撕裂成"本省"/"外省"之分,把中华民族分裂成"台湾"/"中国"之分,如此就会制造"台湾中国,一边一国"的谬论,如果任由这种错误蔓延,将如同癌症扩散一般,成为悲剧,一发不可收拾。

所以,真正通达的人生观,必定能用圆融的精神,设身处地,为人着想,并且将心比心,深具同情心,绝不囿于"简单定位"的偏见,更不陷入恶性二分法的偏见。

唯有如此,才能做到庄子所说"唯达者知道通为一",有此通达慧见,才能识大体、明大义。

这也正是罗家伦在此所说,"宇宙是整个的,是不能割断的",人生与民族生命,同样是整个的,是不能割断的。如果"强把它分为孤立无依的个体",这种隔离分裂情形,正是怀特海所说"错置具体性的谬误"②(The Fallacy of misplaced concreteness)。

另外,罗家伦指出,他所主张的"意志论",既超越叔本华,也超越康德③,而有后列重要特色。

---

① 罗家伦:《新人生观》,第 101 页。
② 同上。
③ 同上书,第 106 页。

1."生命是创造的活动"(creative activity),而意志就是生命的创造力。

事实上,《易经》中最注重"创造的活动",所以先用"乾元"开始,最后仍殿以"未济",便代表生生不息的创造活动力。

所以,方东美先生把"生生"翻译成"creative creativity",亦即创造性的创造力,非常高明与传神。

罗家伦在此处,同时引用法国大哲学家博格森(Bergson)所说的"生力"(Elan vital),以及怀特海所说的"具体实现原理"(Principle of Concrescence)①,认为从逻辑推到的结论都是同样,很可看出他能会通中西之处。

他并强调,博格森是以近代生物科学为出发点,怀特海则以近代数理科学为出发点,但最后结论都很接通。

另如中国《易经》,看似古老,但从生命哲学出发,也就是以生命为中心的形上学出发,其结论也是相通的。这正如《易经》所说"殊途同归,百虑一致",令人深感东西方会通处,才是人类文化的最高境界!

罗家伦称此为"生命的意志",甚至认为"这就是我所了解的上帝。"因为,"上帝就是不断创造的生命。上帝与生命是合一的"。②

如果我们将中国所说的"天",比喻为此处的"上帝",那么《易经》中象征"天"的乾元,代表大生之德,所谓"大哉乾,万物资始,乃统天",正是代表不断创造的生命。这正也是罗家伦所说的"上帝",此中确实寓有深意。

2."意志同时也是生命的机能",而且,意志是生命本身的一部分。它弥漫在生命里,与生命合而为一,并不是超越生命的。

因此,罗家伦强调,这种主张,决不至于陷入唯心论、唯物论或是心物两元论的覆辙。他并比喻:"生命是刀,意志便是刀锋。没有刀就没有刀锋,但有刀无锋,这刀也就失了刃性。"③

事实上,这种主张,可称为"生命的机体论"(vital organism),也可称为"机体的生命论"(organic vitalism),并非机械论(mechanism),所以能够

---

① 罗家伦:《新人生观》,第106页。
② 同上书,第107页。
③ 同上。

超越机械论(mechanism),也不致陷入任何偏见的唯心或唯物论。

罗家伦也指出:"没有意志的生命,是钝的,无生力的,也就是黯淡的生命。"①

具体而论,就是"过这种生命的人,正可称为行尸走肉"。

因此,根据罗家伦的看法,任何人生,都应有奋发的意志,向上的意志,高尚的意志,然后全力迈向人生目标,贯彻这种生命意志,唯有如此,雄健勇敢,才是真正有意志的新人生观!

从民族的生命来说,新人生观代表要以振兴民族,作为人生的意志方向,能够如此方向明确,才能发挥真正生命力,完成振兴中华大业。

3. "意志是选择的主动者"。

罗家伦在此,引述怀特海所说,在宇宙系统里,有"选择的程序"(Selective process),强调透过这种程序,才能肯定生命实在的本体,这是他的名著《程序与实在》(Process and Reality)的重要精义。

其实,西方早在柏拉图就已指出,哲学就是"择学",是"择善"之学,也是"善择"之学。

在"择善"过程中,人生价值才能够获得提升。

这也正是孟子所说,"生,我所欲也,义,我所欲也",碰到民族存亡之际,人生的小我,需要以大我为优先,所以才有"舍生取义"的重要选择。

在这自由意志的选择过程中,才能展现大勇,也能实践大仁与大智,就是生命的完成。

所以,西方名人史坦利(Stanley)曾经明确指出:"宿命论是那些缺乏意志力的弱者的借口。"(Fatalism is an excuse of the weak-willed.)②在此很能相通。

例如文天祥在"变节做宰相"与"牺牲存正气"中,一再拒绝元朝招降,宁可杀身成仁,舍生取义,在历史上留正气,便是明显展现意志力的例证。虽然当时的大环境,已经无法挽救南宋命运,但他仍然用操之在己的意志力,为天地正气做了最好的见证。

如果文天祥当时屈服于命运之下,认为大势所趋,个人已无能为力,

---

① 罗家伦:《新人生观》,第107页。
② 《世界上最震撼心灵的话》,第27页。

变成只求个人荣华富贵,逢迎一时权贵,就会在历史上永享骂名。抗战中的汪精卫汉奸,就是明显例证。

所以,罗家伦也比喻,一个知道战争军事秘密的人,如果被敌人捉走了,敌人自然要以酷刑或是处死,逼迫他说出来。他不说就不免于一死,但说出来就成汉奸。所以,怎么办?怎么选择?这个选择过程,就成为他生命本质的展现。

如果他能选择牺牲小我,保全大我,就是完成人的生命价值,此即所谓杀身成仁。但若他偷生怕死,这个所偷之生,出卖了大我的生命,本身此后也成为行尸走肉了。

此中关键就在生命的意志力。

所以罗家伦说:"在这死与汉奸的关头,意志坚定的人是情愿死而不肯说出来的。"[①]

他并再次比喻,伯夷叔齐决定"义不食周粟",经由生命的自由意志,情愿选择饿死,成为"圣之清者"。但也有近代的遗老,以伯夷叔齐为师,然一经袁世凯召唤为官,便一齐"都出山了"。这种晚节不保的情形,也是经其自由选择,却让生命本质不幸沉沦。

罗家伦指出,由此可证,"选择的自由,实在是道德的责任之所系",因而他特别引述博格森的结论:"选择就是创造"。

例如,很多年少轻狂的人,到后来仍选择洗心革面,当然就是创造了成功的新希望。

反之,很多人士少年充满理想,但有权力便选择了贪污,便也是创造了生命的失败;部分青年学生领袖,后来从政后变贪污,"昔日之芳草",竟成后来"萧艾",便是明显的例证。

4. 意志是人格的连续性。

罗家伦特别说,人格是一贯的,人格不允许"朝秦暮楚"[②]。他并举例,三国时的王粲,"是一个最无人格,意志最薄弱的无聊之人"。所以,先依刘表,再依曹操,"中国文人以这种人自比,真是文学思想上的一种耻

---

① 罗家伦:《新人生观》,第109页。
② 同上书,第110页。

辱,也是人生观上的一种病态。"①

由此可证,罗家伦论人生,不仅是非分明,而且要求人格一贯,一路走来,始终如一。这种一致的人格,才是思想的一致,不会形成人格分裂,也不会沦为"双面人"。

他以怀特海为例,强调"人格是一种有统一性的活动(unified activity)"。所以,意志是有"综合性的"、连续性的、一贯性的。

接着,他再以中华民族坚持抗战到底,作为例证,说明"两国在开战以前,所计较的是利害的轻重;开战以后,所比量的是意志的强弱"。因此他指出,中国在长期抗战中,"多少意志薄弱的人,心理在中途发生摇动";但中华民族神圣抗战的意志,始终屹然不动,所以终能在极端的困难之下,最后为国家民族打出一条生路!

这种精神意志,在历史评价上,特别值得重视与肯定。

这也正是罗家伦所说,中国这次战争,从后代历史家的眼光来看,至少国格是因此确切树立起来了,"即此一点,也足为我们的民族自豪"!

罗家伦在最后很中肯地强调:"人生不是傀儡,没有命运在后面提线,所以我们不向命运之神拜倒。"

另外,"人生不是机器的轮齿,不由分说的随着机器的巨轮旋转,所以我们不向机器之神拜倒。"

然后他进一步强调:"宇宙和人生都不是一部预先七重封固的天书,乃是要我们一页一页用自己的生命去写成的宝典。"

他并再做比喻:"我们做人,不是在预先排定了的一幕戏剧里,去凑一个角色,我们是由自己用尽心血,去把自己所演出的部分,在剧本中写出。"

达尔文曾经有句名言:"幸运喜欢照顾勇敢的人。"(Fortune favors the brave.)②在此很能相通。

然而,根据达尔文的"物竞天择"原则,弱肉强食成为丛林法则,强大者会欺凌弱小者,这是动物界血淋淋的原则,在人类也常见到这种现象。

中华民族在抗战之前,被日本人看成快衰亡的弱者,因此想用动物界

---

① 罗家伦:《新人生观》,第110页。
② 《世界上最震撼心灵的话》,第27页。

的丛林法则，硬生生的吞食中国。

如果中国惨被日本侵略得逞，中华民族将沦入万劫不复的悲惨情境！

幸亏中华民族"欲强则强"，在生死存亡的重大关头，全民都振作精神，团结起来，浴血抗战，终于咬牙励志，打败了侵略者，展现了惊天动地的民族精神，也捍卫了顶天立地的民族正气！

事实证明，在这神圣而伟大的民族抗战中，罗家伦的《新人生观》，犹如黎明前的号角，惊醒了很多昏昏沉睡的民众，更振奋了很多热血沸腾的爱国志士！

所以，他一贯强调，中华民族要能"强而不暴"，不能甘心只做弱者，任人宰割；他又呼吁国人要能"尽其在我"，命运才能操之在己，"用尽心血"。这就形成了抗战胜利的重要哲学基础。

这种雄健进取的新人生哲学，既拯救了很多郁闷悲愤的心灵，更拯救了中华民族的国魂，真正堪称历史上永垂不朽的雄壮史诗，深深值得今后在新时代，继续发扬光大，并且广泛推行！

第七章　培养智慧

一、培 养 智 慧

"哲学"(Philosophy)的根本定义,来自希腊文的"爱好—智慧"(Philo-sophia),因此,若要培养智慧,首先应该有哲学的素养。

因为,一个人如果没有哲学素养,那学问顶多只成知识的累积,却缺乏智慧,形成杜威所说"有知的无知人"(the learned ignorant)。

罗家伦在此引西洋说法,称之为"有学问的笨伯",在中国则可称为"两脚书橱"或"冬烘先生"①,均极有警惕性。

老子曾经提醒世人"为学日益,为道日损";做学问,当然要有累积的功夫,但修道(或称哲学智慧),却要有空灵反省的功夫。

庄子更进一步提醒世人(尤其知识分子),不能只做"一曲之士",见小不见大,见树不见林。

所以,他曾经很生动地比喻:"井蛙不可语于海者,拘于虚(空)也;夏虫不可语于冰者,拘于时也;曲士不可语于道者,束于教也。"

换句话说,井底之蛙无法了解大海的壮阔,因为受限于空间;夏天的萤火虫无法了解冬天的风光,因为受限于时间;"一曲之士"无法了解大道,则因为受束于偏狭的教育。

---

① 罗家伦:《新人生观》,1942 年重庆初版,1998 年台一版,第 156 页。

这些大哲学家,都在呼吁人们,要能有开放的心灵,如同大鹏鸟,扶摇直上九万里,提其神于太虚而俯之,才能放旷慧眼,冥同大道,领悟万物合一而与天地并生。

罗家伦本身就深具慧根,到欧美各大学深造之后,更扩大视野,深化学养,所以在《学问与智慧》一文中,特别引述孔子与培根,足证其很有慧眼与远见。

首先,他指出孔子强调"子绝四":"毋意、毋必、毋固、毋我",证明要有智慧,必先去除臆测、去除武断、去除固执、去除自我中心。直到今天,都很有启发性。

例如,"毋意",就是不要臆测,要有真实明确的证据,不能用臆测做判断基础。另外,"毋必",就是不要武断(dogmatic),因为武断是虚心的反面,往往以不完备的知识作为根据,不够完整严谨。"毋固",则是不要固执偏见(obstinate),拘泥胶着,堕入封闭心态而不自知。"毋我",则是不要自我中心,妄自尊大,只以自我为出发点。

罗家伦强调,这些都是"胸有所蔽",有逻辑上不能允许,在认识论上也不能容;因此,"必须破除以上各蔽,乃能清明在躬,洞烛万象,必须如此,才能培养智慧。为学求知应当如此。就人生修养,也应该如此"。确实非常中肯。

方东美先生也曾特别引述孔子的"子绝四",强调学哲学,一定要胸襟开阔,切忌门户之见,也是同样道理。

事实上,西方早从柏拉图,就曾指出,哲学工作最大的敌人,就是思想偏狭。

由此可见,东西方大哲共同的看法,就是必须思想解放,心胸开朗,才能真正培养哲学的根本定义——"爱好智慧"。

罗家伦又曾引述培根《学问的进展》(The Advancement of Learning),指出:"其中对'讨论思想错误的原因',可说精辟极了。"[1]

培根在书中指出,一般人容易受四种"偶像崇拜"蒙蔽;在佛学称之为"执",荀子称之为"蔽":

---

[1] 罗家伦:《新人生观》,第161页。

第一是"部落的偶像"（Idols of the tribe）。

罗家伦称此为，"先有结论再找材料"，这当然是一种错误，应予纠正。

这种错误思想，也可称为"族群的偏见"，因为偏狭的地域观念，而产生成见，也应及早清除。

第二是"山洞的偶像"（Idols of the cave）。

罗家伦称此为"自我之蔽"，并认为与个人性格相关；因为洞穴的光受到遮蔽，如同一个人带了有色眼镜，所见无法客观。

这种遮蔽也可看成从门缝看人，把人看扁，当然不够全面。

第三是"市场的偶像"（Idols of the market-place）。

罗家伦称此为"语言之蔽"，从人与人接触所来，因为寓意不确实而被误导。这种蒙蔽也可如同市场道听途说，均为传闻之词，不足为凭。

第四是"戏院的偶像"（Idols of theatre）。

罗家伦称此为"学统之蔽"，认为是由于传统信条或对事实错误的证明而来。这种蒙蔽也可代表"传媒的误导"，因为未经查证，以讹传讹，或者以偏概全，不够精准。因此，罗家伦根据孔子与培根的提示，强调训练思想，必须注意到四点，到今天都很有重要性：

第一是去蔽。

他强调："去蔽是训练思想的先决条件"，因为"必须能够去蔽"然后才能透视一切，大彻大悟，达到智慧最高的境界。

简单地说，必须能够拨云，然后才能见日，首先要去除蒙蔽清明的乌云，才能有清明的智慧之光。

第二是分析。

罗家伦强调"笼统"两字，是中国思想上最大的病根，的确非常中肯。事实上，这也正是胡适先生有篇寓言《差不多先生》的警示。因为，如果凡事马马虎虎，认为什么都"差不多"，都很笼统，不能实事求是、追根究底，当然为学不能扎实，做事不能彻底，就不能真正进步。

所以他强调，今后我们一要对事物细加分析，二要对观念详加分析，如此论事穷理，非先弄清楚文字含义，免生争论，先行"刮垢磨光"，才能去除迷雾，保持清楚的头脑与理性。

这正如同胡塞尔(Husserl)所说"现象学"(Phenomenology),先将许多笼统迷糊的现象,存而不论,"放入括号"(Epoche),才能展现光明,所以其学又称"本质哲学",在方法论中很有除蔽显正的作用。

第三是综合。

他强调,没有综合头脑的人,常觉得宇宙间的万事万物,不是各不相关,就是紊乱一团,但在有综合头脑的人看来,则觉得处处关联,头头是道,可以从中找出整齐的头绪,美丽的系统。

事实上,中国哲学早从《易经》开始,就是美丽而又有序的"旁通系统",认为宇宙万事万物,都是环环相扣,物物相关,能够生生不息,头头是道,所以形成井然有序的大有机体,此亦张载《原善》所说,生生而条理,与怀特海所说"机体主义"(Organism)完全相通。

第四是远瞻。

罗家伦指出:"讲艺术要注意远景,讲科学何独不然?"非常发人深省。

事实上,何止艺术、科学要注意远景,讲哲学、讲政治、讲治国,同样需要远瞻。

所以,西方有句名言:"政治家看到的,是下一代的幸福,但是政客只看到下一次选举。"

柏拉图很早就曾指出,只有"哲王"(Philosopher-King),才能让国运充满光明;要不就是哲学家以远瞻智慧治国,要不就是王者深具哲学的远瞻性,否则,国运就会非常晦暗。

罗家伦曾引证蒋百里论点,指出日本经常"见树木而不见森林",因为过于细密,反倒对于大的、普通的却会忘记,以至于忘记了"英国人对印度的统治,在大家没有注意的时代,用三百年的功夫才能完成,而日本人却想在列强之下,三十年内要成功"。

另外,罗家伦也强调,日本人对中国人物的个别研究,看似也有心得,但却"忘记了中国地理的统一性,与文字的普遍性",妄想用武力来改变五千年历史的力量,所以终必会失败的。

罗家伦并且指出,他写这段,"不但是给日本人一顿严厉的教训,也有可供我们深思之处"。他进一步强调,"我们所理想的科学家与思想家,不应钻在牛角心里,而应站在瞭望台上",至今仍然非常值得重视。

事实上,这正如同孔子所说,"登泰山而小天下",庄子也强调,要如大鹏鸟般振臂高飞,从精神高空俯望地面,才能具有高瞻远瞩,并且看出正确方向,领导人民勇往直前。

所以,罗家伦提醒国人,哲学对于宇宙和人生,是要看整个的,不是看局部的,对于历史,是要看整体的,不是看片段的。[1]

换句话说,真正的哲学家,要能有高明的"慧眼",从高处看、从大处看、从远处看,才能看到本质、看到根源、看到光明出路;千万不能只用肉眼,只看眼前、只看现象、只看表面,那就容易误入歧途。

罗家伦并举例,穷兵黩武的野心家,或许可以造成无数"战场"的胜利,但最后得到的,必是整个"战局"的失败![2]

日本军国主义正是如此,看似在中国战场上赢得很多"战役"(Battle)的胜利,但若从高处看、从大处看、从远处看,便知侵略必败,所以仍然会在整体"战争"(War)失败。

这就是智慧的重要性。在充满迷雾的时代,要能用"慧眼",才能看穿迷雾、看破迷阵、看穿迷局;要能从高处看、从大处看、从深处看,才能为迷惘的人生,指引光明方向,为低迷的士气,提振全体人心,更为人间的正义,早日催生光临!

这就是为什么我们要学习哲学,因为唯有透过哲学慧眼,才能提升智慧、厚植眼力、才能从长远处为振兴中华,突破困局,做出重大贡献!

二、文化的修养

罗家伦在本章语重心长地指出:"文化是民族心灵的结晶,文化也是民族精神方面的慈母,要提高民族道德,非提高民族文化不可。"[3]

由此更可看出,罗家伦心中念兹在兹的,都以整体民族生命为己任,并以民族复兴为使命。足证他深具浓郁的民族文化意识。

---

[1] 罗家伦:《新人生观》,第 161 页。
[2] 同上书,第 165 页。
[3] 同上书,第 169 页。

他根据德国的文化哲学家的观点,区分"文化"与"文明"的不同。大体而言,"文明"偏重物质的,外界的;而"文化"是精神的,内心的。①

因此,当我们说"中华文明"时,比较倾向文物古迹,亦即中华民族的物质成就。但当我们说"中华文化"时,便涵盖文、史、哲、艺术等精神世界的珍贵遗产。

另外,根据俄国文化哲学家索罗金(Sorokin)对文化研究,他曾经进一步的分析,认为"文化"具有三种层次:第一是"物质器用"的层次;第二是"典章制度"的层次;第三是"思想精神"的层次。

所以当我们说"中华文化"时,诸如中国餐饮、中国衣饰、中国故宫国宝、中国宫殿建筑、中国园林设计、中国传统医学、中国历代发明等等,均属物质器用的第一层次。

另外,当我们说中国的监察制度(御史)、考试制度(科举),乃至于周代制礼作乐、唐清大律、家庭制度、宗法制度等等,则属典章制度的第二层次。

然后,当我们说到中国哲学、文学、史学、音乐、绘画、艺术、宗教等等,包括儒、道、释、民间信仰,以及《史记》《资治通鉴》、李白、杜甫、王羲之、石涛、苏东坡、王阳明等先圣先贤,均属思想精神遗产的第三层次。

由此清楚可见,论"文化的修养",不能只看表面的,外在的,更要看深入的内涵,才能由此提升精神,充实灵性,建立人格;并且能对于中华优美的文化,从知之、爱之、学之,进而捍卫之、弘扬之、更充实之、提升之!这才是中华儿女人人应有的文化使命!

那么,身为中华儿女,应该如何进行个人文化的修养,才能扩大到整个民族文化的修养?

罗家伦在此分成三项说明②。

第一是文学的修养。

因为"文学不仅是说理的,而且是抒情的;不仅是知识的凝合,而且是愿望的表现;不仅是个性的暴露,而且是悲欢的同感;不仅是通情达意的

---

① 罗家伦:《新人生观》,第 168 页。
② 同上书,第 170 页。

语言,而且是珠圆玉润的美术"。①

换句话说,"文学不仅可做发扬情绪的烈焰,而且可做洗涤心灵的净水"。

他引述孔子所说,"诗可以兴、可以观、可以怨",然后强调孔子所说"依于仁,游于艺"的"游"字最妙。因为唯有把自己心灵深入文艺作品,如鱼在水中游,优哉游哉,才能真有领悟。

所以,他根据青年的需要,特别指出:"现在青年日日处于甚嚣尘上,若能得到一点文学的修养,一定可以清除烦闷。"

另外,学社会科学的人以及自然应用科学的人,也"均应以文学培养心灵",否则"天天弄计算,弄构造,而无优美文学作精神上的调剂,必至情感干枯,脑筋迟钝,性情暴躁而不自觉"。

因此,他特别提醒青年们:"文学的甘泉,很能为你的心灵培养新的萌芽。"

近代大科学家达尔文,在晚年就曾感概,如果他能再活一次,一定要花些时间,多阅读一些诗词,多欣赏一些文学、音乐、戏剧。他这种沉痛的反省极为珍贵,深值大众重视。

第二是音乐的修养。

罗家伦强调:"音乐不仅是娱耳的,音乐是心里发出来的一种特殊语言,有节奏有旋律的语言,和谐而美丽的语言。"

他并感慨,中国从前礼乐并称,可惜后来礼乐分家,"本来是活泼的,有节奏的动作规律,后来变为死板无生命的赞礼单子"。

然后他更叹息,原来中国文学与音乐也是合在一起,所以尚古之人,可以抚琴而歌,但到南宋以后,诗词与音乐分家,"实在是文学上一大损失,也是民族的文化修养上一大损失",甚至"文学的流行不普遍,正在于此"。

他并举德国大文学家歌德为例,德国人之中,有几个读过歌德全集或重要的作品?但歌德的诗,山边海曲,田舍渔庄里都有人唱,"正是因为谱成音乐的缘故"。

---

① 罗家伦:《新人生观》,第170页。

不过他也指出:"抗战以来,国人的音乐兴趣转浓,从事音乐的人也转多,是一件可欣慰的现象。"

这是因为,民族苦难唤醒了大家对音乐的需求,既可用音乐消除苦闷,也可以用音乐发出悲愤,更可以用音乐振奋国魂。所以罗家伦对此特别感受良多。

即使今天,当人们听到抗战名歌如《中国一定强》、《旗正飘飘》、《义勇军进行曲》等,仍然热血沸腾,精神振奋,便是重要例证。

在台湾,当我们听到《梅花进行曲》、《我是中国人》、《龙的传人》、《古月照今尘》等充满民族精神的歌曲,同样也会精神抖擞,人心振作,都是同样道理。

事实上,罗家伦生前自己创作过很多歌词,都很脍炙人口,朗朗上口,很可证明他能以身作则的实践精神。

所以,他曾提到"我希望将来音乐的节奏与和谐,达到民族精神和行动上的节奏与和谐"①,的确很有远见,深深值得重视。

例如,法国革命时的《马赛进行曲》,美国《星条旗》等,都唱出了民族精神与人民心声,后来作为国歌,每次聆听,都很令人精神振奋,即是明显例证。

展望今后,中华民族对于这种音乐人才,的确要能多多培养,长期培植,才能真正提振民族国魂!

第三是绘画艺术的修养。

罗家伦对中国艺术欣赏的水平很高,他曾经中肯的指出,中国雕塑虽然和音乐一样,在中国不发达,但是国画却达到非常高的成就。究其原因,"正是因为中国画与中国文学不曾分家"。

事实上,中国的雕塑,从早期周朝铜器上的动物造型,到佛教艺术的敦煌、石岗等各种雕刻,都充分表现了生命之美与生动气韵;尤其中国的画,更一贯在表达盎然生意与粲然生机,很值得大家深入了解与欣赏。

所以罗家伦在此说得很中肯:"画家的修养与文学家的修养大致相同,中国的画家,也大多是文学家。"②

---

① 罗家伦:《新人生观》,第 173 页。
② 同上。

尤其"中国向不重视匠画",总以传神为上,"不只是表现自然,而且表现心灵,不仅表现现实,而且表现意境"。

因此,中国国画"不但要有精妙的技巧,而且要有高尚的修养",此即所谓,"人品不高,落笔无法"。

例如书法一道,正如唐太宗所说"字如其人",所以很能看出人品风格。如果没有凛然人格,就不会有浩然正气的书法。

由此可见,艺术欣赏在此,具有很大的心灵提升功能。

罗家伦本身对画的欣赏,非常精辟独到;像他所评论古代石涛、近代齐白石作品,都可看出他的慧心,深具高明灵性与高雅才情。这种艺术修养,本身就深值我们重视与效法。

尤其是台湾六十多年来,艺术教育并不发达,各个综合性重点大学,几乎全无艺术学院,所以方东美先生曾对此痛心感慨:"台湾没有大学!"

在方先生心目中,一个完整大学,必须有完整的艺术学院,才能培养艺术人才,并能推广艺术欣赏,进而净化社会人心。举凡美术、音乐、戏剧均应涵盖在内,才能从艺术教育中,提升民族灵魂,振作民族精神。

虽然,台湾师范院校也有艺术科系,但那是为中小学师资所设,并不是以振作民族灵魂为使命。方先生这种重视民族文化教育的理念,与罗家伦很接近,所以二人生前堪称莫逆之交,今后在两岸均应特别重视与力行。

例如,方师曾经特以英文撰写《中国人生哲学》(The Chinese View of Life),笔者因为深深体认其中含有丰富智慧,所以特别译成中文。方师在该书中就强调"中国艺术的通性,乃在表现盎然生意"。他进一步指出:"中国的艺术精神贵在勾深致远,气韵生动,尤贵透过神奇创意,而表现出一个光辉灿烂的雄伟新世界。这个世界绝不是一个干枯的世界,而是一个万物含生、浩荡不竭,全体神光焕发、耀露不已,形成交光相网、流衍互润的一个'大生机'世界。所以,俱可洗涤一切污浊,提升一切低俗,促使一切个体生命深契宇宙大化生命而浩然同流,共体至美,这实为人类哲学与诗境中最高的上胜义!"①

---

① 方东美:《中国人生哲学》,台北 1980 年黎明公司初版,第 224 页。

然后，他再指出："中国人是有史以来所有民族中，最能生活在盎然机趣之中的，所以最能放旷慧眼，流眄万物，而与大化流衍融洽合一。又因我们深悟广大和谐之道，所以绝不以恶性二分法来看自然；我们与自然一向是水乳交融，毫无仇隙。所以精神才能自然饱满，既无沾滞，更无牵拘，如此以盎然生机点化一切，自感内心充实欢畅无比，所谓超以象化、得其环中，自能冥同万物，以爱悦之情，玄览一切。"①

方先生举例，强调中国的艺术家，尤其画家，最注重勾深致远，直透内在的生命精神，发为外在的生命气象。因为他们能够透过慧心，而将生命悠然契合大化生命，所以才能深悟大化生命的雄奇，经过内心深处的孕育与构思，终能浩荡宣畅，了无遗蕴。②

他引述王维所说，画道之中，水墨最为上，因其肇自然之性，而达造化之功。另在董源看来，艺术的表现必需上比天工，以宣泄神力，并且下触心灵，以激发神趣，此所谓"外师造化，中得心源"。到了李白更说"揽彼造化力，持为我神通"，都是明显的例证。③

另外，有关中国山水画的欣赏，方先生曾指出，五代国画四大家——荆浩、董源、关同、巨然的精彩处，可说每一幅画都是开天辟地。④

他进一步说明：如荆浩所写的《匡庐图》，可以说把整个山脉贯注到大化生命中去，使每一座山峰，每一块石头，每一株树木，都与宇宙大化不可言喻、广大的创造力流贯在一起。

另外，再如关同的《关山行旅》，蹊径曲折蜿蜒，山峰秀色扑人，峰回路转，似乎感觉到一股生命力，融汇贯注于其周遭而回旋。再如董源的《龙宿郊民图》，巨然的《秋山问道图》，无不是元气淋漓而功参造化。

换句话说，五代伟大画家，把握整个乾坤的创造力，把死的物质世界注入了活的生命，而表现无穷的气魄、无穷的韵律、无穷的曲折与无穷的意境！⑤

方先生并指出，另如五代的名诗人，以其至情至性，化诗为词，以写象

---

① 方东美：《中国人生哲学》，台北1980年黎明公司初版，第229页。
② 同上书，第227页。
③ 同上。
④ 方东美：《新儒家十八讲》，台北1983年黎明公司初版，第67页。
⑤ 同上书，第68页。

其内心最凄清婉约的意韵,也都非常感人。①

他举例说明:"比如冯延巳的词,其忠爱缠绵,可与《诗》之三百篇比美,他想象宇宙的雍容和谐,自然肃穆,在深古凄静的意境之中,又跃动着无限活泼的生命创造力,却又表现得如此和平安详,成为一个安静和谐的世界。"②"再如韦庄,其传意写情,凄婉悱恻,乱世忠荩,可追离骚,然而沉郁中又不失朗爽之致,幽怨中充溢着忠爱之情。"

他也指出,"这样所开拓的文学新境界,一直发展到宋代,比如范仲淹、欧阳修、晏殊、晏几道、张先、苏东坡、秦少游;一直到南北宋之交的辛弃疾、陆放翁,可以说每一个人的词,其艺术价值不下于荆、关、巨、李、范、高、马等造型艺术的大画家。"③

另外,方先生讲到雕刻艺术,也曾指出,中华文化自古以来,对生命特别的尊重,从雕刻艺术也可看出:"像仰韶文化中,白陶上的血红线条,夹于平行线中,即所以象征生命的畅然流行与盎然创意。又如殷墟出土的骨器玉器,其上线条美也在表现同气化运、频率相等、周始无穷的生命流行。从殷商周代以降到汉代,举凡青铜、陶器、雕刻、翠玉等雕纹,都可看出相同意义,如常见的云雷纹中,常夹杂龙、凤、蚕、蛹、蝉等物,英哲施寇克(Silcock)即谓此代表宇宙的繁殖力。"④"另外如饕餮的雕形,因一方面其脉络如龙纹,另一方面其形如虎,都是象征雄伟无尽的生命威力,所以饕餮之形,也在表现生命活动与繁殖力。"⑤

凡此种种,从方东美先生所论述的民族艺术精神,看罗家伦所提倡的雄健进取精神,堪称完全相通!

罗家伦本身的艺评,同样非常高明深刻,充满慧心,很能欣赏中国各代艺术品中,所表现的民族生命精神。

例如,他对石涛的评论,《伟大艺术天才石涛》一文,本身境界就很隽永,充满文采;不但能够同时体悟石涛的清婉朴拙,并且很能深入看到石涛背后,浑然一气的宇宙观,以及晶莹雄奇的艺术哲学,更能看出他对中

---

① 方东美:《新儒家十八讲》,台北1983年黎明公司初版,第68页。
② 同上。
③ 同上。
④ 方东美:《中国人生哲学》,台北1980年黎明公司初版,第223页。
⑤ 同上。

国艺术欣赏的深厚造诣。

然而,凡此种种中国艺术的重要精神特色,对多数国人来说,却如同文盲一般,无法欣赏,以致无法从心中产生民族荣誉心,进而立志捍卫与弘扬民族文化,真是令人可痛可叹的情形!

罗家伦对此也同样指出,中国文化,有一个"绝大的危机",深值两岸共同警惕,那就是,"对高尚的中国文化,渐渐的少人了解,而优美的西洋文化,同时又不能吸收"。①

就在这种青黄不接的情形之下,文化建设与心灵建设,发展相当迟缓,甚至相当干枯,两岸均有这项问题。

以台湾为例,虽然在文化产业上,比较活泼而有创意,但对中国高尚文化了解的人,同样越来越少;大陆的经济硬件建设,固然欣欣向荣,蒸蒸日上,但对中华文化艺术与西洋优美文化具有欣赏素养的人,仍然非常有限,今后均待大力加强。

因为这种精神文明与心灵建设,如果与物质文明不能并重,社会风气首当其冲,人心就会沉沦,不但会倾向笑贫不笑娼,更会充斥贪腐之风与暴戾之气,破坏和谐社会,深深值得两岸警惕与重视!

罗家伦在此比喻很重要:"我们不能不接受机械文明,我们更不能抹杀工业社会,只是我们的灵魂也要文化的慈母,去抚摸他,安慰他。我们可以使物质供我们享用,我们的性灵却都不可以像机械一般的轮转!至于粗俗、鄙陋、撒野的恶影响,我们更应当涤荡无遗!"②

因此,他的建议非常值得力行:"我们要倡导强者哲学和主人道德的话,更应当辅之以文化的修养。我们不要忘记,在夹谷会场里剑佩锵锵的圣人,同时也是温柔俭让的君子!"③

他在此所说的圣人孔子,能够文武双全,刚柔并济,正是在《新民族观》中所提倡的民族代表人物,因为能够以民族正气为内心主宰,并且深具民族精神,所以能为民族尊严做出重大的贡献!

凡此种种对民族的贡献,都需要有充分的民族文化素养,才能推动,

---

① 《罗家伦先生文存》第十册,第 24 页。
② 罗家伦:《新人生观》,第 176 页。
③ 同上。

所以今后深深值得两岸共同重视及力行,才能真正以此作为精神动力,共同振兴中华胜利成功!

三、为信仰献热忱

罗家伦在《新人生观》最后一章,特别论述"信仰、理想、热忱",非常发人深省。

他首先就指出,我们是生长在一个奇怪的时代。他说:"我们生在怎样一个奇怪的世界!一面有伟大的进步,一面是无情的摧毁;一面是精致的知识,一面作残暴的行动;一面听道德的名词,一面看欺诈的事实;一面是光明的大道,一面是黑暗的深渊。"①

这正如同英国文豪狄更斯,在《双城记》中所说:"这是一个光明的时代,这是一个黑暗的时代。"

只不过罗家伦的论述,对于客观的世界,描绘得更为真切生动,比起狄更斯从主观心灵的认定,分析得更为深入精辟。

他所讲"伟大的进步",是讲科学的进步,尤其军火武器的进步,但却不幸更助长"无情的摧毁";他所讲"精致的知识",主要在指物理学如爱因斯坦的相对论,但不幸的是,他却因纳粹的暴行被迫迁往美国;他所说"一面听道德的名词",正如同日本军国主义者满口"东亚共荣圈","驱逐白人帝国主义",结果却是由他们日本帝国主义取代,共荣只成"共毁"!

这就难怪,看似光明的大道,却成黑暗的深渊;看似壮怀的理想,却成蛊毒的幻想!

例如,世界二战期间,希特勒的国家社会主义,墨索里尼所许的远景,东条英机高标的理想,哪一个不是看似美丽,其实暗藏祸心呢?

当时,无数追求纳粹理想与军国主义的青年,正如同飞蛾扑火,表面看似光明,其实都是奔向黑暗的毁灭。

因此,第二次世界大战给人们最大的警示,就是对信仰与理想的热诚,必须来自理性,来自人性,绝对不能违背理性,更不能违反人性!

---

① 罗家伦:《新人生观》,第177页。

当然，从另一方面看，如果人生没有信仰、没有理想，就会丧失热情，心灵就会迷惘、惶惑、空虚，反而会被邪说魔道乘虚而入，蛊惑人心。

这种情形，正如罗家伦所说："人生丧失了信心，是最痛苦而最危险的事。"①

印度诗哲泰戈尔（Tagore），也曾特别地强调："信念是黎明前的黑暗时，感到光明的鸟。"②（Faith is the bird that feels the light when the dawn is still dark.）

中国开始神圣抗战时，部分人都觉得漫漫长夜，不知何时才能见到光明；然而愈在此时，愈要坚定地有信心——坚决相信"侵略必败"、"抗战必胜"！

后来事实证明，抗战环境虽然艰苦，但因全民能有这种信心，所以终能孤军奋战，苦撑待变，多年之后，终能得到最后胜利！

这也正是西方名人麦斯特雷所说名言："通往成功的伟大秘密，就是知道如何等待。"③（To know how to wait is the great secret of success.）

从抗战胜利的经验，充分证明，在黑暗时期的等待，必须更加坚忍不拔，必须咬紧牙根、坚定信心并且站稳脚跟，决心奋战到底，才能到达最后的光明！

由此充分可知，"信心"是苦撑待变中，最主要的生命动能，也是漫漫黑夜中，最主要的光明来源。

所以，美国总统杰斐逊很早就曾强调："如果不相信，信仰就不算是信仰。"④（Faith is not faith without believing.）

正因中国广大军民，深深相信正义必胜、"中国不会亡"、"中国一定强"，所以终能激发惊人的民族力量，打赢民族的圣战！

这也正是西方名人哈伯德（E. Hubbard）所说名言："信念是成功的第一要素。"（Faith is the first requisite in success.）⑤

所以，西方名人伍德贝利（G. Woodberry）也有句名言，非常中肯："被

---

① 罗家伦:《新人生观》,第 178 页。
② 《世界上最震撼心灵的话》,第 131 页。
③ 同上。
④ 同上。
⑤ 罗家伦:《新人生观》,第 131 页。

击倒并非最糟糕的失败;放弃尝试才是真正的失败。"①(Defeat is not the worst of failue. Not to have tried is the true faiture.)

中华民族在神圣抗战中,很多零星战役都曾失败,包括东北沦陷、北平沦陷、上海沦陷,甚至南京沦陷,并发生大屠杀惨剧;但英勇的中国军民,从未放弃抗战,虽然武器训练比起长期准备的日军,明显不足,但仍以高昂的精神毅力,悲壮的民族意志,前仆后继,屡败屡战,终于在整体"战争"中得胜!

换句话说,在民族抗战中,虽然零星个别的"战役"(battles)曾经失败,但整体的"战争"终能胜利!充分证明,最后的成功才是最大的成功!

所以,林肯总统很早就曾明确强调:"要随时牢记在心,决心取得成功,比任何一件事情都重要。"②(Always bear in mind that your own resolution to succeed is more important than any one thing.)

这种精神,正如同英国在 1940 年敦刻尔克(Dunkirk)战役失败受挫后,丘吉尔向国会强调的奋战精神。

他当时就强调,信心与决心的重要性:"我们要坚持作战……,我们要在各个海洋上作战,我们的空军将愈战愈勇,愈战愈有信心,我们将不惜一切牺牲,保卫我国本土!"

然后,他加强语气指出:"我们要在滩头作战,在登陆地作战,在田野、在山上、在街巷作战。我们永不投降!"③(We shall fight on the beaches, we shall fight on the landing grounds, we shall fight in the fields and in the streets, we shall fight in the hills; we shall never surrender!)

中华民族神圣抗战,同样面临了类似的艰苦困境,但英勇的全国军民,用血肉之躯与钢铁意志,在空中抗战、在水上抗战、在地面抗战、在碉堡抗战、在街头巷战,就是这种无可动摇的民族精神与民族意志,终于赢得中国有史以来最大反侵略的圣战胜利!

这也正如同法国戴高乐总统,在 1940 年 6 月 18 日,于伦敦向沦陷中

---

① 《世界上最震撼心灵的话》,第 53 页。
② 同上书,第 32 页。
③ 《名人演讲一百篇》,第 427 页。

的法国人民昂然所说:"谁说败局已定?"(Has the last word been said?)①

他在法国最为黑暗的时局中,仍然充满信心的号召人民:"请相信我的话,因为我对自己说的话完全有把握!"

然后,他进一步指出:"我要告诉你们,法兰西并未落败,总有一天,我们会用目前战胜我们的同样手段,使自己转败为胜。"②(I tell you that nothing is hose for France, the very same means that conquered us can be used to give us one day the victory.)

为什么他有这种信心呢?

最重要的是"德不孤,必有邻",法国并非孤军作战。

所以他说:"因为法国并非孤军作战,她并不孤立!绝不孤立!"(For France is not alone, She is not alone! She is not alone!)

这也正如中国神圣抗战,前半时期虽然艰苦的孤军奋战,但到中期之后,因为中国军民英勇表现,赢得英美法等国的共鸣与同情,终于能得到最后胜利!

所以,戴高乐的坚定誓言,也正是中国全民抗战的同样决心。

他说:"无论出现什么情况,我们都不容许法兰西抗战的烽火被扑灭,法兰西抗战烽火也永不会被扑灭!"③(Whatever may come, the flame of French resistance must never be extinguished, and it will not be extinguished.)

同样情形,中华民国抗战的烽火,永远热炙,永远没有被扑灭,所以终能取得最后胜利。

法国在二战后,为了纪念戴高乐对法国的贡献,所以特别以其名字作为巴黎机场名字,充分证明只要有信心、有决心、有恒心,必能领导胜战成功,也必能得到人民与历史的肯定。

另外,美国杜鲁门总统在 1945 年日本投降时候,也曾特别发表广播演说,明确指出:"日本军阀犯下的罪行,无法弥补,也无法忘却。但是他

---

① 《名人演讲一百篇》,第469页。
② 同上。
③ 同上书,第470页。

们的破坏和屠杀力量已经被剥夺了！"①

然后他再指出："这次胜利不仅是军事上的胜利,这是自由对暴政的胜利！"②

紧接着,他强调："作为这一切的后盾,是一个自由民族的意志,精神与决心。这个民族知道自由意味着什么,他们知道为了保持自由,值得付出任何代价。③ 正是这种自由精神给予我们武装力量,使士兵在战场上战无不胜。"④

虽然,杜鲁门在此处所指的是美国民族,说到的抗战,也只是美国参加的四年,但对中华民族而言,从"九一八事变"开始,整整抗战共十四年！除了后面四年有美国等盟军共同作战,但在前面十年,都是孤军奋战,用血肉做长城的浴血抗战,中华民族在此圣战之中,更表现了任何其他民族无法比拟的信心与坚强！

然而,我们不能自满,因为我们仍有很多缺点。罗家伦曾引述罗素的名言,强调罗素虽然"很爱中国,为我们说了很多好话",但是他在论中国人性格的时候,也曾提醒大家,"我们是一个'容易起哄的(excitable)'民族",并且说,"这是一个危险的现象,容易闯大乱子！"⑤

所以罗家伦提醒国人,"这是值得我们反省的诤言"。

罗家伦进一步分析,"我常觉得我们中国人热忱太少"⑥,许多事做不好,正是因为许多人对于他所做的事,太缺乏热忱。"他只觉得他所做的事只是一件应付,而不是一件使命"。⑦ 因此,如何加强文化使命感,是很重要的工作！

孔子困于陈蔡,很多学生都忧虑时,孔子却很沉着,就是因为心中怀有文化使命感,相信上天生他,就是要传承与发扬这文化生命,所以不但毫无恐惧,反而能够充满生命热情,以发扬中华文化为己任。

---

① 《名人演讲一百篇》,第 477 页。
② 同上书,第 479 页。
③ 同上。
④ 同上。
⑤ 罗家伦:《新人生观》,第 183—184 页。
⑥ 同上书,第 182 页。
⑦ 同上。

德国社会学家韦伯(Max Weber)在《新教伦理与资本主义》一书中,特别强调新教徒因为自认受到上帝感召(calling),心中有种使命感,所以能在工作上充满干劲,并且充满热忱,才能形成进步的原动力。

《荒漠甘泉》中曾指出:"神愿意造就一个可用之才,神就把他放在风雨之中,让他经过风雨的考验,世上许多伟人都是如此。"

所以,一个人的人生,一定要有文化使命感,有时代责任感,要有信仰做为奋斗目标,才能有奋斗的动力,才能创造伟大的事业!

有了这种使命感,才能产生理想,进而产生热忱!

另外,罗家伦沉重地指出:"中国人热忱不发达的原因,还有一个,就是普遍所谓'看的太透了'。"讽刺地说,也可以说是"太聪明了"。[①]

方东美先生生前也有类似的说法,认为中国人"太聪明"了。因为太聪明了,反被聪明所误;对很多不公不义的事,只知冷眼旁观,心中缺乏使命感,缺乏改革热忱,只知明哲保身,结果姑息养奸,当然就会妨碍进步。

归根结底,也是缺乏"傻气",缺乏"正气"。

笔者在1978年完成波士顿大学哲学博士后,带着家人准备返台,很多人对我说:"你怎么这么傻?!那么多人想来美国,都来不了,你已经在美国了,家人也都在美国,为什么还要回去?你真是傻!"

当时我想多言无益,只有笑笑回答:"是,我是傻,但今天的时代,就需要这种傻气。"因为这种傻气基于使命感而生,正是拯救时代的最重要的利器!

罗家伦最后引述罗克斯的内容,很有启发意义:"任何一个忠的人,无论他为的是什么主张,总是专一的,积极动作的,放弃私人的意志,约束自己,爱他的主张,信他的主张。"[②]

所以,罗家伦说:"我们国家民族正需要这样忠的人!"[③]这样忠的人,看似傻气,其实是正气,有了这种正气,人心才能振作,民族才能复兴!

今后时代,若有更多的人,能有这种傻气以及正气,心中能有使命感,相信必能克服种种困难,早日完成中兴大业!

---

① 罗家伦:《新人生观》,第184页。
② 同上。
③ 同上。

第八章 终生的爱国者

一、终生充满爱国精神

罗家伦从北大毕业,在1920年,他决定赴美深造,先在名校普林斯顿大学(Princeton University)一年,后到杜威所在的哥伦比亚大学(Columbia University)两年,均以哲学为主,兼及历史、教育、人类学等。

当时,他曾根据所学针对国内"科学与玄学"争论,沉思运笔,完成《科学与玄论》一书,后由商务印书馆在1924年出版,书中强调整合的重要性,指出两者"各有各的机能,各有各的领土,不但不可强分,而且也不可少",可以看出他胸襟恢弘,思想高超,能够旷观大局,绝不陷入偏狭的门户之见。

他这种气魄与慧见,也正如柏拉图所说:"哲学家的灵魂,一直在寻求一切人事和神事的整合,没有什么比思想狭隘的哲学更加危险了。"这种胸襟对哲学工作者至为重要;很多文人相轻,均因门户之见,缺乏这种胸襟而起,至为可惜。

罗家伦在此期间,并与留德的朋友如傅斯年、赵元任、俞大维等,经常通信论学,可见他的用功程度。

1923年,罗家伦因为向往欧洲哲学,所以曾经前往德国、法国、英国,在柏林大学、巴黎大学等,修习哲学和历史哲学,兼及社会学、民族学、人类学;心中所想到的,仍是学成后如何救中国。因为他认为,中国面临的

"是重大的教育问题,是民族根本问题"。他的胸中热血澎湃,所沸腾的,正是无数热血有志青年共同的抱负——拼命充实自己,以便早日回国贡献所学,振兴中华!

在 1920 年,英国大哲罗素,曾经应梁启超之请,到北京访问,从该年的 10 月 12 日到 1922 年 7 月 11 日,成为"五四运动"之后,与杜威同时光临中国,影响知识界很大的两位名人。

罗素访华,五次讲学都在北京大学,然后到北京高师、上海、杭州、南京、长沙、保定做巡回讲演。他曾以哲学家的慧眼,在仔细观察中国国情与需要之后,潜心思考,在 1923 年发表了著名的《中国问题》(The Problems of China)一书,至今仍然深具启发意义。

他在这本书中,明确强调:"中国首先应当注重的,是爱国主义思想。"①

他并且公平的指出,"我在本书中,曾不只一次地提到,中国人在某些方面比我们高出一筹"②,对于鼓励中国恢复民族自信心,很有重大贡献。他公开提醒国人:"应当大力弘扬爱国主义,以保家卫国……我认为爱国主义精神是中国复兴必不可少的。"③

孙中山先生在 1924 年论述《民族主义》之中,就曾特别称赞罗素的慧见眼光:"外国人对于中国的印象,除非在中国住了二三十年的外国人,或者是极大的哲学家,像罗素那样的人,有很好的眼光,一到中国来,便可以看出中国的文化超过欧美,才赞美中国。"

罗素对"振兴中华"的方法,除了提倡爱国主义精神(patriotism),还曾建议"普及教育"、"廉能政治"、"广推实业"、"公共道德"以及"民主精神",至今对于中国问题的解决,仍有很大的启发作用,更可证明他的远见。

凡此种种,均与罗家伦在抗战时,大声呼吁建立"新人生观",以保家卫国、建设中华,精神上可称完全相通。

---

① 沈益洪编:《罗素谈中国》,摘录罗素:《中国问题》(杭州,浙江文艺出版社)(2001 年),第 357 页。
② 同上。
③ 同上。

尤其罗素离华前,特别表达对中国的祝福与心愿:"愿中国有一打伟人的领袖人才,并有一万真正能在学问社会方面作功夫的人才。"

罗素这段感言,强调"中兴必在人才",对罗家伦影响很大。所以他在欧美学成之后,立志要为教育英才而努力,首先担任中国国民党中央党校代理校务会议主席,后来担任清华大学第一任校长,抗战时期再担任中央大学校长,长达十年之久,均可看出他的志业所在,均是为了振兴中华而培育英才。

他在《新人生观》最后结语,强调要敬献给"有肩膀、有脊骨、有心胸、有眼光而热忱的中华儿女,尤其是青年",令人感到一股正气与锐气,从纸上跃然而出,直接贯注到青年内心,足以大力激发青年的英气与朝气,更仿佛是一道透亮的明光,直接照耀有志青年的心灵,化为振兴中华的最主要动力。

这就形成抗战时期,千千万万青年,因为读了这本书而振作精神,投身抗日救国大业,形成民族复兴的重要动力,至今仍然深值青年们领悟与力行!

罗家伦在欧美留学与考察后,于1926年返国,因为深受孙中山先生爱国主义感召,也很向往中山先生建国理想,所以成为中山思想的信徒。

当时,北洋军阀内斗剧烈,政局动荡,所以罗家伦未能到北大任教,他先赴南京的东南大学(即后来的中央大学)历史系任课,1927年,在护送父亲返南昌时,于国民革命军总司令部,偶遇蒋中正总司令,一席长谈之后,因为认同革命军的救国理念,立刻参加北伐行列,担任"编辑委员会"委员长等职,再度可见他报国心切的热血精神。

1927年4月,国民政府定都南京,决定创办"中央党务学校",以培养党政人才,派筹备委员九人,为蒋中正、胡汉民、戴传贤、丁惟汾、陈果夫、吴倚沧、曾养甫、刘芦隐、罗家伦等。蒋先生为校长,戴传贤为教务主任,罗家伦为副主任。①

学校开学没有多久,蒋中正于8月12日辞职下野,罗受命为代理校务会议主席,等同校长一职。

---

① 《罗家伦先生文存》,附编,第458页。

1928年1月,蒋中正复职,继续以总司令身份北伐,设"战地政务委员会",罗家伦兼教育处主任,蔡公时任外交处主任。

当时,因为日本军阀阻挠北伐军,在5月3日发生"济南惨案",蔡公时不幸遇难,惨被杀害,罗家伦奉命继续与日军谈判,他在日本乱军与刺刀之下,随时可能遇害,但他毫不畏惧,以凛然大义,随时准备牺牲,就是爱国精神的最好证明。

后来孙传芳军攻打南京,形势极为危险,罗家伦也特于当晚从上海潜返南京,与师生们同生死。他当时有句名言:"世界上只有杀的死的革命党人,绝没有吓得走的革命党人!"①

名史学家蒋永敬曾以此话,对照他在五四宣言中所说:"中国的人民可以杀戮而不可低头",足证他的正气与豪气,始终如一,也正是他一生办学与任事的最大精神动力。

国民政府迁到南京时,他受命担任中央党务学校的教育长,正好学以致用,为救国建国而培训人才。

然而,他也因为很受学生欢迎,形成方东美先生回忆时所称有点"奶妈变成娘"的情形,因为遭忌,心中痛苦对别人不肯说,偶尔还肯对方先生透露;②幸亏蒋先生很支持他,他也谨守分寸,所以终生均以教育发展为主,未曾介入政治斗争。

中央党务学校后来改名为"中央政治干部学校",蒋中正兼校长,在抗战时,实际校务由蒋经国负责,名义即"教育长",正是罗家伦同样的名义。

经国先生生前,虽然做到总统,但最喜欢别人对他的称呼,还是"教育长"。

早期学生如李焕、王升、潘振球、楚崧秋等,均成重要干部,其后的马鹤凌(马英九的父亲)也毕业自该校,足证中央政校成为抗战生力军的摇篮,很多毕业生也对罗家伦当时讲的《新人生观》,心中至为感动。

罗家伦在台湾过七十大寿时,政大校友会曾经签名祝寿,并且指出:"我们数千校友或深受罗老师的教泽,或与罗先生共事多年,深深敬佩罗

---

① 《罗家伦先生文存》第十二册,第726页。
② 《方东美演讲集》,台北,黎明公司1978年初版,第309页。

老师的学问与品格,他不但是五四运动的领导人物,而且长达五十年期,在文化界思想界,无时无地不处在青年领导的地位。"①

然后,文中进一步强调:"他的《新人生观》一书,实为中国新青年的灯塔。"②

文中最后,综评罗家伦:"文笔谨严,文气雄浑,爱国精神热烈,学问广博精深,是历史家、哲学家、文学家,也是教育家、外交家与三民主义实行者。"③

这段内容,堪称是对罗家伦最中肯的历史评论。

因此,政大校友会称:"他在学术上、政治上、思想上的贡献,都使我们全体校友分到了光荣,感到了骄傲。"

回顾1928年1月,罗家伦刚回国不久,还有一段脍炙人口的小故事,那就是蒋中正总司令请他聘请学者,讲述建国所需的各种知识。

当时蒋总司令主动盼望听取的课程,包括"政治学"、"经济学"、"欧战史"、"哲学"、"法学"、"社会学"等,以及"各国革命史"、"法美土俄革命政府之组织与经济组织"、"太平天国军政经济政治各种制度"、"意大利与土耳其之现状及改革历史"、"各国现在军制与经济制度",以及"中国财政之纲要——前清与现在比较"等等。

由此足证,当时的蒋总司令为了革命建国需要,很愿吸收新知,力求进步,励精图治,相形之下,其他军阀忙于私心名利,完全不能相提并论。

罗家伦在统筹课程之余,特别建议,在方法上可以更为灵活变通,并且具体建议各项课程名单。蒋总司令频频批示"甚好"、"甚好"、"照办"。

由此即可看出,罗家伦的敢言与远见也可证明,领导人本身若能不断充实新知、拓展视野,并且不断鼓励干部进修,便能对治国兴国产生极大动力。

公元1928年,因为罗家伦在教育的表现可圈可点,在蔡元培力荐下,受命为清华大学第一任校长。其中有几段故事,很能发人深省。

首先,国民政府原先任命状是"清华大学校长",他主动建议加上"国

---

① 《罗家伦先生文存》第十二册,第581页。
② 同上。
③ 同上。

立"二字,以彰显民族大义与国家立场。

当时,外交部门还有些人担心,因为清华大学经费,是由美国政府从庚子赔款退回,恐怕此举会令美国政府不快,有损两国感情。

罗家伦此时,非常坚定的发挥爱国精神,明确反驳:"美国的赔款是退还中国来办学校的,这个钱本来是国库的钱,现在美国还国库,我们为什么不能用'国立'二字?"

反对人士哑口无言,从此清华大学成为"国立"大学的重要一环,由此也可见他为了争取国家尊严,敢做又敢言的风格。

这段经过,用他自己的话说:"革命的时代,还有一批人有一点革命的劲儿。"①

他就是"本着这点革命的劲儿,把清华定为国立"。

另外,罗家伦为了激励清华学生的爱国情操,并且能在国耻背景之下,更加奋发图强,为雪雪耻,所以特别引用中国《易经》的两句话:"自强不息"、"厚德载物",正式定为校训。

这两句话,最能代表中华民族坚忍自强、多难兴邦的奋斗精神。所以他用此期勉清华的学生,在民族苦难中建校,更要能够咬牙励志,效法这种民族精神,才能为民族振兴而奋斗。

后来,很多国外领袖访问北京清华大学,清华在讲台前都嵌有这两句话,经由各大传媒播送,成为全世界熟悉的字句;只是很少人深究其中哲理,以及深刻的背景含义;今后深值多加说明,并且多加弘扬。

除此之外,罗家伦也坚持,清华的经费,应该由教育部管辖,因而中止了外交部的参与,由此确认清华大学属于国家内政,不容外国力量干预;他坚持国家民族的主权独立,不容外交单位干预,由此再次可见他的凛然风骨与爱国精神。

罗家伦在清华就职时,曾经明白表示,清华的宗旨是:"谋中华民族在学术上的独立发展及完成建设新中国的使命",这与后来他接任中央大学校长的心志,堪称完全一致,均可看出他念兹在兹,均在为建设新中国而努力,亦即以"学术救国,振兴中华"为己任!

---

① 《罗家伦先生文存》第十二册,第 728 页。

所以，名史学家陈寅恪，曾经称赞罗家伦"使清华正式的成为一座国立大学，功德是很高的"。

另外，清华校史专家苏云峰，也曾强调："很多人只知道梅贻琦是清华大学的功臣，而不知道罗家伦的奋斗成果与经验，实为梅氏的成就铺下了一条康庄大道。"

由此可证，罗家伦在清华任内，虽然只有两年，却公认为清华奠定了正大宗旨，树立了爱国校风，非常令人钦佩。

这正如同傅斯年，在台大校长任内同样只有两年，但他在通识教育方面强调孟子的风骨与《史记》的通识，并且手订校训"敦品励学，爱国爱人"，也奠定了台大精神重要基础，至今仍然令人感怀。台大校园至今还有"傅钟"，其墓园也在校内长存，称为"傅园"，均是纪念其精神风范，奠定了台大优良校风。

罗家伦1932年8月出任国立中央大学校长，提出"诚、朴、雄、伟"为校训，再次可以看出他在《新人生观》的理念，他并把"创造有机体的民族文化"，列为中央大学使命，同样可以看出他以"民族文化"为己任，胸怀与志节堪称始终如一。

中央大学在重庆时，经费一度等于其他四所名校的总和；也是各国立大学中，最完整的大学。全国各校联考之中，三分之二的学生，都以中央大学为第一志愿，足证他办学的成功；他培植人才无数，真正堪称功在民族、惠及青年。

他一直到晚年来台湾后，担任中国国民党党史会主委与国史馆馆长，都是同样充满爱国的热血与热情，堪称一路走来，始终未变其志。这种精神风范非常令人钦佩，深深值得后人共同学习与力行！

二、大忠大孝的风范

罗家伦到清华，曾与方东美先生，两次谈"如何办清华"，方先生特别提出三点建议：一方面是用人问题，师资要能明辨好坏，重用一流师资，淘汰不良师资；第二方面是除了文学院，还要把理学院也办好，首先要把数学系办好;第三方面是要重视实验人才。①

后来罗家伦对此完全采用,所以方先生指出,罗家伦整顿"清华基金",并且注重实验,这两件事,对国家都是重大的贡献。②

罗家伦到中央大学之后,秉持同样学风,胸襟恢弘,同时又能务实求精。根据田蕴兰校友(即戴运轨夫人)回忆,他接任中央大学不到一年,"学校的风气即有了重大的改变,一些上课人云亦云的先生们,已经失去了踪迹,而那些教学认真的教授们,上课格外觉得精神饱满,说话生动有力,图书馆的书籍源源而来,学生进图书馆的人数也与日俱增。"③

田蕴兰提到,她在当时只是发现了这一种现象而已,不知道到底怎么一回事,后来才逐渐体认到"这是罗校长领导才华的结晶"。

另外她也指出,《新人生观》一书,"不仅彻底透视了当代青年心理的全貌,并且对青年努力的方向,提供具体而正确的指示。给抗战青年带来莫大的鼓励"。④

她后来本身也任教授,深深感到"新人生观"对她的印象"实在是太深刻了"!

罗家伦在七十生日时,曾经向田蕴兰展示他写的《蓼莪集》,叙述九岁丧母前的往事,思母的孝心表现无疑。

所以她强调:"像罗家伦校长这样大忠、大孝的人,不正体现了我中华文化的光荣传统吗?"⑤

这段感言,是她追随罗家伦多年的心声,也可说是对罗家伦一生很好的定论。

中央大学校友柳长勋曾以"围棋"布局,比喻罗家伦办学校,"是一个以'气概'胜的人"⑥,很生动,也很传神。

柳长勋指出,罗家伦"对民族具有热爱,他办中央大学是以德国的冯

---

① 《方东美演讲集》,台北 1978 年黎明公司初版,第 311 页。
② 同上书,第 313—314 页。
③ 《罗家伦先生文存》第十二册,第 655 页。
④ 同上书,第 656 页。
⑤ 同上。
⑥ 同上书,第 647 页。

保德和费希特自许;想拿中央大学作风炉,铸冶一个新的中华民族的灵魂"。①

事实上,德国大哲费希特对罗家伦的影响更深。费希特在普法战争之后,曾经痛定思痛,检讨德国的失败,然后有一系列演讲,对于提振德国民族精神,有极大的帮助。

例如,费希特向德国人民发出警告:"假若你们仍向愚昧与消沉之路进行,则奴隶生活的一切祸害,如贫穷、羞辱、胜利者之藐视傲慢等等,将来终必来临。"②

然后他进一步指出,如果人民再不醒悟,振作民族精神,这样下去,"你们必定会牺牲原有的国籍与语文,以换得一个卑贱的生存地位,直到你们整个民族,由此逐渐削灭而后已"。③

罗家伦所面临的情景,也很相近,中华民族仍在积弱时,被日军强行侵略,很多民众却仍活在消沉与懦弱之中,所以他要做时代的狮子吼,唤醒民族精神,并且培养护国勇士,共同振兴中华!

因此,罗家伦内心最大的理想,就在"使中华民族在中央大学所创造的新民族文化之下,潜移默化,形成一个有机的整个的组织"。④

另外,罗家伦办《新民族》杂志时,他也强调,是要鼓舞大众,效法19世纪柏林大学的那批学人,要从文化上创造独立民族精神。所以他大声疾呼,发愿要中央大学担负起"复兴民族的参谋本部"的责任。⑤

柳长勋也回忆,罗家伦曾强调"教育的目的,在培养国家和民族的元气",⑥真正能一针见血,把教育的理想,发挥到淋漓尽致!

罗家伦心目中的教育的目的在于"培养国家和民族的元气",也就是在培养国家和民族的正气。因为有了这种正气,才能抗敌成功,也才能克服种种困难,推动中国的现代化成功。

---

① 《罗家伦先生文存》第十二册,第647页。
② 费希特:《告德意志民族书》,引自浦薛凤译(北京大学出版社2007年版),见《西洋政治思想》,第396页。
③ 同上。
④ 《罗家伦先生文存》第十二册,第647页。
⑤ 同上。
⑥ 同上书,第664页。

这种国家民族的元气与正气,来自每个公民,都要能有元气与正气。从元气说,代表人人要能精神饱满,不会消沉萎靡;从正气说,代表人人要能顶天立地,不会出卖人格。这些不但是国民立身的根基,也正是民族抗日胜利的重要保证!

柳长勋指出,中央大学前身,可以追溯到明国子监,那是"五百年前当时世界最大的大学",所以"中央大学在文明传承、文化创新方面,更扮演重要的角色"。

另外,北京大学源自"京师大学堂",成为"新文化运动"的发源地。根据罗家伦自述:"新文化运动是欧洲文艺复兴运动(Renaissance)和启蒙运动(Enlightenment Movement)合而为一的运动。"①

所以,罗家伦躬逢其盛,同时身兼北大"新文化运动"发起人以及中央大学"现代化运动"主导人,从文化史回顾,实有其极为重要的关键地位。

尤其,当他在中央大学时,就曾特别呼吁"中国现代化运动",强调要能②做到后列精神:以"新标准估量旧文化",以"新文学表现新人生",以"新态度促进新社会"。

这种创新精神,强调要能"与时俱进",在今天更为重要。他曾警告大家,"时代落后"是"惨痛的悲剧",更深深值得今后两岸共同重视!

政大校友王焕琛也曾回忆,"人人称罗家伦为青年导师"③,并引用罗家伦晚年与他的谈话内容:"长江后浪推前浪,一代一代应有个交替,希望你们这一代青年,对于国家前途要有坚强的信念,负起责任,来代替老一代的担子!"④

后来,当王焕琛听到罗家伦辞世消息,眼泪夺眶而出,打开书架,重新阅读罗家伦在《文化教育与青年》的序言,引述其中一段,非常发人深省:"一个人的精力有限,可是后起者的潜力无穷。我有时责备青年甚力,正因为我期望青年甚殷——建设现代化中国的使命,是属于你们的!"⑤

---

① 《罗家伦先生文存》第十二册,第648页。
② 同上书,第649页。
③ 同上书,第696页。
④ 同上。
⑤ 同上书,第697页。

中国的现代化,是所有中国人的前途,也是所有中国人的责任,尤其是所有中国青年的神圣使命。从罗家伦精神风范之中,中华儿女可以吸收到最好的民族元气与正气,更可以从中找到终身效法的榜样!

政大名教授李云汉,曾经追随罗家伦多年,他在纪念罗家伦逝世两周年时,回忆前往罗家伦墓地的心情,非常感人。

他当时提及,罗家伦右侧墓壁,特别刻了罗家伦的重要名作《玉门出塞歌》,至今读来,仍然充满慷慨激昂的元气与正气,令人热血澎湃,壮志豪迈!

> 左公柳拂玉门晓,
> 塞上春光好,
> 天山融雪灌田畴,
> 大漠飞沙旋落照。
> 沙中水草堆,
> 好似仙人岛。
> 过瓜田碧玉丛丛,
> 望马群白浪滔滔。
> 想乘槎张骞,
> 定远班超。
> 汉唐先烈经营早!
> 当年是匈奴右臂,
> 将来更是欧亚孔道。
> 经营趁早!
> 经营趁早!
> 莫让碧眼儿射西域盘雕![①]

我们可以说,罗家伦生平中,最出名的著作是《新人生观》,而最出名的诗作,就是这首《玉门出塞歌》,所以才会刻在他的墓壁上面。

罗家伦写这歌,在1934年,正是日军侵略日亟之时,所以他的心情极为沉郁,但精神却极为昂扬,很可看出他满腔热血报国、旷观神州的高远

---

① 《罗家伦先生文存》第十二册,第700页。

意境。

1936年冬,他前往绥远战地劳军,又写了一首雄壮豪迈的《绥远战歌》,成为后来抗日中,广泛被唱的爱国歌曲。李云汉称它"流传得最广,发生的鼓舞力也最大"①。歌词内容:"天苍苍,野茫茫,阴山东北好战场,军容如火阵堂堂。刀闪月光白,弹落阵云黄,妖魔小鬼齐扫荡。上,上,热河就在望,过去还是我们的,嵯嵯长白山,滔滔黑龙江!天威震,挞伐张,我有猛士震四方。军容如火阵堂堂。陷阵平射炮,冲锋机关枪,妖魔水鬼齐扫荡,上,上,热河就在望,过去还是我们的,嵯嵯长白山,滔滔黑龙江!"②

另外,罗家伦在1943年7月16日,曾以"西北建设考察团团长"的身份,在蒙古祭成吉思汗,并亲自写过很感人的祭文:"愿大汗英灵不爽,促倭寇之天禄允终,神其来格,洒洒临风!"③充分可以证明他的澎湃爱国热诚。

此外,他在1945年1月16日,庆祝"新疆学院成立十周年"时,也曾强调:"世界最伟大的力量,是文化教育融洽宗族,增进人生,同臻中华民族于富强康乐的境界",天山盘石的基础是赖并称,"愿新疆学院诸位师生共同向着这崇高的目标努力"。④

到1955年,丁星五主编《锦绣河山》,在香港国际出版社印行,请他提词,他语重心长地指出:"见河山之壮丽,对文物之英华,而无强烈祖国恋者,凉血动物也。"⑤

凡此种种,都可看出他旷观整体中华民族的胸襟与眼光及澎湃汹涌的爱国热血,至今仍然深值重视与敬佩。

另外,曾任教育部长的黄季陆也曾强调,罗家伦的《新人生观》一书,"最是年轻人喜欢阅读,而广受称道的书"。⑥

他指出,在他看来,罗家伦:"所有著作中,最足以表现他的风格的"

---

① 《罗家伦先生文存》第十二册,第702页。
② 同上书,第701页。
③ 同上书,第63页。
④ 同上书,第64页。
⑤ 同上书,第69页。
⑥ 同上书,第714页。

还是随北伐军临危受命,向凶恶日军交涉的经过报告,亦即"在济南事变中之经历"。①

所以他称"志希实际上是一个最勇敢的人,勇于公义而怯私斗"②,而"其最勇敢的事迹",即济南事件中的表现。

事实上,罗家伦在此与五四运动中的表现,堪称一脉相连,亦即对于外来侵略,绝不退让、绝不畏缩,正是罗家伦生平忠义风范的重要证明。

另外,陶希圣也曾回忆,罗家伦出任印度大使时,有一回在一个会议上,看到印度所挂的地图,居然把西藏和西康部分列入印度领土——即所谓"麦克马洪线"。他当时即提出强烈抗议,并且从历史学家角度,搜集了古今中外多种舆图,作为证据,以解决中印边界争议。③

方东美先生在纪念他的讲话中,也曾特别称赞他这一段④,为了民族大义,收集中印边境很多资料,并且明白表示,他这精神是不会死亡的⑤。

这正如同,真正的爱国者,对于钓鱼台的领土争议,除了要有满腔热血,用行动保卫,还要有冷静的头脑,用法理道理服人,更要有锲而不舍的精神毅力,长期奋斗,才能真正胜利成功。

因此,罗家伦所称的"强者",今天看来,还可归纳成新时代的三要件:一是要有热血,二是要能冷静,三是要有毅力,亦即心要热,头要冷,脚跟永远要站稳!

陶希圣曾比喻,罗家伦的文章,如同"韩干画马",因为"体态丰腴而骨气内蕴"⑥。此中所称"体态丰腴",当指罗家伦强调"恢复唐以前的形体美",以雄健丰满为美;"骨气内蕴"则代表坚忍自强的正气真力,这种形容很别致,却很传神。

尤其,韩干自称画马,无须另请画师,因为马廊的众马,都是他的老师。他就是以实际的生命力为老师,才能展现生动活跃创造的精神,并且弘扬元气淋漓的神韵。罗家伦的文章特色,在此非常相近。

---

① 《罗家伦先生文存》第十二册,第714页。
② 同上书,第713页。
③ 同上书,第813页。
④ 同上书,第839页。
⑤ 同上书,第840页。
⑥ 同上书,第812页。

罗家伦的文章，因其文采横溢，驰情无碍，而且又痛下苦功，新学旧底都很扎实，堪称"天分"加上"勤奋"，并有"正确治学方法"所致。

这正如同爱因斯坦所形容的成功之道：成功 = $x + y + z$。其中 x 为勤奋，y 是正确方法，z 是少说空话。

从罗家伦例证，可以看出，他是三者兼备（少说空话就是多做实事），另外再加上他天赋的文采、口才与干才，所以能够成为一代文豪，也成为永不凋谢的爱国教育家。

罗家伦当校长的风范，很多承自北大蔡元培校长。所以，当蔡元培于1940年3月5日病逝香港时，他发起"门第葬先师蔡先生筹备会"，并于3月11日将蔡先生安葬于香港来华义庄墓园。

他当时曾发心，想在墓旁办个"孑民小学"以及"孑民美术馆"，以兹纪念，很可看出他的情义与侠气，只可惜后来因政局原因，未能实现。

1962年2月24日，另一位北大校长胡适之在台湾逝世，罗家伦曾痛哭不已，并同样亲笔撰墓志铭，刻在南港墓园勒石。

北大前后两位著名校长的后事，均由当时北大学生领袖罗家伦积极义助，充分可见，罗家伦终生重情重义，既为旧时代的性情中人，也是新时代的侠义儒者。

他的上述种种风范，相信会永远留在中国近代史中，也永远留在两岸所有爱国志士的心目中！

三、生平痛恨汉奸

罗家伦终生注重民族正气，生平更以复兴中华民族为己任，所以最崇拜民族英雄，同时也最痛恨汉奸，他对于大是大非的问题，经常义正词严，对于汉奸，更是经常严正的批评。

例如，他在《新民族》的第一卷第四期，也就是1938年3月19日曾经发表一篇文章，名为《受过高等教育的汉奸》，对于汉奸迎头痛斥。

首先，他就开宗明义地指出："最伤心的事，是现在汉奸之中，有许多大号叛逆是比较'学问'大一点的人，中号小号叛逆里面，也有不少的留学生和大学毕业生！"

他列举了很多真人真事,有名有姓,包括"鼎鼎有名"的诗人,相当有才气的诗人,还包括名律师,留学博士等等,堪称"呱呱叫的'第一流'汉奸","中小号的更不必多说了"。

另外,他在1938年初,更公开发表《汉奸榜》一文,共指出11人,而且宣称本来书名想叫"狗马春秋",但因"狗马忠义,实在不愿污辱狗马",又本来想叫"衣冠禽兽","但是他们根本没有人性,为什么还要给他们加上一套人类的衣冠"?①

从这些痛快淋漓的批评,均可看出罗家伦心中对汉奸的痛恨。

1938年6月19日,他在重庆《时事新报》又发表文章,名为《托名文学滋长汉奸》,明确强调:"现在我们要铲除汉奸,首先应当铲除汉奸的心理,汉奸的依附品!"

他列举当时一些假托诗文与字的汉奸,指出历史上蔡京、秦桧、严嵩的诗文和字,虽然也很有艺术价值,但前人仍鄙弃,"不是没有道理的",因为"这是中国民族正义的表现。"他并称,这"是我们为民族抗战建国而发的世道人心论"。②

另外,在1939年5月1日的《新民族》周刊,他再发表《文化汉奸》一文,进一步指出:这次伟大的民族战争里面,有一个可喜的现象,但也有一个可悲的现象:"可喜的是武人没有降敌,可悲的是文人偏有汉奸。"③堪称一针见血之论,并能由此更看出教育的重要性。

然后他痛责:"不知道是一种什么狼心狗肺,许多读书的人,甚至留学生和大学毕业生,会去认贼作父,为虎作伥!"

紧接着,他再严正驳斥这些汉奸硬拗的谬论,最后强调:"我们可以坚决地说,这班汉奸替日本人做走狗,对于中国民族的危害,比日本人还要大。老虎并不可怕,所可怕的乃是虎伥!"

虎伥明明为虎作伥,危害人民,但却有其"虎伥哲学",用种种硬拗与狡辩,为自己的恶行邪说强辩,一般人不查,反而更容易被蒙蔽,这才是更可怕之处!

---

① 《罗家伦先生文存》第十一册,第134页。
② 同上书,第220页。
③ 同上书,第468页。

因此,他在 1946 年 11 月 8 日,特别发表《为轻判汉奸而抗议》,强调汉奸案子,不是私人恩怨,而是有关国家民族将来的生命,所以他看了轻判有些汉奸,不禁义愤填膺,"胸中民族意识的烈焰烧起来",郑重的抗议!悲愤的抗议!他并沉痛的呼吁国人与司法当局:"是与非,正与邪,忠与奸,必须辨个明白!"然后在结论中,更大声疾呼:"大家共同起来维护民族正气!"①

莎士比亚曾经指出:"魔鬼也会引圣经来为自己辩护。"(The devil can cite scripture for his purpose.)

中外古今历史证明,很多"魔鬼"都有种种的假面具,《圣经》中也提醒,要小心"假先知"与"假信徒",佛教中也警惕世人,要小心假佛陀之名,却行各种恶行;充分证明,需用"实践"做照妖镜,才能检验出真假与正邪。

试看汪精卫等汉奸,在抗战时期,明明屈从日本侵略者,明明出卖国家民族,危害本国人民,却制造出一套"曲线救国"歪论,便知这种"虎伥哲学"危害的严重性。

然而,汪精卫虽然是汉奸,仍然不敢否认自己是中国人,但到了台湾的台独人士,竟然一方面否认自己是中国人,还一方面自称是"爱台湾",以掩饰其为国际反华势力做马前卒的本质,实应更加应该严正加以驳斥!

另外,为了激浊扬清,拨乱反正,罗家伦也列举了很多民族正气的代表人物,特别加以表扬。

例如,他在《新民族》周刊 1938 年 4 月 2 日,发表《英勇牺牲换来的乐观》,指出津浦大战中的英勇牺牲,张自忠军亲上火线,终究打了三次大胜仗,"勇于补过的精神,我们十分佩服"。

此外,他在《新民族》周刊 1938 年 4 月 10 日,发表《全国振奋的山东大捷》,指出在台儿庄大会战中,敌寇日本遭遇其开国以来最大的伤亡。

他指出,这些自称"中国通"的关东军,遇着了忠勇善战的汤恩伯、多谋猛勇的关麟征、拼命杀敌的孙连仲、不惧牺牲的张曹孙等部队,使他们体会中华民族的新力量,杀得"关东军灵魂"的官兵,红血染赤运河水。

---

① 《罗家伦先生文存》第一册,第 301 页。

"这次敌人伤亡之多,是他们开国以来,在对外作战之主力会战中最高的纪录。"①

罗家伦本身是史学家,深深了解历史的教训,所以他也指出,日本从前常以为荣而伤亡最多的,要算日俄战争的奉天大会战(决定日俄最后胜负的主力战),当时日本的死伤也不过四万人,但这次台儿庄大会战,他们的伤亡超过四万人了,可说是他们开国以来会战中的第一次大伤亡,也就是我们的初步大胜利,"抗战史上最光荣的一页"。

另外,他在《新民族》周刊1938年4月24日发表《将星的升沉》,文中指出:"这次伟大的民族战争,使世界认识我们的新军力,同时也使全国对于各部分的军队和将领,得到一个新估价;好的部分表现出来了,坏的部分也使我们格外认识清楚。"②

他指出,坏的如韩复榘"无故弃地,有意拥兵",已经正法,另如李宗仁、白崇禧、陈诚诸将军,本来已经大大有名,这次他们的声望地位更加提高。汤恩伯将军两次大战使他成为全国青年的偶像。他并举出薛岳、胡宗南、关麟征、罗卓英、李品仙、孙逸仲等等第一等战将十多人,"使全国敬佩,这是足以廉顽立懦,使人闻风兴起之事实"。

此外,在1938年5月9日《新民族》,他更以一贯重视女性英豪之风范,发表《新女性的产生》。

他开宗明义,充满感性地指出:"自杀何如杀敌!与其被蹂躏而死,何如经抵拒而死!"③

在这篇文章中,他并举南通张非武小姐的义勇故事为例,大大表扬新女性的英勇精神。

张非武小姐为张季直先生孙女,住在南通,后门紧靠博物院。南通沦陷之后,很多家人逃亡,她的奶妈哭劝她也逃离,她却表示,妹妹吃安眠药自杀,太没有意义,她要留在家中,就算打死一个敌人,也算够本。

后来,三个敌军果然摸到她的家中,这时非武小姐拿了手枪,看到敌兵轻轻推门,就开了第一枪,没有打中,想开第二枪时,子弹又被卡住。这

---

① 《罗家伦先生文存》第十一册,第173页。
② 同上书,第178页。
③ 同上书,第188页。

时敌兵知道房中有人,不敢轻易进去,只能对门内乱放枪,非武小姐才从后门,转道博物院旁门逃出。

后来她经过很多危险,终于逃出南通,因为惭愧开枪没有打中敌兵,所以参加义务军,成了宣传队的队长,同样也以生命献给了民族圣战。

所以罗家伦指出,张女士本来也经过上海繁华生活,"一旦大彻大悟,有这样义勇的壮举,不但可以振作全国女界的风气,而且可以使许多男子愧死,张季直先生可谓有孙女了"!①

罗家伦指出张女的英勇,不愧为张季直老先生的孙女,同时也足以让很多昏沉的男性觉醒,由此不但可以看出他的爱国热诚,同时也可看出他对两性平等的热切盼望。

另外,在1938年7月3日《新民族》上,他进一步以《伟大的空军》为题,指出敌人军舰进攻长江,最怕的就是我们空军。

他历数我们空军伟烈的战绩"永久不能磨灭在人人心坎里"!其中尤以安庆江面,我空军有一机,中弹之后本可逃生或跃水,但不屑为,仍瞄准敌人军舰冲去,该舰立成粉碎,很多南岸守军目睹之后,感奋之余,纷纷向空中膜拜不已,足证"我大中华魂与滚滚长江永垂不朽"!

除此之外,罗家伦在1938年7月17日《新民族》上,再写《五虎防江》,列举顾祝同、陈诚、薛岳、张发奎、汤恩伯等英雄猛将,瞰视大江一带,该使敌人"儿郎心胆寒",更何况"我们大将,不只这五员飞虎"。

1938年10月2日《新民族》,再发表罗家伦写的《血染山河中之重大胜利》一文,文章列举一连串的胜利,文中开宗明义地指出:"最近一周来,前方的捷音不断飞来,令人兴奋极了。这种轰轰烈烈的战绩,将永垂史册,为我中华民族建国史无上的光荣!"

到了1938年10月9日,他于《新民族》再发表《血战之中》,历数长江战局的惨烈,充分证明他的滚滚爱国热忱,正如滚滚长江,澎湃汹涌,从未止息!

《新民族》除了发表很多军事战的文章,同时,也重视"外交战"。1939年5月1日,罗家伦便曾以此为题,说明中国不容轻侮。

---

① 《罗家伦先生文存》第十一册,第188页。

在同期中他发表《纪念五四》，在结论中特别强调，"在抗战建国的期间，我们应当特别纪念'五四'的精神始终是抗日的"。①

凡此种种，充分证明，在罗家伦的心中，最重要的人生价值，就是民族大义：凡是抗日，就是爱国！凡做汉奸，就是叛国！这种是非分明的精神，正是他一贯强调的"新人生观"——不要乡愿，不要姑息，勇于建立正确的人生价值观。直到今天，仍然深深值得重视与力行！

因此，他在《新民族》中沉痛指出，"教育本来不是专指知识的灌输"，然后强调，"人格的修养，在教育的意义上实在太重要了"。

最后，他进一步强调，如果专教学生做事，不教学生做人，那就像给小孩一把刀，他可拿了去杀人。

所以他的结论："培养青年良好的习惯，鼓励青年人格的修养，无论是在哪种社会，哪个民族里都是必要的，这就是建立国家的基础"。

台湾近年以来，有人的贪腐案成为世界丑闻，而且父子均为台大毕业。因此现任校长李嗣涔，曾经公开向社会道歉，并称今后一定要加强台大品德教育；前任校长陈维昭也提醒大家，台大校训中的"敦品励学"，"敦品"放在前面，代表品德更为重要，均为重要例证。

另外，罗家伦再强调，"社会的风气，也很重要"。因为"这几十年来，社会混乱，政治不修明，弄到没有公是公非，大家都敢于侥幸作恶，这是极危险之事"。

然后他进一步提醒国人："又如社会上奢靡享受的风尚，也是促成那班东西做汉奸的一个重要原因。享受惯了，到没得享受的时候，就不免要卖身投靠。这不单是学校教育问题，是大家应当反省的。"

这些深刻精辟的分析，至今都仍有重要的启发性。

罗家伦除了"激浊"，批评汉奸，同时"扬清"，表彰很多感人肺腑的民族英雄。这种赏罚分明的历史评论，不但树立人民心中的大是大非标准，也奠定了民族大义精神。相形之下，今天台独谬论横行，很多是非不明，甚至积非成是，却很少人严正痛斥，深深值得警惕与改进，才能切实拨乱反正，完成民族复兴大业！

---

① 《罗家伦先生文存》第十一册，第468页。

第九章 《新民族观》以振兴中华为己任

一、《新民族观》的苦心

罗家伦在中央大学,除了讲述"新人生观",也曾针对中华民族与民族性问题,做过系统演讲,前后三年。

1945年,他利用在西北考察的空当,于天山底下重新修订,成为《新民族观》。然后,在当年9月9日9时,抗战的受降日,于重庆完成序言,可见寓意极为深远。

正如他所说,这本书可称为"一种广泛式的民族哲学"[①],而且是"继新人生观系统而写的,将人生问题扩大到民族问题"[②],所以对于民族复兴的神圣大业,至今仍然深具启发性。

他在自序中,曾特别强调:"我对于这部书没有别的希望,只希望能小小的帮助热情纯洁的中华儿女,更加认识他是中国人,并且是现代之中国人!"[③]这种"认识自己"的民族观,与"完成自己"的人生观,堪称一脉相承的姐妹作,也就是从挺立小我到完成大我的哲学基础,对于新时代的人生观,具有很大的启迪作用。

本书全文约二十万字,论述"民族与民族性"、"民族的国家"、"民族

---

① 罗家伦:《新民族观》,台湾商务印书馆1967年台一版,自序。
② 同上。
③ 同上。

与种族——中华血统的混合性"、"民族与地理环境"、"民族与人口"、"民族经济"等,从文中很可看出体大思精,学贯中西,而且很多创见。

尤其,他纵论世界各民族的形成历史后,进而对中华民族重新反省,作为"认识过去、根据现在、创造将来"的根基,不但学养深厚,而且结合现代民族需要,非常值得重视。

罗家伦首先在本书第一章,开宗明义指出:"经过长期英勇的抗战,我们在火的洗礼、炮的吼声之中,对于自己民族该重新认识了!以前我们潜伏的、隐约的,有时还是睡眠的民族性,现在也觉醒涌现了!"①

因此,他特别强调:"我们不但要复兴我们的民族,并且要复兴重铸我们的民族性。"②

他进一步指出:"民族是国家的躯干,民族性便是民族的灵魂!"

由此可以看出,他心中奔腾的热血,正是复兴民族性的重要动力,他放眼千里的智慧,正是反省民族性的重要标准。

本书的根本宗旨,就在他论述民族性时,强调的两句结论:"我们要重振民族!我们更要重铸国魂!"③

他所分析的民族成分,可以简称为"四不等于",以及"九种因素"。

所谓"四不等于",是指民族,既不等于种族,也不等于语言系统,同时也不等于宗教,并不等于领土范围。

另外,所谓"九种因素",是指:(一)种族,(二)地理环境,(三)人口,(四)经济,(五)政治,(六)宗教,(七)语言文字,(八)教育文化,(九)历史。

他明确的指出:"民族即是这九种重要因素影响的综合体。"

其中,有关语言文字,罗家伦所举的例证,在今天更值得重视。

他强调:"文学所创制的典型,所提倡的风气,所启示的动向,往往足以风靡一时,传之永久,无怪征服者凡掠取一块土地,或征服一个民族之后,必尽力变更其语言文字。"④

---

① 罗家伦:《新民族观》,台湾商务印书馆 1967 年台一版,第 1 页。
② 同上。
③ 同上书,第 20 页。
④ 同上书,第 10 页。

然后,他特别举法国小说家都德(Daudet)的《最后一课》为例,强调谈到此文,"谁不寒心"?①

从他本文的分析中,对照台独运动,近二十年在台湾均以"去中国化"为政策,也可作为令人警惕的寒心例证。

在分裂主义者的手法中,就是一贯强调"变更语言",初期是标榜讲"台湾话"(其实即"闽南话"),作为"爱台湾"的指标,然后再多方提倡"台湾语文"(其实即音译的福建方言),并且以此作为分裂国土的语文基础。这证明罗家伦的论述,的确很有远见与智慧,很可作为测试"照妖镜"之用。

从前,在"去中国化"的文教政策中,先是减少中国文言文的教学课程,并且篡改中国历史内容,丑化中国历史,美化日本统治,形成"皇民化"的共犯。

凡此都在证明,分裂主义企图以"文化台独"征服中华民族在台湾的新生代,然后企图以"台湾民族"意识取代"中华民族"意识。如今事实证明,绝对无法得逞,但今后仍应提高警觉才行!

罗家伦指出,试看英国莎士比亚的戏剧,德国歌德创作的诗歌,以及意大利但丁的神曲,"哪一件不是他们民族所传诵的珍品"?

因此他强调:"文学对于民族最大的影响,就在其'暗示性',人类是爱好模仿的动物,所以文字的'暗示性'作用极大。"②

罗家伦在此所指"暗示性",意即"感染性"与"鼓动性",如同孔子所说"诗"的作用,可以"兴",可以"观",可以"群",可以"怨"。

在中华民族中,从事文学创作的代表人物很多,如唐朝诗人李白、杜甫,宋朝词人辛弃疾、陆放翁,都是充满民族精神与爱国情操的典型。

台湾同胞即使在日本统治下,这种民族精神仍然非常炽热,非但没有稍减,反而更加渴望。

例如,吴浊流的《亚细亚孤儿》,或者杨逵《压不扁的玫瑰》,都代表着同样的抗日心声与呼唤。由此可见,这是任何侵略铁蹄都压不垮的民族灵魂,更是任何外族统治都挡不住的民族亲情!

---

① 罗家伦:《新民族观》,台湾商务印书馆1967年台一版,第10页。
② 同上。

除了文学之外,罗家伦更以一个"典型"的人物,作为"民族心目中所悬的共同印象"。

他对于如此方法,还认为"是件很有趣的事"。①

因此,他还曾经强调:"我想要重新建立我们民族的风格,很值得选择一个人像,做成民族的象征,实在可能发生很大的启示与暗示作用。"②

然而,中华文化长达五千多年,如果只选一位"典型"人物,选谁好呢?

罗家伦的答案,很有重大意义。

因为他想到了,是"夹谷之会的孔子"。

他想到孔子,应该没有太大争议,尤其他是强调"夹谷之会的孔子",更深具苦心与慧见。

因为孔子被公认为"圣之时者",在不同场合,他有不同表现,但最符合民族精神,尤其最符合中国在抗战时需要的形象,那应该是奋发自强的形象,所以罗家伦挑"夹谷之会的孔子"。

换句话说,孔子在平日家居,"申申如也,夭夭如也",是温良恭俭让;进入公门,也会"鞠躬如也",彬彬有礼;但在中华民族面临危难的时候,最需要的并不是这些形象,而是能够挺身而出、拯救国难、文武兼备、智仁勇集于一身的形象。

因此,罗家伦才指出:"我们敬仰的,是文事武备兼于一身的孔子。"③

他强调:"孔子身长九尺六寸(周尺),非常魁伟,兼通六艺,是一个文武全人。他教鲁定公'有文事必有武备',而他自己就是一手执干戈,一手执玉帛的人。"④

这种形象,与《新人生观》之中,罗家伦所说"强而不暴是美"、"恢复唐以前形体美"等,精神完全相符。

所以,他形容夹谷之会的情形,鲁定公与齐景公相会于夹谷,齐方以"旌旄羽被,矛戟剑拨"来恐吓;然而,"孔子竟不动摇,侃侃而辩,卒把景

---

① 罗家伦:《新民族观》,台湾商务印书馆1967年台一版,第15页。
② 同上书,第16页。
③ 同上。
④ 同上。

公折服"①。

孔子这种形象,临危不乱,临难不苟,并且抱着必要时能杀身成仁的精神,正是"仁人志士"的标准形象,也正是罗家伦强调中华民族的典型人物。

换句话说,罗家伦在此所提的孔子,不只是温文儒雅,也不只是一介书生,而是一位文武兼备的大丈夫——文可以挥笔杆以伸正义,"武"可以执干戈以卫社稷,"辩"可以保主权以彰尊严。

事实上,这种精神象征,也正是罗家伦本人在"五四运动"中捍卫国家主权的形象;同时也是他在"济南惨案"中,挺身与日军激辩抗衡的形象;更是他在日军炮声隆隆中,在中央大学侃侃而论《新人生观》时的形象,深深值得中华儿女学习与力行。

罗家伦并曾引述这种"君子"的特色,例如:"言必忠信,行必中正";"见利不亏其行……见死不更其守";"可杀也而不可辱也";"今此行之,后此以为楷"等等。

最后他还指出:"这不但是形容外表,而且刻画内心,不只要有行动,而且要有修养。"②

因为"他是'威仪抑抑,德音秩秩'的君子!他是'威仪皇皇,剑佩锵锵'的君子!他是'柔亦不茹,刚亦不吐'的君子!"

因此,他进一步强调:"我想恢复夹谷之会的孔子那般风格,使其成为全民的风格,中国才有前途。而且这种刚毅宽裕的风格,建立起来,绝无当代有些民族那种狭小偏激的流弊。"③

换句话说,罗家伦所论的孔子,不只是从前古代君子的孔子,更是今天复兴民族的孔子;不但是古人风格的典范,更是今人振兴民族的榜样!

这种远见,至今仍然发人深省,令人感动。

如今中国大陆,在全世界成立了近二百所"孔子学院",作为全球学习华语的象征人物;今后若能加强深度、扩展高度、加大力度,更让全世界了解"孔子"背后所代表的文化素养与民族精神,相信将更有宏大的意义

---

① 罗家伦:《新民族观》,台湾商务印书馆1967年台一版,第16页。
② 同上。
③ 同上。

与深远的启发。

清华大学校训,在罗家伦担任首任校长后,择定以"自强不息"与"厚德载物"两句,其出处即来自孔子在《易经》所说的"君子"风格。

梁启超在清华学校演讲时,曾以这两句说明古代"君子"的风格,同样可以代表孔子的人格特色,进而象征中华民族的典型精神。

所以大陆名哲学家张岱年也曾经直指,中华文化的精神,扼要来说,就是"自强不息"与"厚德载物"这两句话,堪称非常中肯。

另外,罗家伦在结论中也强调,"民族性"的形成有三阶段,同样很值得重视:"经过民族的情感、民族的意识、民族的风格三个阶段,铸成民族性,一定坚于金石,烈于火焰。"①

他引用莎翁《理嘉德第二》一剧的对白,透过被放逐的波林布洛克(Bolingbroke),念出一首诗:

> 再会,英国的土地,甜蜜的土壤,
> 还是领着我罢,我的保姆、我的母亲。
> 我总是夸耀你,无论我在什么地方飘零;
> 虽然我遭放逐,我烧了灰也还是英国人!②

读过这一首诗,再对照分裂主义者,自称只是台湾人,不是中国人,完全忘本,实在应该羞愧不已!

最后,罗家伦再引用陆放翁的名诗——他一生都盼望收复河山,统一中国,临终前特别写:

> 死去原知万事空,但悲不见九州同;
> 王师北定中原日,家祭毋忘告乃翁!

罗家伦并深入诠释:"一个人到死的时候,明知万事已空,还不能忘情北定中原,统一华夏,这是何等强烈的民族性!"③

这种强烈的民族性,也正是罗家伦内心深处,烈火熊熊的爱国情。

先师方东美先生生前,也是罗家伦的挚友,在台湾病逝前,他断断续

---

① 罗家伦:《新民族观》,台湾商务印书馆 1967 年台一版,第 19 页。
② 同上。
③ 同上。

续说的内容,不是个人私事,甚至不是家事,而是"中华民族……是伟大的"!

一代大哲方师在临终前,还不忘提醒后人,勿忘中华民族的伟大!勿忘复兴中华民族!这种精神情操,同样令人钦佩。足证在走过抗战的前辈先贤中,这种高风亮节已形成时代的风气,深深值得后人学习与力行!

罗家伦最后指出:"我们复兴民族的工作,同时也就是改进民族的工作。"①

他强调:"民族的缺陷,是可以而且是应当改正的,不断改正才有不断的进展。民族性如有病态,应当赶快使其恢复健康。民族性如衰颓腐蚀,应当奋发生力来重振。"②

然后,他更语重心长的指出:"民族性在变迁的时代之中,应当采取积极适应的态度。要完成这伟大的工作,由于政府社会的领导者的努力,固然很大,但思想家的努力,也是责无旁贷的事。"③

综观罗家伦前述内容,非但是以历史家的高度,分析世界各大民族的特性与形成过程,更以思想家的深度,引领国人深刻自反省民族性,并对传统去芜存菁,再勇敢面对当前时代使命,共同创造未来光明。这种苦心与慧心,非常值得共同重视与效法。

另外,罗家伦指出,他最爱"文化"一词的"化"字,因为不但有"大而化之",并且有"潜移默化"的含意。

所以,他进一步强调:"教育的责任就是把先民遗留的文化优点,交给继起的一代。它不仅要传授生产的技能,而且要传授精神的遗产。"④

因此他主张,教育工作者弘扬民族文化,务须"取其精华,弃其糟糠","推陈出新",才是正途。

他并进一步的强调:"品格的训练,习尚的形成,风气的培养,都是教育为民族造就继起者应负的责任。"⑤

由此足证,罗家伦一生,都在身体力行这种教育家的文化使命。这种

---

① 罗家伦:《新民族观》,台湾商务印书馆1967年台一版,第19页。
② 同上。
③ 同上书,第19—20页。
④ 同上书,第11页。
⑤ 同上。

精神风范,深深令人钦佩,也深深值得中华儿女效法与力行!

二、两岸共同振兴中华

　　罗家伦先生是位爱国的史学家与哲学家,所以到台湾之后,仍然本于一贯的爱国精神与民族大义,经常撰文,强调台湾与大陆的关系,正是"血浓于水",绝对不能分割分裂。

　　他曾经在1964年11月24日发表文章指出:"在台湾无数的同胞,在五十多年的日本武力统治之下,受尽了牺牲和奴役的痛苦。在台的仁人志士,如邱沧海、连雅堂、蒋渭水诸先生,从悲愤而发为雄迈诗文,以振奋民气;如罗福星、赖来、余清芳诸先烈,则号召民众宁愿杀身成仁;即山地同胞亦保持壮烈的精神,发动英勇的雾社事变,长留碧血英气。"①

　　他文中所举的事迹,用很多有血有泪的烈士实例,印证可歌可泣的民族正气,展现顶天立地的中华英魂,堪称"正气歌"的台湾版,再次证明两岸血脉相连,而且血浓于水的情义,绝对不容日本外力侵略分裂!

　　丘逢甲(1864—1912),彰化人,他痛心李鸿章割让台湾给日本,曾经留下千古悲叹:"宰相有权能割地,孤臣无力可回天"。他宁可避寇,也绝不向日寇称臣的风骨,仍然令人钦佩。

　　他的长子名丘念台,寓意"念念不忘台湾"。他在抗日期间,曾到陕北考察,深盼国共合作一致对外,曾经写诗"镰斧旗联青天日,不容胡马度偏关",希望国民党(青天日)能与共产党(镰斧旗)一致抗日,足证是以民族大义为依归,同样代表中华民族共同抗日的爱国精神。

　　另外,连雅堂即连横(1879—1936),台南人,为连战的祖父,著有《台湾通史》,也以弘扬中华民族的文化精神为宗旨。所以,他在序中,曾经明确指出:"夫史者,民族之精神,而人类龟鉴也。"

　　他公开称颂孙中山先生,为中华民族的"英雄"、"建功伟烈"、"东方华盛顿"。在辛亥革命后,他借着祭郑成功的机会,亲撰祭文。文中忠义愤发,公认"最足以表现他热爱国家民族炽热的感情"。

---

① 《罗家伦先生文存》第十册,第403页。

1931 年,他送独生子连震东,到大陆发展,因为心中沉痛"以轩黄之华胄,而为异族之贱奴,泣血椎心,其能无痛",文中也充分表现凛然不屈的民族精神。

连震东在西安生子连战,现任中国国民党荣誉主席,2005 年访问北京,成为两岸真正破冰第一人,也印证了两岸"血浓于水"的亲情以及"血脉相连"的民族感情;更为两岸共创双赢、振兴中华,奠定了重要基础,很可告慰其先人在天之灵。

另如蒋渭水,为台湾本土宜兰人,是日据时代总督府医学院(现台大医学院)第二名毕业生,因为心仪孙中山先生的理念,所以成为同盟会秘密会员。

他在台湾领导抗日,用民族主义反对异族侵略,用民权主义反抗总督专政,用民生主义反抗经济剥削,被日本人称为"台湾第一反",却被台湾人公认为英雄与"台湾的孙中山"。

他在《台湾民报》多次向台湾人民宣扬中山思想,并且推动《台湾文化协会》,强调台湾人民血统来自"黄帝、周公、孔子、孟子"的遗传①,并在日本法庭公开指出:"台湾人明白的是中华民族,即汉民族之事,这是无论什么人都不能否认的事!"

这对今天很多分裂主义者否认自己是中国人,自外于中华民族,堪称是直接的迎头痛斥!

蒋渭水并曾经仿效孙中山理念,创建《台湾民众党》。他在 1927 年纪念孙中山先生逝世二周年时,大声呼吁:"孙先生临终时,曾连呼和平、奋斗、救中国数十声,希望今夜出席的人,深深接纳孙中山先生最后的呼声'和平、奋斗、救中国'!"②

从蒋渭水这段内容,足证他是以传承民族文化与中山遗志为己任,非常值得钦佩,更足以粉碎很多台独人士自称以"本省人"反对"中国人"的谬论。

另外,如罗福星,苗栗客家人,奉孙中山先生之命,在台展开抗日活动,被日本人在 1913 年杀害,留绝命诗:"杀头相似风吹帽,敢在世中逞英

---

① 蒋渭水:《台湾民报》,1921 年 11 月 30 日。
② 蒋渭水:《台湾民报》,1927 年 3 月 27 日。

豪！"令人肃然起敬。

尤其，罗福星与妻诀别信更是一字一泪，堪称"台湾的林觉民"，同为中华英烈的指标性英雄。

再如，赖来从东势起义抗日，为1914年；余清芳则是在1916年，以台南市西来庵为根据地，从嘉南起英勇抗日，史称"西来庵事件"。

余清芳在讨伐日本的文中，明确指台湾是"中国南土"，不容"倭贼"侵略，并以"恢复台湾"、发扬民族精神为己任。

余清芳的抗日，是台湾最大规模的爱国行动，不但死伤惨烈，被日本人宣判死刑高达866人，也是日人镇压屠杀最残忍的一役。

另如，1930年，原住民从雾社发动抗日起义，日军竟动用飞机喷洒毒气，并从空陆二方全面屠杀，引起国际震惊，首领莫那鲁道全家族自尽殉难，更为惊天地而泣鬼神的"悲血英风"。

总计台湾人民神圣抗日，共21年之久，比起大陆同胞抗日，从"九一八事变"算起14年，时间更久，痛苦更深，而且因为多数用民间镰刀菜刀，对付日军机枪大炮，所以战况更为惨烈！

当时台湾人口约二百多万人，被日军屠杀的即高达50万人之多。但台湾人仍前仆后继，愈挫愈勇！这种英勇悲壮的民族精神，深深印在中华伟大史页，不能也不容任何人加以抹杀！

因此，今天台湾人民，凡是熟悉本土抗日先烈悲壮历史的人民，只要有良心、有血性，相信绝不会否认自己是中国人，更不会迎合日本的反华谬论！

上述种种英烈事迹，均因罗家伦从民族大义，与历史证据出发，才能完整保存，再次印证了罗家伦为民族留正气的风范，其苦心、悲心与慧心，均深深值得肯定。

尤其，罗家伦很有远见，深知日本与其他外国势力，对台湾仍存有领土野心，部分"皇民化"的后代，也会如同抗日时的"汉奸"，死灰复燃，所以他在中国国民党党史会主委与国史馆馆长任内，均曾引述大量史料，证明大陆与台湾"血浓于水"的关系，并以此为重要的新使命。

所以，他曾特别强调："复兴中华，恢复台湾同胞自由，俾能重归祖国怀抱，正是多少年来先烈先进所殷切期望，不惜尽全力以赴的大事。"

然后他再指出,连孙中山先生,生平都曾两度到台湾视察,"并非游览,而是关心"。①

另外,他更提醒,大陆抗日,付出庞大生命和物质代价,说明"大陆军民死伤人数,至少在两千万以上",亦即约同台湾人口现在的全部总和,至于"金钱和物质的破灭,更无法估计了";所有这些牺牲,除了是为捍卫大陆领土,同时也为收复台湾澎湖失地。

因此,他特别指出:"可见得我们中华民族在各地区的同胞,都是休戚相关,而且相依为命的。"②

然后,他再语重心长的提醒人们:"人们对于过去的艰难困苦,常常容易忘记,有不少人还以迷惘心情,构想些过去不曾有过的残梦。这是幻觉。这是不读历史的缘故。"③

他在此所说的"残梦",就是指日据时代"皇民化"的人们,仍然妄想要分裂国土,自外中华民族,寻求台湾独立。

罗家伦明白的痛斥"这是幻觉",并且指出根本原因,"这是不读历史的缘故",于今更加发人深省!

事实上,中国早有明训,"亡人国者,先亡其史",今天台独人士,企图把台湾从中华民族分裂出去,部分人因为不读历史,经常盲从附和,就是因为教育上"去中国化"的结果。

所以,今天重温罗家伦对台湾史的凛然大作,以及始终一贯的民族精神论述,更有很大的重要性与启发性!

三、方东美先生的共同心志

笔者在台大时的先师方东美先生,也是罗家伦先生的至交,生前跟我说过很多真实的故事,很能印证罗家伦的风范。

首先,值得指出的是,两人初交,即因"五四运动"。在1919年的五四第二天,北京大学学生领袖罗家伦等人,连夜派出许多代表,到全国各地

---

① 《罗家伦先生文存》第十册,第403页。
② 同上书,第404页。
③ 同上。

串连，要求各大学能共襄盛举。

其中段锡朋分派到南京，与方师见面不过一刻钟，再兼程往上海、广州。

方师时任金陵大学的学生会会长，后来推动南京地区的学生运动，两人当时即曾匆促见面，是为初次谋面。

后来，方师曾经发起"少年中国学会"，担任少中刊物主编，其中以学术救国的精神，与罗家伦心志完全相通。

1926年，罗家伦与方师一起到东南大学（中央大学前身）任教，同时期的还有梁实秋、韩香梅等人。

那时在南京，两人经常讨论问题，理念很能相契，方师对他所写《科学与玄论》相当肯定，因为两人学风，均重民族精神与恢宏气魄，所以成为终身莫逆之交。

后来北伐时期，全国大学都停办了，国民党中央开办党务学校训练人才，罗家伦再三恳请方师去任教，方师受其热情感动，答应任教。当时三百多人一个大班，又没有麦克风，方师在长期任教之后两年，得了气喘病，所以再返中央大学，罗家伦则继续任教。

后来，罗家伦出任清华大学校长，方师对他提出很多重要意见，他都一一推行，很有从善如流的精神。

方师特别推崇他，透过各种努力，把存在美国的中美庚款争取回来，主导"清华基金"，否则以后不可能成为很好的大学。

此外，罗家伦又很注重实验，扭转从前大学很少做实验的风气。方师称赞他"这是对国家无比重大的贡献"，由此再次证明罗家伦注重实验的特色，与其注重实践的人生态度，非常的一致。

罗家伦抗战时演讲《新人生观》，形成激励民心的重大动力；方师在此无独有偶，正好也有同样心志与贡献。

那是1937年春，方师应教育部之邀，在中央电台向全国中学生倾心谈论中国哲学，"冀能激发其热爱国家民族及中华文化之精神，共起奋与顽寇长作生死搏斗"。

所以，他从那年4月8日起，每次播讲20分钟，随即交由中央广播向外公布，再由上海商务印书馆印行，免费分给全国中学生，时间还在7月

7日全国正式抗战之前。

相形之下,罗家伦是在1938年2月讲演《新人生观》。第一讲中,便曾引述方师《中国人生哲学》的一段内容,充分可见二人很有共同心志,以及相知相惜的精神。这段内容是:"中国先哲遭遇民族的大难,总是要发挥伟大深厚的思想,培养溥博沉雄的情绪,促我们振作精神,努力提高品德,他们抵死要为我们推敲生命意义,确定生命价值,使我们在天壤间脚跟站立得住。"①

方师并曾用焦大之流的人谩骂"荣国府"比喻:"中国近百年来,国势衰弱,西洋势力侵略过来,抄没了我们的文化家当,更有焦大一流人在那儿谩骂我们自己不长进,甚且辱及先哲,污蔑中国根本没有文化。诸位仔细想一想,这成什么话!"②

方师这种捍卫中华文化与中国先哲的热血与精神,与罗家伦完全相同。

后来方师在1974年《中国人生哲学》台湾版再印时,曾在序言比喻中华民族:"绵延于大宇长宙,兀如一株古梅,根干扶疏,花繁茂盛,迄今数千年而始终不变。"③"惜乎晚近气氛突变,出墙红杏及墙内夭桃,各以倾刻花姿态,淫冶斗狠,乃竟从四面八方呼来蛮风霉雨,冀以摧残此数千年之神木以为快。"

紧接着方师笔锋一转,强调"庸讵吾神木植根深远,乃集义所生者,毕竟不可毁"。④

由此充分可证,方师弘扬中华文化、捍卫中华民族的决心与志气,与罗家伦完全一致,难怪二人成为莫逆之交。

方师生平不愿做任何行政工作,专以弘扬中华民族的"共命慧"为主,所以在英文《中国人生哲学》出版时序言,曾经作诗"艰难存懿迹,终然是夏声;殊语传深意,激浊为扬清"。这与罗家伦精神也是完全相通。

另外,罗家伦恳请师资的诚心,尊师重道的风范,更是很有名的美谈。

---

① 方东美:《中国人生哲学》,第11页。
② 同上书,第10页。
③ 同上书,前言,第5页。
④ 同上。

他到中央大学之后,对于所有新型的学术会议,几乎没有不到,而且一定最早到,最后离开。

方师曾经笑他"不务正业",校长应该很忙,哪有时间参加这些外行的会议?他却回答,他在"为中央大学求师",所以用心到每一场聆听专家讲述,进而用心访才。

因此,中央大学当时工学院成绩最好,理学院次之,又因很多法学专家都在南京,所以法学院很多好老师,国文系师资更是全国之冠。

所以,方师曾总结称赞他:"在中国大学的历史上,精神是不会死亡的!"①

方师并且曾经向我透露,本来台大校长在傅斯年猝逝之后,很可能由罗家伦继任,但因为他任驻印大使时,报告直接寄给层峰,"在政治上犯了忌讳",所以产生阻力,方师对此相当惋惜。

方师并曾明确强调,假使罗家伦接任台大校长,他肯定不会"误了许多青年,既无正当的政治信仰,没有民族观念,也没有爱国的情操"。这实在"是一个很严重的问题"!②

因为台大当时若能经由罗家伦《新人生观》的同样熏陶,必能真正贯彻"爱国爱人,敦品励学"的学风,不至于产生分裂思想与贪腐政风。试看很多分裂主义出身台大,不但不能"爱国",而且不能"敦品",果真证明,"是一个很严重的问题"!

另外,方师并曾强调,如果罗家伦接任台大校长:"台湾的学术界当有另一新气象,不会如外人所批评的文化沙漠。"③

由此同样可以看出,民族文化意识,一定要能从教育中扎根,才不会有"失根的一代"、"迷惘的一代"或"虚无的一代",更不会有"忘本的一代"、"去中国化的一代"。这对今后两岸教育,同样是很严重的问题。

方东美先生以一代大哲眼光,对罗家伦所做的评论,很可证明"罗家伦"这三个字,真正代表了民族精神与爱国情操。这种特色,在他的《新人生观》中,表现的最淋漓尽致。

---

① 《方东美演讲集》,第318页。
② 同上书,第319页。
③ 同上。

另外，罗家伦还有一段故事，成功的捍卫领土主权，值得引述。

印度独立之后，继承英帝国主义，妄图侵占中国领土，将其边界向北推移，提出所谓"麦克马洪线"，并成立其所谓"东北特区行政首长"。①

罗家伦在 1947 年，曾出任国民政府首任驻印大使，他在任内收集很多资料，便曾严正驳斥印度这种谬论。

印度因为企图延续英国对西藏的侵略政策，沿用 1914 年英帝国主义向袁世凯要求的"西姆拉条约"，企图染指西藏边境，罗家伦当然严正拒绝。

罗家伦并且发现，印度官员在印行地图与宣传片上，还竟然把西藏列在中国领土之外，所以罗家伦一再的要求更正。

1949 年 11 月 18 日，罗家伦用正式的函令，否认印度所称的"西姆拉条约"，严正抗议其"损害中国领土主权"，并且"没有任何承认根据"。

他当时说，这函令送出后，"心里觉得非常平安"。

由此更可证明，这一位五四运动的热血青年，做了驻印大使，对于中国领土主权的坚持，仍然是充满了热血，绝对不容任何人侵犯！

所以，方师生前特别称赞罗家伦，他是"识国体、讲民族利益的"。②

罗家伦这种以民族利益为先、以民族大义为重的精神，充分表现在《新人生观》这本著作，正因有这本书，才能唤醒中华民族这头睡狮，在昏沉麻木中，顿时奋发图强，击退日本侵略，成为世界的重要强国。

很少人知道，罗家伦不只身为五四运动的学生领袖，捍卫了山东领土，他在中年之后，更以行动成功的保卫了新疆与西藏领土，晚年到了台湾，他更以慧眼与远见，用春秋之笔，为捍卫台湾领土，挺身驳斥台独谬论，同样做出重要的贡献。

《新人生观》最早在 1942 年元旦，由罗家伦在重庆发表，他形容当时，章章都在"敌机威胁的期间"，有时还"在四周火光熊熊之中完成的"③，可见在抗战中艰辛的背景，更可见他深具奋发坚忍的精神。

根据罗家伦对《新人生观》的台版自序，"当时出版之后，常在两三星

---

① 《方东美演讲集》，第 320 页。
② 同上。
③ 罗家伦：《新人生观》，自序。

期后,读者即无法可以买到。到胜利后一年止,订在重庆、赣川、上海商务印书馆承印的,和在青岛、天津翻版的,共达二十七版"①,可见受到广大热烈的欢迎。

王云五先生主持商务印书馆时,还曾向罗家伦说过,"这本书的销路,打破了商务四十多年来,除教科书和字典之外,任何书籍的纪录"②,堪称抗战经典作品的第一名。

罗家伦指出,很多偏远地区,如宁夏贺兰山以北的一位小学校长,以及贵州西部一位服务于军中的人员,因为买不到这本书,各自手抄一本。他看到手抄本之后,自谦"愧汗淋漓",令他特别感动。这些都足以证明本书的影响,是如何的无远弗届,如何的深得人心!③

到台湾之后,这本书的名声仍然未衰,很多人向罗家伦问这本书,所以他特别重印,希望书中所说的民族精神能够薪火相传,再次促进民族的中兴。

另外,罗家伦在《新民族观》的最后结论中,特别语重心长的指出:"我们民族是否能自立自强,端视战后十年内,我们经济建设的成败。战后的十年!战后的十年!"④

可痛可叹的是,中国对日"战后的十年",紧接着又是惨烈的国共内战;因此两岸敌对了将近六十年,直到连战访问大陆,国共重新复谈,两岸才逐渐降低敌意。2008年年底,民间开始"直航",才循序渐进,迈向两岸和解与合作。

因此,展望今后中华民族前途,两岸必需以沟通取代仇恨,以对话取代对抗,求同存异,搁置争议,才能一致对外,共同振兴中华!这就需要以民族精神的现代诠释,在两岸建立新时代的人生观,然后才能以自强不息的精神,创造光明灿烂的民族前程!唯有如此,两岸青年共同本于民族精神,建立正确的人生观才能共同完成民族复兴,那才是中华整体民族之幸,也才是全体中国人之幸!

---

① 《罗家伦先生文存》第十册,第244页。
② 同上。
③ 同上。
④ 罗家伦:《新民族观》,台湾商务印书馆1967年台一版,第140页。

第十章　从诗词看新人生观

一、新诗：《宛平的居民》等

　　罗家伦的《新人生观》，很有深厚的哲学基础，另外，在其"言不尽意"之处，很能用沉雄婉丽的传统诗词表现，有时又用清新俊朗的新诗表达，均能器宇恢宏，意蕴深远，而且气势磅礴，情感丰厚，充分显示他的洋溢才华，以及真挚本性。

　　孔子很早就曾鼓励弟子学诗，因为"诗可以兴、可以观、可以群、可以怨"。（《论语·阳货》）

　　孔子本身是位理性主义者，但对人生的感性面与灵性面，他有丰富的体验，深知对于"言不尽意"之处，只能用诗歌来表达。

　　英美世界第一大哲怀特海也深谙此中奥妙之处，所以曾经有句名言："伟大的哲学与伟大的诗相契。"

　　方东美先生也曾举贝多芬为例，说明当他完成第九交响曲后，有人问他含意，他无言以对，只有再弹一遍。[①]

　　这就说明，培根的名言非常正确："美的最好部分，是笔墨无法形容的。"[②]

　　所以方先生引用贝多芬专家评论，指出："音乐中最有价值的境界或情操，就在能够激发心中最丰富、最深邃的生命精神。"

---

　　①　方东美：《中国人生哲学》，台北1980年黎明公司初版，第210页。
　　②　同上。

事实上,不只音乐如此,诗词也是如此。

罗家伦的诗词,最有价值的部分,就在能够宣泄心中无法用笔墨形容的爱国热情,同时能够激发仁人志士内心深处最丰富、最深邃、也最高贵的生命精神。

罗家伦的《新人生观》每篇演讲,都有严谨的结构与理性的分析,更有感性的召唤与灵性的提升,所以都能令人精神振作,并且发人深省。

然而,他的《新人生观》,终究还是哲学作品,本质上还是以理性为主。但他心中永远流着沸腾的爱国热血,脉搏永远跳着澎湃的民族热情,尤其在抗战的大时代中,锦绣河山的蒙难,让他更加热血沸腾;无辜同胞的罹难,让他经常热泪盈眶;很多大小汉奸的无耻,让他满腔怒火,义愤填膺;英勇烈士的殉难,更让他满脸泪水,彻夜难眠!

所以,面对这些时候,他除了用演讲、用文章,表达心中的感情,言不尽意之处,只能用诗词来宣泄。

因此,要了解罗家伦的《新人生观》,除了要看他理性的作品,同时还要看他感性的诗词。

罗家伦虽然是"五四运动"的学生领袖,也是提倡新文化运动的健将,但他因为家学渊源,所以传统国学的根底非常深厚,有时沉郁、有时雄伟,都在诗中,酣畅淋漓的表现出来。

因为他的国学基础深厚,所以他写新诗,更加得心应手,如同流水行云,很有流畅之美,更有高雅之风。

另外,他生平为了激励民心士气,做过很多歌词,不但通俗易唱,可以朗朗上口,而且意境深远,非常慷慨激昂。

尤其,他所处的时代,正是从北伐到神圣抗战、到不幸内战的大时代,历经了无数悲欢岁月,无法全用笔墨形容,只有寄情于诗词与歌曲。

方东美先生曾指出:"不论是哪一种中国艺术,总有一股盎然活力跳跃其中,蔚成酣畅饱满的自由精神,足以劲气充周,而运转无穷。"[①]

罗家伦主张刚健进取的人生观,表现在诗词中,也是充满了积健为雄的生命力;所以在写景时,经常绮丽多采,雄奇多姿;在赠辞中,经常钩深致远,济焦润枯;从意境看,更是机趣璨溢,包天含地;从神韵看,经常神采

---

① 方东美:《中国人生哲学》,第 219 页。

耀露,劲气充周;从才气看,更是淋漓尽致,驰骋无碍。综合而论,这些正是他所强调"动"与"力"的新人生观精神。

在罗家伦的诗词中,无论悲欢苦乐,我们看到的,都是一个光辉绚烂,"强而不暴"的雄伟新世界;即使在对日战争最低迷的时期,他所要表现的宇宙观,也绝不是灰色世界,而是万物含生、神光焕发的生机世界,经由抗日阵痛,激起民族意志,促使民族更加昂扬伟大!

这种生命精神,也正是他在《新人生观》中,一贯要表现的阳刚之美与雄伟之志,深深值得在新时代重视与力行。

所以,若要深入了解罗家伦的人生哲学,必须同时从他的诗词歌曲着手,才能深入他的内心世界。

在罗家伦众多的朋友中,他女公子罗久芳曾经告诉笔者,认为笔者先师方东美先生,最能了解其父亲的内心世界。

为什么呢?

笔者分析之后认为,一方面因为方师本身为大哲学家,看人看事均能用慧眼,深入看到现象后的本质,这代表了他深厚的哲学素养。

另一方面,方师本人自己就很爱写诗词,他生平曾著有一千多首,但从未公开过,过世之后才由笔者等门生整理。当我看到他丰富的诗词作品,真是大吃一惊。

方先生自己命名诗词集,叫做《坚白集》,取自孔子"不曰坚乎,磨而不磷,不曰白乎,涅而不缁"①,代表他严格自我要求:人格要坚毅,怎么磨也磨不薄,人品要清白,怎么染也染不黑。

罗家伦曾经以《疾风集》印行他的诗集,明显也是要表现"疾风知劲草"的风骨与气节。

由此充分可知,方先生与罗家伦先生在此,都有同样的人生哲学与生命情调,也都有同样的民族气节与爱国情操。无论对国难忧愤,或对时代悲剧,或对人生感受,或对锦绣河山的欣赏赞叹,当他们用语言文字无法尽情表达时,便用诗词表达。

所以,方先生生前,有次访问罗家伦先生未遇时,就是写一首赏梅诗相赠,足证两人都有同样的高雅品味,也有同样的民族精神。

---

① 孔子:《论语》,阳货。

孔子所说,诗的作用,可以"兴、观、群、怨",在罗家伦与方东美二先生的作品中,最能表现无遗,形成最好例证。

例如,二人对于神圣抗战,都有很多作品,足以鼓励人心士气,成为振兴民族的动力,这就是可以"兴"的例证。

再如,二人对于唤醒群众,团结合作,都有很多作品,正如孔子所说,是可以"群"的例证。

另如,孔子讲,诗可以"观",可以"怨",很能表达内心世界的各种情绪,也可从二人很多作品中找到例证。

笔者对方先生的诗词,曾经另有专文分析。本文重点,在从"兴"、"群"、"怨"、"观"四方面,从中挑选具代表性的三十五首作品,分析罗家伦诗词中的生命精神。

例如,罗家伦在抗战前,1937年3月,曾经读到密此克未枢的《祈祷》①。波兰复国元勋波尔苏斯基元帅(G. Pilsudski),在奔走革命复国时,便经常背诵此诗。所以罗家伦看到后,深有所感,亲自译成中文,也很可看出他本人热血爱国的心情。

祈　　祷②

给我们吧,上帝,
一个恢复自由的战争,
给我们武装,
给我们独立国家的象征,
给我们自由,
给我们战场的死,
只求死后在祖国葬身。……
但是国家的自由,
总求在我们这生看见,——
统一,
完整的统一,
上帝,求求你赐给我们!

---

① 《罗家伦先生文存》第九册,诗歌(以下同),第549页。
② 同上书,第548—549页。

罗家伦在抗战中,有很多宣扬民族精神的新诗作品,他尤其擅长从老百姓的心情,透过对于孩子的心疼,写出心中的家仇国恨,很有杜甫亲民忧愤之风。

以下特依抗战顺序,选出一系列充满血泪的作品,很可视为他在民族抗战中,代表广大民心,所作无比悲壮的"抗战史诗",因为诗词本身就已寓意无穷,所以笔者多半只引原句本身,尽量少做赘语,以便读者从中深思新时代的启发。

1. 在《宛平的居民》中,罗家伦用民众的心情,写出满腔愁苦与无奈。

宛平的居民①

半夜炮掀了屋顶,
枪打到门口;
破衣服也烧了。
妈妈,扶住我肩头,
除了愁苦的生命以外,
我们还有什么可带走?

现在枪还是乱放,
炮还是乱吼;
杂粮也没有了。
孩子,快牵着我手!
除了饥饿的肚子以外,
我们还有什么可带走?

2. 在《卢沟桥的守兵》中,罗家伦更用守兵的心情,写出满腔的悲情与忧虑。

---

① 《罗家伦先生文存》第九册,诗歌,第479—480页。

卢沟桥的守兵
——为三十七师中决心守桥的将士而作①

永定河的浑流,
卢沟桥的晓月,
点缀出处处沙堆,
这该是我们的墓穴。

远望大柳树底下,
敌人的炮正在瞄准。
我恋着这天崩地崩的声音,
因为它使我梦魂清醒。

分明是我们的土地,
我们为什么要退走?
我们去后,
来人是否像我们这样死守?

退罢,这是长官的命令!
一步一回头,泪滴战衣冷。
晚上再偷回来看看——
看是否有敌人的踪影?

敌人的步哨呵!
我愿你一枪了结我的生命。
那时候长官不能命我退却的——
是我的英灵。

---

① 《罗家伦先生文存》第九册,诗歌,第644页。

3. 在正式抗战号角吹响之后,罗家伦在《七七周年怀卢沟桥》,更以壮怀激烈,写出"今夕桥下水声,一定愈加雄浑",并且"绝不悲凉,更不呜咽!"

七七周年怀卢沟桥①

你曾似长安的灞桥。
多少骚人倩女,
在这里诉衷情,惜离别。
那两岸攀折不尽的柳枝,
摇着无限的晓风残月。

你见过中古意大利服装的马哥波罗;
你遇过金甲雕弓,
大宛马上的忽必烈。
阅尽了多少奇人海客,英雄豪杰,
怎的不使你名字,
在全世人的耳边,感觉亲切?
……
一年来桥下的水,
不知过去多少,
腥膻不洗尽,哪能静歇?
只是今夕桥下水声一定愈加雄浑,
绝不悲凉,
更不呜咽!

4. 在《敌机炸后的南京》,罗家伦用小孩子的心声,写尽了父母罹难之后,"天像是发昏,地像是发抖"的悲凉。

---

① 《罗家伦先生文存》第九册,诗歌,第 527—530 页。

敌机炸后的南京[1]

是天崩地崩的声音，
是血肉模糊的时候。
可怜发疯似的孩子，
满街乱走。
我的爸爸呢！
我的妈妈呢！
方才在一起的，
为什么让我们找了许久？
贴在对面壁上的，
该是爸爸爱过我的心肝；
伤心呀！这瓦堆里找到的，
正是妈妈摸惯了我的手！
天像是发昏，
地像是发抖。
这可怜发疯似的孩子，
向哪里去走？

5.《春恨》

本诗记载日军进入南京展开大屠杀后，美国华女士从南京写信给他，叙述金陵女子文理学院内，收容中国受难女同胞的惨状。他听了后不胜悲愤，回想该学院从前美丽的风景，心中更加伤感，心肝如同俱裂，所以特成此诗"以代哀音"。诗歌最后一段内容，痛斥日军为"兽军"，更是一字一句，充满血泪，令人肉颤心惊。

春　　恨

何处是我当年甜蜜的家庭？
何处是我心爱的人们？
生离死别，

---

[1]《罗家伦先生文存》第九册，诗歌，第480—481页。

> 饮泪吞声！
> 孱魂留喘息，
> 哪更能禁得，
> 听着围墙外，
> 敌马骄嘶，
> 兽军传令——
> 阵阵使我肉颤心惊！
> 天呵，千古来的女儿，
> 那有过我这般沥血的春心！①

罗家伦为了纪念南京死难同胞，除了这首新诗《春恨》，另外还作旧诗《闻南京陷后焚杀惨状》，收于《心影游踪集》，令人深感惨烈，更兴发愤报国之志。他在诗中写道："肝脑满街新鬼泣，楼台余烬晚烟收。何心更说南朝事，想到秋前泪已流。"他并曾加按语，指出日军攻陷南京后，展开大屠杀，"妇女于受辱后，仍多遭惨杀，幸免或遇救者借金陵女子文理学院收容所，得延残喘，闻之潸然"。

然而到了今天，日本仍有军国主义余孽，不但拒绝为侵略中国认错道歉，甚至还否认有南京大屠杀。中华儿女有志之士，对于这种兽行，是可忍、孰不可忍？所以今后，凡中华子孙均不应忘记这项重大国耻，并应世世代代奋发图强，建立新时代正确的人生观，才能早日振兴中华，为民族争光，更为死难同胞争气！唯有这样，才能安慰他（她）们的在天之灵！

6.《偕亡》

罗家伦在淞沪悲壮抗战之中，看到一个特殊画面，就是我军一个英勇士兵，奋力将刺刀插在日兵胸膛，自己虽然也不幸，被日兵刺伤阵亡，但两人在挺立中，我军士兵"临死时还笑口大开"，日兵则是"惨痛到头垂气丧"。罗家伦形容这情景："这是伟大的象征，不磨灭的印象，看了才懂得这古语：'予及汝偕亡'！"②

换句话说，我军这种精神，宁可战死，同归于尽、笑迎牺牲，也绝不向

---

① 《罗家伦先生文存》第九册，诗歌，第515页。
② 同上书，第516页。

敌人屈服卑躬。这正是凛然不可辱的民族精神！罗家伦在五四运动时,曾写出名言"中国的人民,可以杀戮,而不可以低头",在此也得到了真实印证。

7. 在《临死的悲歌》中,罗家伦用纯朴的笔法,写尽善良民众家破人亡的呜咽。

临死的悲歌
——献给无抵抗的善良民众①

工作疲乏了回来,
八个孩子在火炉边像排着围墙。
含笑的爱妻,
给我热茶热汤。

日寇来了,
满街都是围城的景象。
不走罢,
可怜的孩子哪里来营养?
仓皇！仓皇！
牵的抱的,出城下乡,
走向何处去,
天地呵,四顾茫茫！

敌兵又逼近了。
再走罢,一片儿哭女号的声浪。
一个可怜的孩子,
病倒昏迷在路旁。
"孩子,为了大家的生命,
顾不得你了！"
大家眼泪满眶。

---

① 《罗家伦先生文存》第九册,诗歌,第481—485页。

世界那有这惨酷的断肠!

黑夜摸索前走,
两个孩子掉下水塘。
姊姊弟弟的痛苦哀号,
挽不回那扑通无情的水响。

前进呵,哪里是有灯火的村庄?
湿土是枕褥,天是篷帐。
剩余的一家拥在一起,
想起平时栏中的猪狗还在天堂。

拂晓冷酷的残星,
催我们准备身无余物的行装。
只见黑压压的,
是前面退下来的人浪。

敌兵追到了,
我们就要炸毁前面的桥梁!
桥挤过了,
三个孩子又落在河的哪方。
向着对河喊哭,
更碎了我们已经沥血的肝肠!

只剩两个孩子,
紧抱紧拉着罢,
不要再像你们同胞手足的模样。
此时我妻子也饥寒到面无人色,
我有一口气,但是手脚已僵。

又是敌机的声响,
爱妻抱着孩子倒在田埂的边旁。
一个孩子中了炸片在涌血,
爱妻抱着孩子又中了机枪。
抚她胸口还温;
她临闭的眼睛一闪,
已枯的泪,又是汪汪。
"来生再会!"
隐隐的,微弱的,是她最后的声响。

天为什么这样惨酷,
地为什么这样凄凉!
生命呵,受不了,与你长辞罢!
这滔滔的江水,
只有你还是我灵魂休息的故乡。

8. 然后到了《再生》,罗家伦让这已经家破人亡的家长,挺起胸膛,拿起长枪,加入抗日,奋起迎战,终于看见"前面起来的正是万道霞光"!这种昂扬奋斗的精神,绝不灰心,绝不丧志,更不退缩,正是罗家伦所说"强者"与"主人"的生命精神。

再 生
——继"临死的悲歌"而作①

我现在在什么地方?
是谁烘干我的湿衣,
是谁灌我薑汤?
那小小的菜油灯,
还映出这位老者的胡须雪亮。

---

① 《罗家伦先生文存》第九册,诗歌,第485—492页。

"谢谢老乡。"——不——
"谢谢老丈!
你这样慈爱,像是我的爹娘!
我本来是不要这条命的,
你为什么这样好的心肠?"

"你要死偏死不了的,
年轻人,
前面有一个村庄,
里面有一个营长;
你说不定可以接的上一份口粮!"

"谢谢老丈!"
含着眼泪拜别,
这慈爱的老丈。
痛苦的生命呵,
你不肯离开我,
好罢,接受你罢!
老丈的话,指点我看见前村的灯光。
呵!不是,是生命的微光!

咳!我换了军衣了,
隐约辨的出那颜色,是晒退了的草黄;
虽然是破旧的,
上面还染着同胞们的血,
但穿了更使我像一个人样!
哈哈!我还得了一支枪!
我最初和弟兄们挑子弹,
同时也学会了放。

雨雪！风霜！
天天听惯了枪声炮响。
我手上起茧，
脚上也有冻疮。
我皮肉一天一天的黑瘦，
怪事！我精神反倒健旺。

有一天命令教我们向前开，
一百多里的路程一天赶不上。
一两天不吃饭喝水，
早已是平常。
大家疲乏了，
抱着枪杆，
排队似的熟睡在大路的边旁。

我做梦了，
梦到我亲爱的亡妻。
匆忙！匆忙！
眼泪像下雨似的倒在我胸膛。
忽然哭醒了，
我怀中抱着的还是这杆冷枪！
枪呵！我国仇家恨，
都在你身上！
我又梦见我小时候住惯的家乡，
我手种的田园，
我和我妻子在一道的卧房。
现在不知道被敌机炸的怎样？
咳！国破家亡，
这还值得一想？
让他多炸几个大坑，

将来我好多做几个养鱼的水塘!

有一次是黄昏的时候,
天还有一点亮。
看见两个敌兵,
拿刺刀追着一个女子,
像是疯狂。
可恨无耻的东西,
你对我们无辜的同胞,
像是打猎一样!
好罢,
我敬你这两个猎狗——
一枪——一枪!
拿着这两个死尸遥祭,
哭一番我的妻儿,
哭一番我的爹娘!

平时只听得敌人的炮弹轰,
炸弹响,
这次好了,
让我们打一个刺刀仗!
刺得我头昏眼花,
杀的他尸横遍野,
血流满江。
杀完后,看看当空的太阳,
哪里有光?
只可惜我刺刀满了污浊的血,
刀口也缺了,
晚上还得费我力气,
去磨光,擦亮!

休息半夜啊,
明天还有更大的胜仗!
前进的命令又下了,
五更前我和号兵站在山头上,
"笛柢哒柢——搭哒柢"。(吹号声)
我才知道我们所有的经过,
只和黎明前的黑暗一样。
你看见吗?
前面起来的正是万道霞光!

9. 从此以后,罗家伦的很多作品,含着血泪,写出惊天动地的悲壮血战。例如《血雨》,是记在大雨中,我军沿着黄河两岸浴血抗日,纵然"雨成了红色",但仍"高兴为祖国受这洗礼","临死还欣赏这奇观",甚至"黄河变成红水"。这足证战况的悲壮惨烈,却又可见证民族圣战的伟大感人。

血 雨
——记大雨中黄河两岸血战①

沙这般黄,
天这般黑,
弹光夺了闪电,
血花飞腾四起。
雨成了红色,
略微带点儿腥气。
我高兴为祖国受这洗礼!

敌人,你不过这点玩意!
现在你坦克不能动,
大炮在泥里,

---

① 《罗家伦先生文存》第九册,诗歌,第516—517页。

你的飞机飞不起。
我的血愿意陪你流。
临死我还欣赏这奇观,
你看,黄河变成红水!

10. 1938年4月29日,因为当天我空军击落日机二十一架,罗家伦闻捷之后,非常兴奋,次日写下《武汉空军大捷凯歌》,"以抒郁积,而志狂喜"。罗家伦认为,中华民族开始扬眉吐气,"吐尽民族的怨气,争取祖国的荣光",因此他歌颂:"飞将军呵!你们的牺牲——血与汗——不知道赚了世间多少儿女们的眼泪,在膜拜,感奋,叹赏!"

武汉空军大捷凯歌[①]

这才真是鹰扬,
我们空中的飞将!
扫荡弥天的妖氛,
放射民族的光芒!

飞将军呵!你们可知道,
你们高据上空每一发的射击,
都使敌人魂飞胆丧;
你们每一个翻身搏击,
都使亿万同胞的心,
紧跟着有抓不住的跳荡!

正是一月的初旬,
敌机来袭时我在珞珈山上,
看高射武器不曾打到敌机翅膀,
我的朋友悲愤的流涕道:"我真气断肚肠!"

---

① 《罗家伦先生文存》第九册,诗歌,第517—522页。

看血染的虹桥，
是我在那第二天的早上。
眼见不曾收殓的断体残肢，
和几副白木棺材染着鲜血，
酸心到眼泪满眶。

又是三月的下旬，
我避空袭在蛇山脚下的路旁。
炸弹的声音底下，
只见缕缕黑烟上升后，
更随风飘荡；
眼看那毁灭人类的五瘟使者，
有如雁行。

可怜那天徐家棚工人的住宅，
已经炸平，毁光。
剩下的寡母抱着孩子的残尸痛哭；
孩子跳脚叫死亡的父母，
好像疯狂。

真是"莫奈何"吗？
我心头的忧愤好像雾阵。
不料我半夜听到这空前的捷音，
在浓雾里，
回首竟东望着天际霞光！

飞将军呵！
你们控制了祖国的领空，
击败了那五瘟使者的雁行。
这次黑烟是自上而下的，

好像新年孩子们放的冲天爆一样。

就多少猛士中我们已知道的勇将——
董,刘,刘,杨。
包围着敌机的四方。
使他们知道什么"天长节",
天并不长!

更有我们以身体作肉弹的勇士,
知道自己的机已受伤,
猛飞和敌机撞。
这迸裂的火花,
鲜红的血点,
顿时夺了日月的明亮!

吐尽民族的怨气,
争取祖国的荣光!
飞将军呵!
你们的牺牲——血与汗——
不知道赚了世间多少儿女们的眼泪,
在膜拜,感奋,叹赏!

中华民国兮,
大风泱泱!
我有飞将兮,
永镇四方!

11. 其后,罗家伦写《空军东征日本凯歌》,用飞行员的心情,写出"富士山算什么高?我们高出它的山顶上。鹿儿岛负什么盛名?这一点弹丸,就握在我们的指掌。"并且强调,"说什么箱根?说什么日光?比我们祖国风光,这值得什么赞赏?"热爱中华的心情,完全跃然纸上。

空军东征日本凯歌[①]

浩浩的天风，
滔滔的海浪。
说什么弱水三千，
云层里让我们铁翼翱翔！

这不是九州岛？
这不是四国？
这不是霞之浦的机场？
这不是佐世保的军港？
回环四顾，
唉！原来这一点就是什么扶桑？

富士山算什么高？
我们高出它的山顶上。
鹿儿岛负什么盛名？
这一点弹丸就握在我们的指掌。

说什么箱根？
说什么日光？
比我们祖国风光，
这值得什么赞赏？

这原来是东帝大的赤门，
这原来是御苑的宫墙，
日比谷这一点儿算什么广场？
只有浅草上野的栖鸦，
却惊吓到像找不着枝栖的模样。

[①] 《罗家伦先生文存》第九册，诗歌，第522—526页。

拨开云雾看着下界呵,
你们还在黑甜的睡乡。
你们在蠕蠕的动呵,
可怜的人们,
你们用不着彷徨。

我们就在你头上!
只是我们不愿你们的图籍化成灰烬,
肝脑贴上高墙,
断胫折肱,
妻离子散,
像你们在南京和各地所作所为的一样!

你们的耳目闭塞;
你们的神经颓丧。
我们不是死神,
用不着慌!
我们这次也不损害你们的酋长。
我们带来了真理;
我们带来了福音。
降下去吧!
片片都是瑞雪,
道道都是祥光。

我们也不是故示宽大;
我们也不是无意义的回翔。
我们中华民族的慈祥,
值得你们想想!

这岛国是不值得留恋的,

我们还是回到故乡。
太白已经天；
白虹已贯日。
回去吧！
莽莽的神州在望，
投到祖国温暖的怀抱里来呵！
你看！江山何等雄奇？
人民何等悲壮！

12. 罗家伦写《大江东去曲》，描述我空军在长江反击日本军舰情形，痛快淋漓，感人至深。

大江东去曲
——记空军炸马当敌舰大捷①

你看那千尺的水柱腾空，
那四散的黑烟朦胧，
那亿万的血点猩红！
彭郎在机头怎般神勇，
小姑伐桴鼓不愧巾帼英雄，
响应我飞将军掌握长空！

眼见他楼船化成灰烬，
浮尸漂血真教满江红。
飞凫群中的铁鸟大好威风！

重奠江流在望中！
我欲乘风归去，
铜琶铁板，高唱大江东！

13. 罗家伦写《发扬中华民族的荣光》，强调大家要"认识民族至

---

① 《罗家伦先生文存》第九册，诗歌，第526—527页。

上",全民要能"有福同享,有难同当",对于"祖宗共同留下的家当"——也就是中华文化,要能一同的想,一同的发扬。

发扬中华民族的荣光①

人人不独亲其亲,
长其长,
我们不要专认识自己的家庭,
我们更要认识民族至上。
我们的血统交流,
我们的心弦交响。
我们一道快乐,
我们一同悲伤。
我们有福同享,
我们有难同当。
我们的文化,
是我们祖宗共同留下的家当。
我们一道的做,
一同的想。
发扬!发扬!
发扬我们中华民族的荣光!

14. 在《来吧朋友》中,罗家伦更直接呼吁青年从军报国:"我们这一批肩负着世纪的青年,祖国苦难中成长的孩子,为了河山的光复,来吧;为了清算敌人的总账,我们来吧!""今朝,听不见爱人儿的呓语;今天,没有情意的绵缠。战到最后的一时刻啊!"因为"祖国凯旋的日子,才是我们欢呼的一天!"

来 吧 朋 友②

来吧,朋友!
我们这一批,

---

① 《罗家伦先生文存》第九册,诗歌,第 638 页。
② 同上。

肩负着世纪的青年；
祖国苦难中成长的孩子。
为了河山的光复，
来吧；
为了清算敌人的总账，
我们来吧！

我们的心，
经过了主义的洗礼；
我们的血，
受过了洪炉中的提炼。
我们的身体犹如钢铁，
我们的意志更比钢铁坚！

来吧，朋友！
面向着祖国，
遥望着家园，
立下一个——
"誓死杀敌"的大愿：
为了洗雪民族的仇恨，
为了争取正义和平，
我们只有奋勇当先！

今朝，
听不见爱人儿的呓语；
今天，
没有情意的绵缠。
战到最后的一时刻啊！
祖国凯旋的日子，
才是我们欢呼的一天。

15. 另外,罗家伦也特别有首新诗,描写被日军裹胁当兵的同胞,却被日军逼迫杀自己的同胞,而且成为炮灰,令人沉思良久。他在诗中,呼吁这些伪军一定要能反正起义,所以有个副题——《献给伪军中反正的同胞》,最前面就写道:

> 中国人的血凝结在一起,
> 我是被敌人征发来的,
> 逼我杀自己的同胞,
> 那里是得己!

最后一段则提醒:

> 肉搏什么,顾不得了,
> 我决定枪口不向里。
> 让敌人的炸弹下来,
> 我们——我们
> 中国人的血凝结在一起!①

他在此呼唤的精神,就是强调"中国人的血,凝结在一起",所以,"决定枪不向里",而是一致对外,语重心长。今天也是中华儿女的共同心声!

16. 在《远征军歌》中,罗家伦更勉励到缅甸远征的青年们:"倭寇不灭不生还!"因为"扬威国外,一生难得这时间","扫荡虾夷出缅甸,这又何难!"令人热血澎湃,豪气万丈。

远 征 军 歌②

> 倭寇不灭不生还!
> 乘长风飞过,
> 世界上第一高山!
> 训练好,装备完,
> 新式武器都使惯。
> 扬威国外,

---

① 《罗家伦先生文存》第九册,诗歌,第512页。
② 同上书,第676页。

  一生难得这时间！
  扫荡虾夷出缅甸，
  这又何难？
  再前进，
  驱车破暹罗，
  跃马定安南！
  英勇战绩，
  教敌人胆战心寒，
  要世界刮目相看！
  再乘楼船归祖国，
  冲破太平洋万里狂澜。
  凯歌声浪里，
  红颜白发，
  夹道齐欢，
  会师中原同一醉。
  从头起，收拾旧河山。

  17. 罗家伦写《远征军出师日本歌》，指出："中国大风泱泱,世界大潮澎澎,高举我们的国旗,升在富士山顶上！"

  因为，"樱花虽好,无奈落花忙,武士道,自己掘成坟墓,陪侵略者殉了葬！""但是中华民族,真正伟大慈祥。我们不咎既往,为人道,为正义,树立榜样！"

远征军出师日本歌[①]

  中国大风泱泱，
  世界大潮澎澎，
  高举我们的国旗，
  升在富士山顶上。

[①] 《罗家伦先生文存》第九册,诗歌,第 680—682 页。

回想！回想！
紫金山下日军的疯狂，
三十万同胞惨遭屠杀，
这血债本不能忘！

但是中华民族，
真正伟大慈祥；
我们不咎既往，
为世界，为日本，除暴安良。

回想！回想！
中国各地日军的猖狂，
千百万同胞家破人亡，
这深仇本不能忘。

但是中华民族，
真正伟大慈祥。
我们不咎既往，
为人道，为正义，树立榜样。

回想！回想！
樱花虽好，无奈落花忙，
武士道，自己掘成坟墓，
陪侵略者殉了葬。

只是仁义之师，
才无敌于天壤。
震醒武力迷梦，
敦信义，爱和平，才能久长。

中国大风泱泱,
世界大潮澎澎,
高举我们的国旗,
升在富士山顶上。

18. 最后,罗家伦为抗战胜利,特别写出《凯歌》,指出:"战胜! 战胜! 日本跪下来投降! 祝捷的炮像电般响;满街爆竹,烟火飞扬。漫山遍野是人浪! 笑口高张,热泪如狂!"

凯　　歌[①]

战胜! 战胜!
日本跪下来投降!
祝捷的炮像电般响;
满街爆竹,
烟火飞扬。
漫山遍野是人浪!
笑口高张,
热泪如狂!
向东望,
看我们百万雄师,
配合英勇的盟军,
浩浩荡荡,
扫残敌,如猛虎驱羊。
踏破那小小扶桑;
河山再造,
日月重光。
胜利的大旗,
……!

---

① 《罗家伦先生文存》第九册,诗歌,第678—679页。

我们一同去祭告国父在紫金山旁；
八年血战，
千万忠魂，
才打出这建国的康庄。
这真不负我们全民抗战，
不负我们全民抗战，
不负我们血染沙场！

二、歌词：《玉门出塞歌》等

19. 罗家伦在抗战之前，曾经写《玉门出塞歌》，直到今天，高龄九十二岁的梅可望校长，都还能朗朗上口，背诵如流，可见其影响之深远。这首名歌，堪称罗家伦歌词中最有代表性的作品。

此歌作于1934年，因为"九一八事件"的爆发，罗家伦预料大西北情势，其紧迫险峻也不让东北，所以特作此歌，据以激励士气，并且警惕人心。

玉门出塞歌[①]

左公柳拂玉门晓，
塞上春光好。
天山溶雪灌田畴，
大漠飞沙旋露照。
沙中水草堆，
好似仙人岛。
过瓜田碧玉丛丛，
望马群白浪滔滔。
想乘槎张骞，
定远班超。
汉唐先烈经营早！
当年是匈奴右臂，
将来更是欧亚孔道。

[①] 《罗家伦先生文存》第九册，诗歌，第111—112页。

>经营趁早！
>经营趁早！
>莫让碧眼儿射西域盘雕！

罗家伦并有一篇长注，说明此歌背景，写于 1934 年。诗歌不但爱国热情跃然纸上，而且很可说明他的眼光远大，格局宏伟："自九一八后，国难愈迫，悲愤难言，常谱笳声，而励士气。同时复感西域危机，不让东北，爰藉出塞之歌，以报天山之警。是时也，余不特未尝至新疆，即陕甘亦非吾履痕之所及。塞外风光，不过童年想象中之遗痕耳。讵意十年之后，竟身历此境，以佐证其想象与忧思之无妄焉。三十二年初，新疆输诚中央，迹象渐着；然外向已久，恶习难除，反侧未安，俄兵仍在，于是中央乃有新疆监察使之建置，同时并任不才兼负西北建设考察团团长之任务，从事于陕西、甘肃、宁夏、青海、新疆五省国防建设之考察与设计。其时正值抗战最艰苦阶段，为战事计，亦为战后四年建设计划计也。考察团之内容计分铁路、公路、水利、农、林、畜牧、垦殖、工、矿、民族、教育、卫生等凡十二部门，配合政府各部会中负责各有关部门之专家，及其他学术与事业机关中之专家学者组织之，计先后参加者凡四十六人。于三十二年六月七日由重庆首途，于次年三月完成任务，提出详细报告十四册，呈献中枢，为时逾十月，全团共历汽车里程一万七千零二十二公里，至于分组考察所历之汽车、骡马、骆驼、羊皮筏子等所历之里程不计焉。在此期间余因使命曾两度分身飞重庆，故其沿途记游之诗，以陕西、甘肃、新疆为一小段落，名曰玉门出塞集；宁夏、青海为一小段落，名曰海色河声集；而以此后数度重返新疆以至抗战胜利止，为最末段落，名曰转绿回黄集。编次既竣，重批一遍，于最后段落中亲历目睹之波谲云幻、沧海桑田之情况，尤不禁百感交集，悲从中来也。"

事实上，罗家伦当时还没亲自见过塞外风光，而是用他满腔热血，加上对中华锦绣河山的满心热爱，透过童时印象，以及心中文采，纵横驰情而成。

等到十年之后，罗家伦奉命考察大西北，才能身历其境，更加证明风光无限好，但也同时证明边境忧患重重。

所以，罗家伦在主持中央政校任内，便有远见，应该放眼中华民族各地边政，因而特别扩大边政班，并在边疆各地建设五所分校，成为政校的重要特色。这种爱国的情操,忧国的热情,以及谋国的远见,深深令人钦佩!

尤其,他当时的考察报告,厚达十四册,包括了边政十二项重要问题,囊括了各方顶尖的人才专家四十六人,堪称中华民族的集体珍贵智慧。今后大陆若要成功的开发大西部,对这些民族精英的心血与智慧结晶,也深深值得重温与借镜。

另外,本文为唤醒中华儿女,今后共同重视西部边疆,特选罗家伦所写《新疆歌》与《青海歌》,以供各界仁人志士共同参考。

罗家伦曾经先加注,强调"天山初定,国土重光",然后指出,他写此歌,并非只为一己之豪情而为韵语,"实欲率全国之才智以固岩疆"。所以诗中详述山川形胜,天赋资源,以及当地宗族历史人文之盛,共分三段,名之曰《新疆歌》。

20.

新　疆　歌[①]

（一）

新新疆,
我们中华民国的屏障!
阿尔泰天高山长,
慈岭横西域。
昆仑抱南疆,
山头太古雪,
映着万里沙黄。
伊犁河畔青青草,
河边有天马低昂。
听那塔里木河流水汤汤,
江南四月风光。
这雄丽的山河,
梦也不能忘。
巩固我广大的新疆!

[①] 《罗家伦先生文存》第九册,诗歌,第145—148页。

(二)

新新疆,

我们中华民族的宝藏!

阿山金脉乌苏矿,

油泉泛地底,

羊阵乱山旁,

名瓜传哈密,

葡萄甜溢高昌。

和阗绸托羊脂玉,

润洁地好比冰霜。

更有那云母含辉钨砂亮,

都上在资源账。

这富庶的宝藏,

梦也不能忘。

巩固我天府的新疆!

(三)

新新疆,

我们国内宗族的天堂!

龟兹名乐伴伊凉,

血统常交流,

心弦更交响。

当旋风舞罢,

令人荡气回肠。

文化早陪公主嫁,

规模犹仰汉和唐。

接受三民主义万道祥光,

同臻和乐安康。

这甜蜜的乐园,

梦也不能忘。

巩固我中国的新疆!

21. 另外,罗家伦在 1943 年 11 月 17 日,将离青海前夕,又作《青海歌》,同样寓意深远,脍炙人口。

罗家伦并在注中说明背景,非常生动感人,不但把青海的特色表彰无遗,而且也是临场即席构思完成,与他早年为五四运动写的宣言,也是同样情形,再次证明他的文思敏捷,文采过人。

"马步芳主席举行青海歌舞欢送会以惜别。有人告以余能作歌,彼立以青海省歌为词。余不欲却之,即席构思,想到青海为中国最奇特之一省。中国最伟大之两河,黄河与扬子江,均发源于此;中国最富于历史意义之两大名山,昆仑山与祁连山,亦均在此;中国最大之内海——青海在此;中国最大之草海,最广袤之高原牧场,亦在此。荟萃造物赋予中华民族之奇迹大观于一省,安可不予以提醒,而加以表扬。爰索纸笔,写成此歌。旋马主席致欢送词毕,余起致答词曰:古人临别赠言,余则临别赠歌。遂朗诵此篇以为赠。当晚全场鼓舞,省歌之词乃决;并延致西宁凡有音乐训练者,拟当夜制成乐谱,翌日上午唱此新歌以送余行。然此非易事也。彼等未克遂所愿,余则弥感其真诚。闻余别后,此歌已唱遍于雪山草海之间矣。追忆前尘,聊志此急就章之始末。"

青 海 歌[①]

青海青,
黄河黄,
更有那滔滔的扬子江。
雪白白,
山苍苍,
祁连山下好牧场。
好牧场,
一片汪洋。
这里有成群战马,
千万牛羊。
马儿肥,

[①] 《罗家伦先生文存》第九册,诗歌,第 187—189 页。

牛儿壮,
羊儿的毛好比雪花亮。
中华儿女,
来罢!
来罢!
拿着牧鞭,
骑着怒马,
背着刀和枪,
随便奔跑在这高原上。
我们更不能忘:
这伟大的昆仑山,
我们的祖宗就在这里发祥!
我们要踏到这山顶上,
扬着三民主义的火把,
放出世界的光芒!

三、旧诗:《成吉思汗大纛》等

22. 成吉思汗所缔造的疆土等于今天美国的两倍,也是罗马帝国的两倍,亚历山大帝国的四倍,所以被公认为人类历史上最大版图。近年来欧美很多学者,纷纷研究其中成功之道,已兴起一股"成吉思汗热"。

当然,在新时代中,中华民族不能也不会再像成吉思汗般,用武力称霸世界,但若以中华文化的王道精神,号召世界迈向和平大同,仍是很值得努力的方向。

罗家伦很早就看出,成吉思汗时国威远播,堪称中华民族之光,所以特以《成吉思汗大纛》为题,作诗致敬,并先略述背景:"传大汗部属作战,若遇劲敌难于取胜时,一望此纛出现,恍如大汗亲临,英勇百倍,无坚不摧。"

成吉思汗大纛[1]

> 万幕仰旌旄,声威动九霄。
> 天戈遥指处,犹想马如灏。

23.《勖勉宁绥参加检阅将士》[2]

在神圣的抗战期间,罗家伦写过很多期勉抗日将士的诗词,以及凭吊历代英雄的作品,都很有深意,很值得重视。

勖勉宁绥参加检阅将士

> 仗节来灵武,旌旗耀碧空。拨鞍堪睥睨,鼓吹奏平戎。
> 猱捷兵登埤,龙骧马入云。北门欣有寄,指日靖妖氛。

24.

谒李广墓[3]

> 龙城飞将声威壮,何必封侯算策勋。
> 留得几分遗憾在,千秋同感属将军。

从罗家伦本诗,可以看出他很钦佩李广的声威,虽然李广生平壮志未酬,留下相当遗憾,但却反能更获千秋后世的同情,由此足证,罗家伦很有恢弘胸襟与历史远见,更有英雄惜英雄的苦心。

25. 另外,罗家伦在李广墓前意犹未尽,对李广的英武仍然心向往之。因为相传李广在战场上,眼观四方,突见有猛虎在远处飞奔,立刻拔箭射出,结果等靠近一看,才发现是块酷似猛虎的黄斑石,但箭羽竟全部没入,足证其力道之勇猛,因而成为历史佳话。

所以,罗家伦用此典故,盛赞李广神威英勇,但后列诗中也可以证明,在罗家伦内心,对英雄捍卫民族的无比称颂。

---

[1] 《罗家伦先生文存》第九册,诗歌,第126页。
[2] 同上书,第169页。
[3] 同上书,第174页。

李广墓前再占一绝①

> 使气公无程不识,慕名我爱蔺相如。
> 难寻没羽黄斑石,犹感英风贯太虚。

26.《台儿庄大捷》

在神圣抗战中,台儿庄大捷是鼎鼎有名的大胜仗,罗家伦欣慰之余,特别作诗放歌,形容长期的积郁可以尽冰消,苍生心情也是欣喜若狂,很可看出他浓郁的爱国精神。

台儿庄大捷

> 十万横磨肃晓霜,一挥天上斩贪狼。
> 朝朝积郁冰消尽,八表苍生涕若狂。②

27.《考察西北五省事景携建设计划归重庆》③

1944年3月,罗家伦在考察大西北的五省之后,携带建设计划回重庆述职,曾作一诗,提醒国人"要能提高警觉,莫作等闲看"。很可看出谋国之深远。

考察西北五省事景携建设计划归重庆

> 论道盈廷易,徙薪曲突难。
> 安危争片刻,莫作等闲看。

另外,他在奉命考察大西北后,胸怀远志,慨然掷笔,曾经写成《西北国防经济建设总论》,同样可以看出内心对"振兴中华"的高远志节。

28.《怅望壁间所熟新疆地图》④

罗家伦巡查新疆时,正值苏俄企图染指,所以怅望新疆地图,心中充满忧患,但仍镇定以对,终能化险为夷,所以写诗明志:

---

① 《罗家伦先生文存》第九册,诗歌,第174页。
② 同上书,第40页。
③ 同上书,第193页。
④ 同上书,第204页。

怅望壁间所熟新疆地图

> 学骑揽胜古庭州,听拨琵琶塞外秋。
> 翻怯小斋凝壁望,河山一幅挂透愁。

29.《度诞日于迪化,无人知之,亦不以告》①

当他巡视新疆时期,正逢生日,他并未告诉人,也没有人知道。但因心中思念母亲,所以作诗一首,长忆母亲恩情。当他正想向访友倾诉心迹时,却又正逢军情来报,打断心思。由此诗中,既可看出他孝思之真诚,又可看出爱国之忠义。

度诞日于迪化,无人知之,亦不以告

> 年年今日付谁知,长忆怀中恋母时。
> 欲访知交话心迹,军情敲断半篇诗。

30.《四十生日有感》②

罗家伦在四十生日时,也曾写诗,描写母亲生前的痛苦,"母呻余痛儿方哭",也是同样充满孝思的心情。

四十生日有感

> 倦任娇雏数鬓丝,酸辛四纪付谁知?
> 母呻余痛儿方哭,应是微生入世时。

另外,他曾在1932年12月的母忌日,写过新诗,纪念母亲,描述《孩子的哭声》,文中声声哭泣,嘶喊"恩妈",令人不忍卒读,真是一字一泪,感人至深。他生前并将这首诗排在《蓼莪集》之中;足证心中隐藏着极深的怀母孝心至情至性,非常令人钦佩与感动。

罗家伦除了事亲至深,对夫人也是伉俪情深,堪称是现代社会的标准丈夫。所以,他也曾经在黔东遇险途中寄夫人,《时在征车两度遇险后》。诗中提到:

---

① 《罗家伦先生文存》第九册,诗歌,第205页。
② 同上书,第26—27页。

时在征车两度遇险后

命与悬崖争咫尺,车随鹰隼博风云。
要知险境饶诗意,愧乏名篇远寄君。①

由此内容可知,罗家伦在悬崖边缘历险之后,不但以乐观精神面对,化惊险为诗篇,而且立刻寄诗给夫人,很能看出他对夫人的厚情深意。

31.《西湖岳坟》②

以罗家伦的忠义风骨,面对岳飞英灵,肯定感慨万千;所以他在西湖拜望岳坟之后,特别作诗,一方面钦佩岳飞直捣黄龙的英勇,另一方面也感慨岳飞千秋遗恨;但最后仍然肯定岳飞为千古英雄,"女儿湖上葬英雄",既显示了他的春秋史笔,也证明了他对民族英雄的无上推崇。

西 湖 岳 坟

将军争得黄龙醉,高冢祈连对朔风。
惆怅到今南渡恨,女儿湖上葬英雄。

32.《莫干山剑池》

罗家伦很早就强调"男女平等",所以早在清华大学担任第一届校长,就开放女生入学;在抗战时,立法院有女子应否冠夫姓之争,他明显认为,女性应有独立的生命与人格,所以无需硬性规定冠上夫姓,沦为先生的附属品。这种先进思想,当时连美国都赶不上,至今都还令人钦佩!

罗家伦为此先作诗《莫干山盛事》,并且说明背景:莫干山相传是干将、莫邪夫妇铸剑处,因为久炼不成,所以二人跳进冶炉殉难,其后双剑才大功告成,锋利无比;后人乃合二人之名命名,甚至以女姓在先,以示尊崇。

莫干山剑池

相依事业托青钢,共掬寒泉淬剑铩。
莫为女儿争姓氏,莫邪姓氏压干将。③

因此,他借"莫干山"为喻,指出"莫为女儿争姓氏,莫邪姓氏压干

---

① 《罗家伦先生文存》第九册,诗歌,第72页。
② 同上书,第10页。
③ 同上书,第11页。

将",以历史上著名的女中英豪为例证,强调对于巾帼英雄,绝不容忽视,更不容歧视。

33.《哀巴黎四绝》①

二次大战期间,1940 年 6 月 13 日,罗家伦听到巴黎弃守,22 日法签降约。他在 23 日感慨万千,写成此诗;因为他曾在年轻时留法,缅怀法国大革命时的奋发精神,对照后来纸醉金迷的堕落,兴衰之间,心中很多感触,所以在每句之后详细加注,充满忧患意识与爱国精神:

纸醉金迷志已荒,误人翻为恃金汤,
一押奁罢谈棋劫,两度伤心在色当。

(马其诺防线、色当(sodan),为第二次世界大战时德军攻破法军防线处。昔普法战争时,法皇拿破仑第三亦被俘于此。)

一自江山失霸图,应牛应马任人呼。
棺中擎出卢梭手,还把当年火炬无?

(国葬院,卢梭葬于此;其棺中擎出一手,雕刻逼真,手持火炬,盖象征其为法国大革命之前导也。)

眼波滴媚酒盈盈,旖旎风光不夜城。
回首可怜歌舞地,将军围大美人轻。

(蒙马特在巴黎近郊,倚小山而建楼阁。舞场歌榭,曼衍迷离,然常别具风格,颇足流连,故美人名士,达官巨贾,色色形形,不期而集。誉之者称为艺术之宫,贬之者名为销金之穴,二者实兼而有之。)

水晶宫阙忆前游,艳草繁花织素秋。
阅尽百年兴废事,喷泉应似泪交流。

(凡尔赛宫为路易十四称霸欧陆时所建。普法战争后,德皇威廉第一即帝位于此;第一次世界大战德国失败后,克里蒙梭以不可一世之气焰,议定并签署凡尔赛合约于此,但今又沦陷于德军手中矣。凡尔赛之镜宫与喷泉,名闻世界。)

---

① 《罗家伦先生文存》第九册,诗歌,第 55—56 页。

34.《张荩忱(自忠)将军挽诗》[1]

在抗战中,最具戏剧性的英烈故事,就是张自忠将军。他原先奉命留在北平,牵制日军,却被部分国人误为汉奸,以致忍辱含羞,悲愤万分;后来转战沙场,奋勇杀敌,才获国人谅解。尤其,他在最后弹尽援绝时刻,壮烈自戕殉国,更赢得全民的敬重,连日军都尊称其"军神"。

所以,罗家伦特以长诗,追念他的英豪正气,"从容含笑拔靴刀";并且强调,今后汉水烟波里,"应现英灵仗节旄",足证他对张自忠的钦佩,也足证他对护国英烈的心仪与崇敬。

张荩忱(自忠)将军挽诗

台庄战罢战随枣,横扫擎倭不顾身。
莫把死绥成恨事,中原留得一军神。
屏障荆襄数出奇,将军桴鼓系安危。
他年岘首镌遗墨,字字感深堕泪碑。
安危原不为身谋,揽辔纵横断下游。
一自原头报星陨,虾夷欲暮对黄牛。
力竭围深气尚豪,从容含笑拔靴刀。
苍坟汉水烟波里,应现英灵仗节旄。

35.《将离昆明勉出征援缅将领》

罗家伦对远征援缅将领,也是诸多期勉,并以汉代镇边名将"马伏波"期许,再次证明心中充满澎湃的爱国热血,也可证明他对历史中,一切保疆卫土的英雄豪杰,都给以最高的敬意!

将离昆明勉出征援缅将领

万幕云屯尽枕戈,中原欣值会盟多。
越南翡翠暹罗象,铜柱相期马伏波。[2]

从以上种种的例证,均可看出,罗家伦心中浓烈的爱国精神与满腔热血,完全跃然纸上,呼之欲出。他对于中华民族古今以来,保疆卫土的英

---

[1] 《罗家伦先生文存》第九册,诗歌,第61页。
[2] 同上书,第90页。

雄豪杰，更是充满了赞歌与颂扬！

由此足证，他从《新人生观》到《新民族观》，所表现的凛然风骨与昂然志节，一路走来，始终如一，深深值得今后中华儿女共同学习与力行；尤其值得两岸青年，作为新时代人生观的重要基础，然后才能共同团结，奋斗成功，早日完成民族复兴大业！

附　　篇

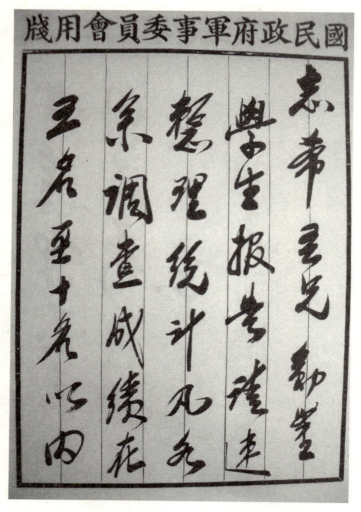

1927年北伐时期，蒋介石致罗家伦先生信函，罗家伦曾任"中央党校"教育长与代校长，(后称"中央政治学校"，即政大前身)；因此蒋介石在函中要求罗家伦，推荐各系优秀学生三名至十名，将报告送给他亲阅，作为选拔人才之用。

國民政府軍事委員會用牋

者准卯寅未一
劉為春
忠

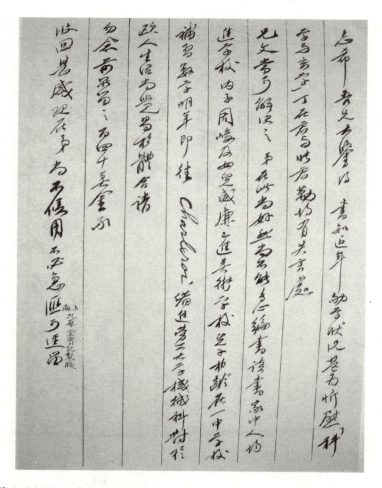

蔡元培(1868—1940),号孑民,浙江绍兴人,清庚寅科进士,曾任教育总长、北大首任校长、大学院院长(即教育部长)、中央研究院首任院长等;在"五四运动"时担任北大校长,支持学生爱国精神,并曾强调"官可以不做,国不可以不救"。后来经常勉励青年"读书不忘救国,救国不忘读书"。成为北大学生重要传统。

图为蔡先生致函罗家伦先生,时在1923年11月10日,信中请罗先生代订新书与哲学、美学杂志,足证他治学很勤奋。

弟处备为兄购给以书报之用兄欲欲购之信以书刊问一年请保守隆线购买弘勤奋讲神所谋如三种一阅手秋此书籍者一阅平哲学者一阅平美术名目相省谱光代为购买与属书肆运多如现在寓所逸移时当张先问此质神感谢为记

研秋

南菁兄帐 影琴 十月十日

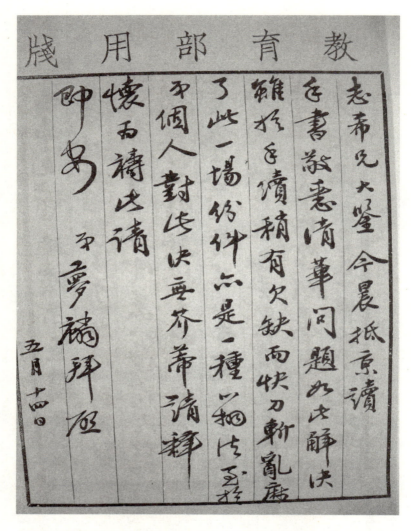

蒋梦麟(1886—1964),浙江余姚人,美国哥伦比亚大学博士。曾任国民政府教育部长,并曾在蔡元培之后接任北京大学校长,后曾任"中国农村复兴委员会"主任委员。胡适很推崇他"维持北大、整顿北大,尤其1931年以后,中兴北大的二十多年的毅力苦心"。图为他任教育部长时,给罗家伦先生的信,时在1929年5月14日,罗家伦为清华校长。

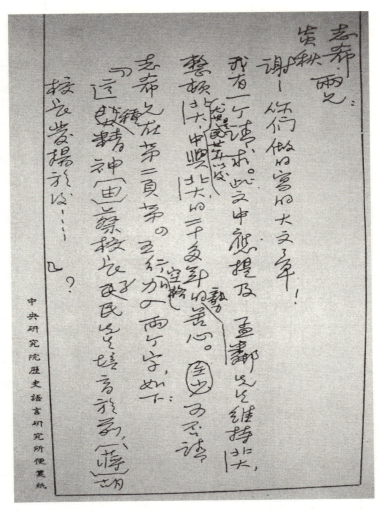

胡适(1891—1962),字适之,安徽绩溪人,美国哥伦比亚大学哲学博士;曾任北大教授、文学院长、校长、驻美大使、中研院院士、院长,为"新文化运动"代表人物。图为1958年12月16日写给罗家伦与洪炎秋二人的信,其中建议对于北大精神的传承,应修订为"由蔡校长孑民先生培育于前,蒋梦麟、胡适校长发扬于后",强调蒋梦麟的功不可没,很有谦冲风范。

赵元任（1892—1982），江苏武进人，美国哈佛大学哲学博士、中研院院士，曾任美国加州大学教授等。

图为他在北伐之前，1926年3月18日致罗先生函，信中谈到"清华学校近来闹风潮……万事都在沸腾当中啊"，可见当时形势之乱。赵先生被尊称为清华国学院"四大导师"之一。

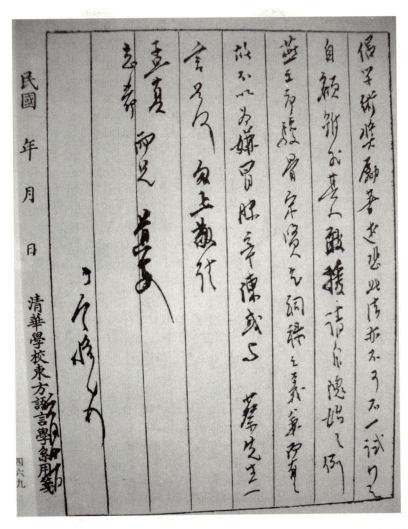

陈寅恪(1890—1969)江西义宁人,留学德国柏林大学、瑞士、法国与哈佛大学;曾任清华大学、西南联大教授、中研院院士,著名历史学家;被尊称为清华国学院"四大导师"之一。图为他写给罗家伦先生与傅斯年先生的信,时为1929年6月21日。

名哲学家冯友兰先生(1895—1990)致罗家伦先生信函,时在1930年7月3日;罗家伦因当时内战中,阎锡山派清华毕业生乔万选任校长,并煽动学生风潮,所以在5月23日请辞清华校长;《大公报》社论对此曾有持平之论,所以冯友兰信中称"公道自在人心",并请罗先生对重返清华事,能"时加指示"。罗家伦后于10月13日再坚辞,并于次年1月23日三辞获准;后于1932年9月5日受命任中央大学校长。

冯先生字芝生,河南唐河人,与罗家伦相识于美国哥伦比亚大学,在罗家伦校长任内,曾任清华大学秘书长,与文学院长十八年,后曾任西南联大教授、中研院院士、北大哲学系教授等。

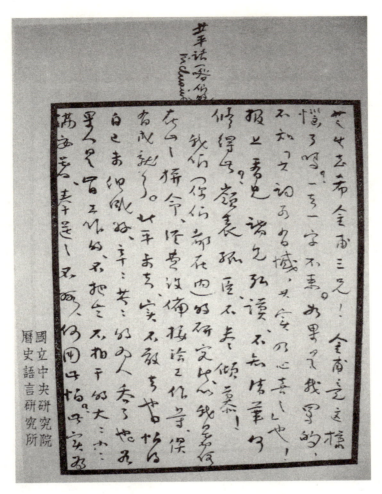

傅斯年(1896—1950),字孟真,江西永平人,北京大学毕业,为"五四运动"三位学生领袖之一,当时罗家伦、傅斯年、段锡朋,被公认为"五四三剑客",或"五四运动三侠";曾在柏林大学留学;后任中山大学教授、系主任、文学院长、中研院历史语言研究所长,中研院院士,曾代理北大校长,在台湾光复后担任首任台大校长,极具声望。图为1929年10月6日,他写给冯友兰、罗家伦与杨振声的信,文中论及盼与清华大学分工合作,推动历史语言研究所事宜,很有历史意义与启发。

顾颉刚(1893—1980)，字诚吾，江苏吴县人，北京大学毕业，曾编北大《国学季刊》、《国学门周刊》等，并曾任厦门大学、燕京大学教授、中研院院士。图为他在1926年12月9日写给罗家伦的信，信中提及"北大的学生并不比别的学校的学生用功，然而成绩经常超过别校的学生，就因为思想解放，能自己寻路走"。至今仍然很有启发性。

厦門大學國學研究院用箋

No. 2

兄常來的計畫，此舉周密。你上說去擴展守一般譯田
起，我們去此受。犬馬之裏已已。
爸爸如：——因為走了近三個禮拜，所以現在一切事情多沒有說
起沒路，送不去引起風波，但廈大的地位是因民政府下的沒是犯
大至公副懷的，所以此大多家丟一切，現在集事之怨諍了。林文慶
中人又因懷，寧了係銅，不必委屈的己家等。
國民的府中人君是厦大，和教會學校一樣討厭。不過兄
生一方的人都憐了不自安。孩找由于陸兄下不願使去校長化。
何一說过那定配的等國學！華（）三，自從華勝利，陸素愛兄
寫字為公好印日上喜歡。如萧七兄是的說條，如芳女子宣的陸到土
我很思。像像他們的改擊我向石好。我們倒佩服，又如他們就是多
愛，兼君山先生莪一向佩服的科學家，也對我們改擊，其實

廈門大學國學研究院用箋 No.3

經農，願先生助我们！（如方稿俱，请寄北京後乃大陸二号甲

理没的，國內学術界对此近我接到的名家是否要看的，所以五到它们

姓耿々兄弟。我覺得北大近我接到的刊物在國内学術上的地位是不

弓耀，但稍週刊，彩國字內週刊（今次月刊），今人錦在陶心，他

弓卿，但稍中发在意見，好石藏起呢？我在北大院务跟新编，

兄和亞吞锋國心，都不志作文發表。

國史料世供子供兄研究の？）

亮茏表，印方在此研究所中建国议。此种成事，问问未方面（中

来知兄方意否？（明年北京日廣新發表一研究所子以成立，兄一仗

小人多，事業的好機功一些。此大研究召國学门月刊，此又可耶

守益日亚，守益一似，才能使人汽意，使人表同情。當另先同做

之说帖，不知現在已穿否？另意，考谨让任事对做不好做做，

廈門大學國學研究院用箋   No. 4

好發，許多，一封委付，以照信任。

嫦娥是芝生、版权的为5、5十五二十。

足以买七十本書（中華出版的）。請付樣社出版、現在社中
(大學社也的此三五五五款请。)

他传信我些科抄, 找机他通信也。传气一调。

献徽珍書本年在東去華業。現在好友，气至知國事
提出等生，就因為思數救，钱白已多够是。

覽。（此大仏為人盖工比利的等校的學生用功，並而咸楠書超近別
停劫筆。弟在此車捨他们格求。或兵一年之沒有必多如些都
束去中為之盖搗了此词学生很用功，但思考不能放。懒。

哦？國子择社孫續把定印出，需钱一君。

花仲師兄（史词）一丁史考的二册立支，编宗找一诓

馮澳蘭女士，此是我现找的職務的。）

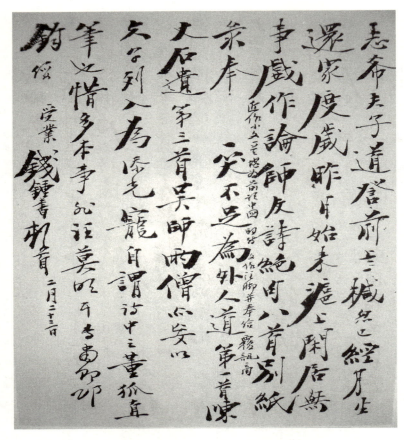

钱钟书,生于1910,字默存,江苏无锡人,清华大学毕业,在英国牛津大学和法国巴黎大学做过研究;曾任西南联大教授等,为近代著名学者、作家。图为他在1934年2月23日致罗先生函,并以"受业"执学生礼,文中对于罗先生的诗作极为推崇;他曾称颂:"喷珠漱玉之诗,脱兔惊鸿之字,昔闻双绝,今斯见之吾师。"又曾称罗先生新诗:"诗才肆而诗胆大,力破余地,少陵所谓放笔直干者,非缔章纶句之徒所能道其只字。"

另外,他也曾在读过方东美先生诗集后,叹称:"中国古典诗人,如方先生般,今后绝矣!"足以印证方先生与罗先生二位,对于写诗,也是很能交心的莫逆之交。

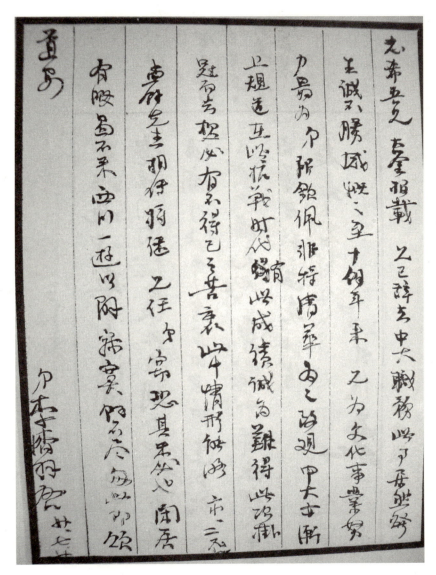

李济(1896—1979),字济之,湖北钟祥人,美国哈佛大学人类学博士,名历史学家、中央研究院院士;曾任中研院历史语言研究所所长,台大考古人类系系主任,图为1941年7月23日给罗家伦的信,信中提到罗校长的努力,"非特清华为之改观,中大亦渐上轨道,在此抗战时代有此成绩,诚为难得",充满问候与关心之情。

宗白华(1897—1986),字伯华,江苏常熟人,在德国法兰克福大学和柏林大学做过研究;曾任中央大学哲学系教授与系主任,为著名的美学家。图为他在中大时期写给罗家伦校长的信,挺身为徐悲鸿等教授打抱不平,并对校外匿名信的抹黑,痛加驳斥;可看出他深具罗家伦所说的侠义精神,也可看出罗家伦校长公正处事,很受同仁爱戴的情形。

國立中央大學用箋

弟而頌公論之立場將予對此事件之是非之心陳述於吾兄之前徐悲鴻兄中西繪畫之造詣究極如何姑有後世人始能下最後之評判然弟個人以為薄之欣賞能力覺在現代袞袞之中國畫壇悲鴻西畫功力之深中畫畫鰻力之大劍新之能磷為中國現代最有希望之畫家環顧全國尚未見

國立中央大學用箋

狼破壞大學學風之人物四壹能為人師表（無論藝術如何高明）藝術本校藝術科前途三丈不幸竟派中國整個藝術之善辱也幸以吾觀之吳呂二教校油畫之造詣惡劣以下實已難得其匹陳先生學問人品人所共仰限先生之畫藝硯創造能力本校藝術科實不在國四任何藝術學校藝術科之下令橫遭

國立中央大學用箋

有能代替之者至於悲鴻人格性情之此
聲天真具有藝術家應具之熱情愛
國之心而表白於書畫中悲鴻句世而發年以
未嘗遇忌嫉者之誣蔑攻擊豈知悲鴻者
皆為不平今來此數年一貫之陰謀誣
計既逼走悲鴻之後乃欲一個打盡後
致力於吳呂陳張諸教授之請除寧彼
等可以集團地登台矣以如此陰謀險

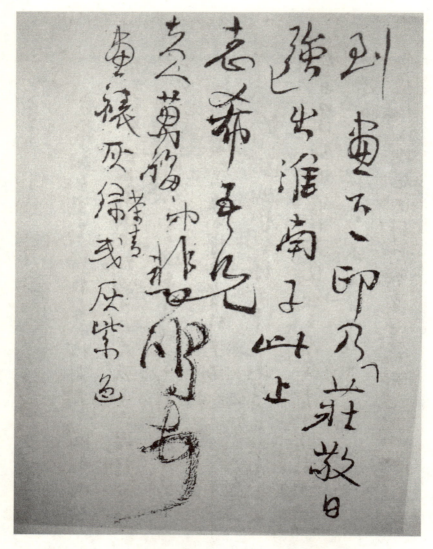

徐悲鸿(1895—1953),江苏宜兴人,曾在法国巴黎国立美术学院和德国柏林美术学校做研究;曾任中央大学艺术系教授、北京艺术专科学校校长;以画马最有名;图为他在1943年给罗校长的信。

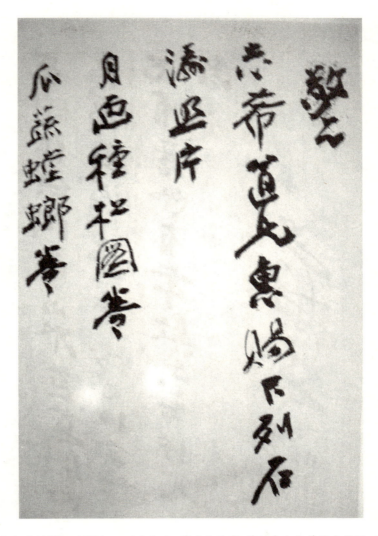

张大千(1899—1983),四川内江人,著名大画家,曾任中央大学艺术教授,并曾由纽约"国际美术委员会"颁发美术奖章,推为"当代第一大画家",后病逝于台湾。图为他写给罗家伦校长的信,请其提供明代大画家石涛名画照片。罗先生曾有专文评石涛画,极能显示其艺术欣赏的造诣极深。

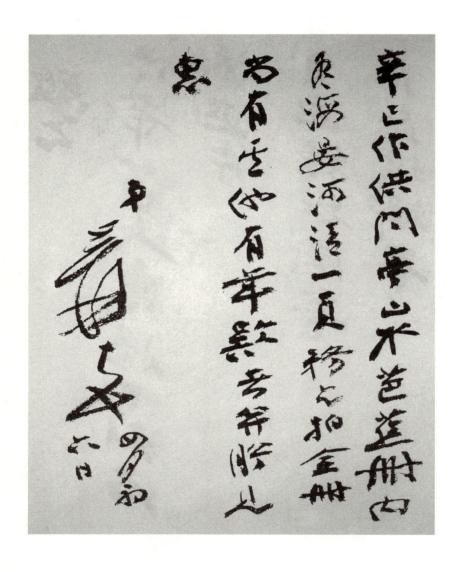

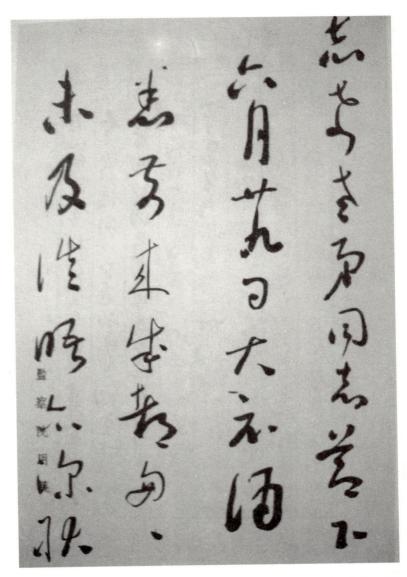

于右任(1879—1964),陕西三原人,清癸卯科举人;曾创办神州日报等,并曾任陕西省主席、国民政府监察院长;也是著名的书法家,尤以草书著称,足以传世;图为1944年7月24日,他写给罗家伦先生的信,很可看成珍贵的墨宝珍品。

秋很寂寞未必是
执言战兒籍去勤劳
国多兰文话家
废军时枢土

監察院用箋

敢従当時侯為氏
情也豆法多侮廉渉
逮以遠至遠去失去
让来以来挫推対

監察院
箋

監察院用箋

此稿也須頁虞兄
時為政立將止处没
芝为
時征
右任書
建寫及平中同志初好
七月廿日

王云五（1888—1979），广东香山人，商务印书馆总经理，东方图书馆馆长，曾任国民政府经济部长、财政部长、行政院副院长，台湾商务印书馆董事长，政大教授。图为王云五致罗家伦函，罗校长因为此信而撰写《炸弹下长大的中央大学》，刊于 1941 年 7 月 10 日《教育杂志》，后来更完成《新人生观》，交由王云五先生主持的商务印书馆发行，轰动一时，影响极大，并且连续畅销，前后共五十余版，盗印更不计其数。

私立東海大學

志希先生道席上週
羅校寵聘
高譚勗勝感慰只因山居簡陋歉難
周洋為歡疫承贈克强先生手蹟當代
所珍尤感
高情
大著心影集又所鄉往幸甚
惡贈甚感之足異覘內容撫時感事忠貞

曾约农（1893—1986），湖南湘潭人，英国伦敦大学毕业，曾在剑桥大学做研究，曾任台大外文系教授、东海大学首任校长，曾在毕业典礼用英文文法比较级的一语双关"get on, get honor, get honest"鼓励学生"上进、荣誉、诚实"，极受学生爱戴，为曾文正公（曾国藩）家族后代，图为他1957年3月14日写给罗校长的信。

私立東海大學

鋼鋒之峭直追杜老而詩中有意情致
瀟洒又似子厚之遊記亞澤菴之處則擅
西方邏輯之長治學之博才情之富非
及
先生者莫臻此矣惟記事吟什似有
附以自註句𥚃要話家之妄臆野芹之
獻不識
大雅以為然否書前遺學著中國近三百

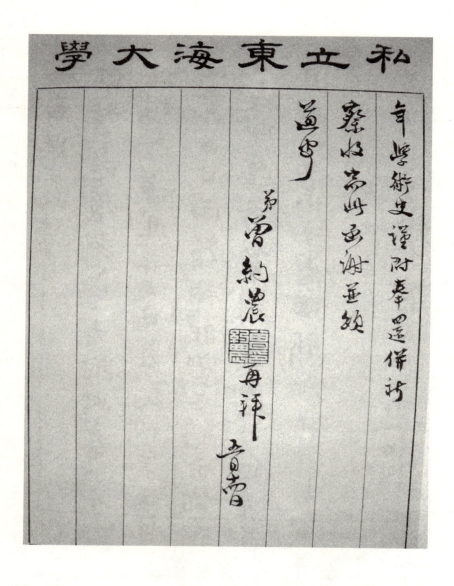

志希先生惠鑒：今歲十一月初九日為　大王母王太夫人百歲誕辰紀念之期，舍間自　家父以次莫不永懷長慕，感戚在心，謹輯錄有關　大王母事畧　國父襄題與　家父孝思諸作合為「蔣氏慈孝錄」一輯，翕比古人追遠尊親，並以是教其子第之義而已。謹賣奉一巾，尚冀　譽存母任感戢，專肅卲候

道綏

蔣經國拜啟 十一月廿四日
經國用牋

　　罗家伦本身是很出名的孝子，念母至深，事父至孝，蒋经国先生在1964年11月24日，特写此信给罗家伦先生，以表达其对罗先生的祖母王太夫人百岁诞辰的尊亲孝思。

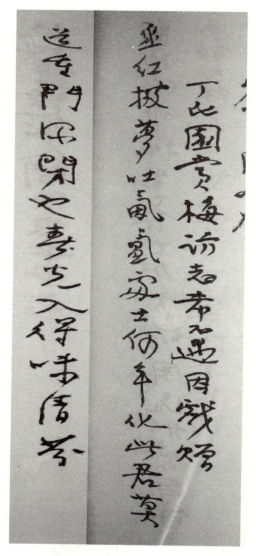

图为方东美先生送罗家伦先生两首诗作,均在中央大学抗战时期;一为"丁氏园赏梅访志希不遇因戏赠",二为"丁氏园百花盛开志希邀宾朋欣赏",可看出二人不但同样深具梅花般的民族精神,同时也极具高尚优美的品位。

丁已園万花盛開志希邀賓朋欣賞
咋妖精因破放鑑說夢驚蝶夢乍開覺鶯啼
逸咏空交魂鷲贊白咏道哂衣紅語默臨芳徑
清哪樂只同